JN025316

先端刑法
各論

現代刑法の理論と実務

松宮孝明──著

日本評論社

はしがき

　2019年の『先端刑法 総論』に続いて、『先端刑法 各論』を上梓する。その
コンセプトは、前著と同じく、主として刑事司法の専門家として実務で活躍
したいと考えている読者が刑法各論をよりよく理解するための教科書である。
基礎としたのは、法学セミナー誌上で、その777（2019年10月）号から794
（2021年3月）号までの18回にわたった連載「現代刑法の理論と実務──各論」
である。

　もっとも、総論の場合と異なり、各論では、第1章「各論の総論」で示す
ように、「どのような行為が犯罪として処罰され、またはされないか」では
なく、主として「ある行為がどのような罪になるのか、あるいはならないの
か」を学ぶことになる。たとえば、同じような他人の土地への侵入行為であ
っても、刑法130条の住居侵入罪となるものと、軽犯罪法1項32号の「入る
ことを禁じた場所」への立入りとは異なる。ここでは、その立入りが許され
ないものであることを強調するだけでは、どちらの罪に当たるかについての
結論は出ない。

　加えて本書では、特別刑法や軽犯罪法との関係、現行法の限界と立法的手
当ての必要性についても言及している。実務では刑法典上の犯罪に比べて特
別刑法や軽犯罪法の運用についてはなじみが薄く、そのためそれらとの相互
関係を意識した解釈限界の検討が手薄になる。そのため「実務上の必要性」
の名の下に、ともすればこのような相互関係を意識しない解釈が行われるか
らである。立法的手当ての必要性についても、たとえば「自動車の無権限使
用罪」は1940年の改正刑法仮案や1974年の改正刑法草案には規定されていた
のに、自動車の数時間の無権限使用に窃盗罪を適用する判例が出たことによ
って立法の必要性が忘れられ、窃盗罪の本質的要素である「不法領得の意
思」が希薄化されている。これについては、わが国の刑事立法史を遡って意
識化することが重要である。また、各論では各罪の法定刑の軽重が解釈に影
響することも少なくない。その中には、法定刑の下限を下げることによって
適切な解釈が担保できる場合もある。本書が、法定刑も含めて立法論に言及
するのは、そのような理由による。

あわせて、本書では、「通説」と思われている見解についてもメスを入れ、それが実際には「通説」でないことも示している。たとえば、第9章で扱った窃盗罪等の「奪取罪」の保護法益としての「所持説」（＝「占有説」）である。この見解では、①窃盗罪と遺失物等横領罪とにまたがる錯誤について「法益が共通である」という理由による適切な解決を導けず、②窃取後の盗品の処分等を「不可罰的（＝共罰的）事後行為」とする実務の結論を説明できず、③「不法領得の意思」における「権利者」排除意思の意味を説明できず、かつ、④被害者による行き過ぎた取戻し行為を強盗罪にしてしまうことになる。つまり、「所持説」は、実は「通説」の結論を説明できないのである。筆者は大方の合意が得られる結論を説明できる見解を「通説」と考えているので、そうなると、「所持説」は「通説」ではないのである。

　他方、詐欺罪と文書偽造罪では、最高裁を中心とする個別の裁判例の問題点を努めて明らかにすることにした。というのも、現在の「判例」を説明する見解では、未成年者が年齢を偽って酒やたばこを買えば――酒やたばこの害から守られるべきは未成年者なのに――みな詐欺罪になりかねず、また、その気のない「禁煙宣言書」を書いたり、飲み屋にいることを隠して配偶者に「研究室にいる」などというメール（またはLINE）を出したりすれば、文書偽造罪や私電磁的記録不正作出罪に問われかねないからである（これは笑い話ではない。コロナ禍の現状では、自宅待機を義務づけられた人物がメールで偽りの所在場所を報告する行為について、そうなる危険がないとは言えない）。

　とはいえ、本書は気難しい話で埋め尽くされているわけでもない。第19章では、昨年、テレビ朝日開局60周年記念ドラマにもなった「逃亡者」から、逃亡の罪の問題点を楽しく思い浮かべてもらおうとしている。また、第20章では、拘禁中の便宜を図ってもらうために、被拘禁者の方から積極的に看守を誘惑した側面が認められる事件について、特別公務員暴行陵虐罪ではなく、賄賂の罪の適用を示唆している。こちらのほうが、事件の本質を反映しているからである。

　最後に、本書の刊行に際しては、日本評論社法学セミナー編集長の晴山秀逸氏と同誌編集者の田村梨奈氏に大変お世話になった。記して謝意を表する。

2021年8月

　　　　　　　　　　　　　　　　　　　　　　　　　松宮孝明

目次

凡例

［法令］

＊法令の略称は、以下のとおりとする。

＊刑法は、原則として条文数のみ表記する。

警職法	警察官職務執行法
刑訴法	刑事訴訟法
憲法	日本国憲法
国公法	国家公務員法

［判例・裁判例］

＊日本の判例・裁判例については、学習者の便宜を考えて元号表記にしたほか、一般の例にならい以下のように略記した。判決文の引用については、適宜現代仮名遣いに改めた。

例：最決令和2・9・30刑集74巻6号669頁

大判	大審院判決
最判	最高裁判所判決
最決	最高裁判所決定
高判	高等裁判所判決
高決	高等裁判所決定
地判	地方裁判所判決
地決	地方裁判所決定
刑録	大審院刑事判決録
刑集	大審院刑事判例集、最高裁判所刑事判例集
集刑	最高裁判所裁判集刑事
裁時	裁判所時報
高刑集	高等裁判所刑事判例集
裁特	高等裁判所刑事裁判特報
判特	高等裁判所刑事判決特報
東高刑時報	東京高等裁判所刑事判決時報
高刑速	高等裁判所刑事裁判速報集
下刑集	下級裁判所刑事裁判例集
刑月	刑事裁判月報
判時	判例時報
判タ	判例タイムズ
LEX/DB	LEX/DB インターネット TKC 法律情報データベース

［文献］

＊主要な文献の略称は、以下のとおりとする。

浅田・各論	浅田和茂『刑法各論』（成文堂、2020年）
井田・各論	井田良『講義刑法学・各論〔第2版〕』（有斐閣、2020年）
伊東・各論	伊東研祐『刑法講義各論』（日本評論社、2011年）
大塚・各論	大塚仁『刑法概説（各論）〔第3版増補版〕』（有斐閣、2005年）
大場・各論上	大場茂馬『刑法各論上巻』（三書樓、1909年）
大谷・総論	大谷實『刑法講義総論〔新版第5版〕』（成文堂、2019年）
大谷・各論	大谷實『刑法講義各論〔新版第5版〕』（成文堂、2019年）
川端・各論	川端博『刑法各論講義〔第2版〕』（成文堂、2010年）
吉川・各論	吉川経夫『刑法各論』（法律文化社、1982年）
倉富ほか	倉富勇三郎ほか監修、松尾浩也増補解題『増補 刑法沿革綜覧』（信山社、1990年）
江家・各論	江家義男『刑法各論〔増補第1版〕』（青林書院新社、1963年）
曽根・各論	曽根威彦『刑法各論〔第5版〕』（弘文堂、2012年）
高橋・各論	高橋則夫『刑法各論〔第3版〕』（成文堂、2018年）
田中・釋義下	田中正身『改正刑法釋義 下巻』（西東書房、1908年）
団藤・各論	団藤重光『刑法綱要各論〔第3版〕』（創文社、1990年）
中山・各論	中山研一『刑法各論』（成文堂、1984年）
西田・各論	西田典之（橋爪隆補訂）『刑法各論〔第7版〕』（弘文堂、2018年）
林・各論	林幹人『刑法各論〔第2版〕』（東京大学出版会、2007年）
平川・各論	平川宗信『刑法各論』（有斐閣、1995年）
平野・概説	平野龍一『刑法概説』（東京大学出版会、1977年）
藤木・各論	藤木英雄『刑法講義各論』（弘文堂、1976年）
前田・総論	前田雅英『刑法総論講義〔第7版〕』（東京大学出版会、2019年）
前田・各論	前田雅英『刑法各論講義〔第7版〕』（東京大学出版会、2020年）
松原・各論	松原芳博『刑法各論〔第2版〕』（日本評論社、2021年）
松宮・総論	松宮孝明『刑法総論講義〔第5版補訂版〕』（成文堂、2018年）
松宮・各論	松宮孝明『刑法各論講義〔第5版〕』（成文堂、2018年）
松宮・先端総論	松宮孝明『先端刑法 総論——現代刑法の理論と実務』（日本評論社、2019年）
山口・総論	山口厚『刑法総論〔第3版〕』（有斐閣、2016年）
山口・各論	山口厚『刑法各論〔第2版〕』（有斐閣、2010年）

最判解刑事篇平成○年度	最高裁判所判例解説刑事篇平成○年度（法曹会）
令和○年度重判解	令和○年度重要判例解説（有斐閣）

第1章

各論の総論

1 │ 各論学習の目的

[1] 泥棒に殺人罪を適用しないために

　先の『先端刑法 総論』（日本評論社、2019年）に続き、本書『先端刑法 各論』の想定読者も、引き続き、刑法の学習を一通り経験した方である。

　ところで、筆者は日頃から、各論学習の目的を「泥棒に殺人罪を適用しないため」であると考えている[1]。なぜなら、泥棒がいけない行為であることは、6歳の子供でも知っており、そしてそれが「犯罪」となること、正当防衛や緊急避難などの阻却事由があれば泥棒も処罰されないことがあるといったことは、「総論」で学ぶべきことであって、「各論」で学ぶべきことは、たとえば、「殺人」というタイトルのついた刑法199条が適用されるのは、どのようなタイプ＝類型の行為であるか、あるいは、その行為は刑法199条にいう「殺人」に当たるかということだからである。すなわち「各論」では、その行為が許されるか否かを学ぶのではなく、どのような罪になるのか、あるいはならないのかを学ぶのである[2]。

　そこでは、主に、刑法の第2編「罪」（＝刑法各則）や特別刑法等にある条文の言葉を、もっと分かりやすいものに言い換えたり、裁判例を素材にして具体的事実がそれに当てはまるかどうかを判断したりすることが、学習の中心となる[3]。

　もっとも、ここでも、総論で述べたように、刑法理論は単に条文を解釈するためにあるのではない。条文の言葉の限界を明らかにするとともに、それ

1）　松宮・各論3頁。

に当てはまらないが処罰すべき行為があると判断されたとき、また、今日では犯罪として処罰すべきではない行為を把握する罪があるときに、適切な立法提案を行うことも、その任務となる。その意味で、ここでもまた、**理論は立法者のためのものでもある**。

その際、特に刑法各則を中心に学ぶ場合に陥りやすい陥穽_{かんせい}を、あらかじめ指摘しておいてよいであろう。それは、刑法各則の罪を検討する際に、特別刑法ないし軽犯罪法との関連を忘れがちになることと、結論は同じ罪になるとしても、その最適な構成を見失うことである。

[2] 特別刑法との関係

まず、刑法各則と特別刑法との関係を見てみよう。具体例は、身の代金目的拐取罪（225条の2）にいう**「近親者その他略取され又は誘拐された者の安否を憂慮する者」**について判断した**最決昭和62・3・24刑集41巻2号173頁**と**東京地判平成4・6・19判夕806号227頁**である。

前掲最決昭和62・3・24は、被告人らがパイプ銃などを用い相互銀行の代表取締役社長を略取して代表取締役専務らに身の代金を要求した事案について、この専務は同期入社の社長の安否を親身になって憂慮していた等の特殊事情を根拠に、本罪の成立を認めた。つまり、銀行の社長と専務という一般的関係から直ちに、近親者に準じるような「安否を憂慮する者」に当たると

---

2) 許されるか否かではなくどの罪になるかが問題の焦点であることを明言した裁判例として、業務上横領罪（253条）に関する**最決平成13・11・5刑集55巻6号546頁**を挙げておこう。そこでは、原判決が「その行為の目的が違法であるなどの理由から、金員の委託者である会社自体でも行い得ない性質のものである場合には、金員の占有者である被告人がこれを行うことは、専ら委託者である会社のためにする行為ということはできない」という理由も挙げて横領を認めた点につき、「その行為が商法その他の法令に違反するという一事から、直ちに行為者の不法領得の意思を認めることはできないというべきである。」と述べられている。そして、これに依拠して**最判平成14・3・15集刑281号213頁**は、業務上横領罪の成立を否定した。ここでは、被告人の行為が法令上許されないものであることと、それが「横領」であることとは別次元の問題であることが明言されている。もっとも、この背景には、「横領」行為を規定する**「不法領得の意思」**の定義をめぐる問題がある。詳細は、横領の罪（本書第10章）のところで説明する。

3) この点につき、筆者にとって導きの糸となったのは、平野龍一編『判例教材 刑法各論』（東京大学出版会、1980年）である。

は判断しなかったのである。

　これに対し、前掲東京地判平成 4・6・19は、けん銃を突き付けるなどして複数人によって一般行員が略取され、この被害者とは個人的交際関係は全くなかった当該銀行の代表取締役らに身の代金が要求された事案について、「誘拐された者が一般行員であっても、都市銀行の代表取締役はその行員の安否を親身になって憂慮するのが社会通念上当然と見られる特別な関係にあるものと認められる。」と結論づけた[4]。しかし、これでは、近親者に準じる者として「安否を憂慮する者」を位置づけた立法の趣旨は没却されてしまうであろう。

　ところで、すでに1978（昭和53）年には、**「人質による強要行為等の処罰に関する法律」** が制定されており、当時の 1 条（**人質による強要**）は、「二人以上共同して、かつ、凶器を示して人を逮捕又は監禁した者が、これを人質にして、第三者に対し、義務のない行為をすること又は権利を行わないことを要求したときは、無期又は 5 年以上の懲役に処する。」と定めている（現行法では 2 条に相当）。奇しくも、上記 2 件は、いずれも「二人以上共同して、かつ、凶器を示して人を逮捕又は監禁した者が、これを人質にして、第三者に対し」金員を支払えという「義務のない行為をすること……を要求した」ものである。その法定刑の上限は身の代金目的拐取罪と同じく無期懲役であるが、下限はそれより重い 5 年の懲役である[5]。裁判所は、このような事件に対して今でも、「安否を憂慮する者」の範囲を不自然に拡張して、法定刑の下限が軽い身の代金拐取罪等の規定を適用するのであろうか。

［3］軽犯罪法との関係

　次に、**軽犯罪法** との関係に移ろう。ここでの素材は、囲障で囲われた建造物の敷地（刑法上の**「囲繞地」**）をも住居侵入罪（130条）のうちの建造物侵入罪にいう**「建造物」**に当たるとした**最判昭和51・3・4刑集30巻 2 号79頁**で

4）　そこでは、「大企業を中心に終身雇用制が広く認められ、会社側が社員らの福利厚生を含め、その生活全般を保護しようとする関係にあること」等が理由に挙げられている。今日では、これはもはや一般的に妥当するとはいえないであろう。

5）　付言すれば、人質強要罪には、制定当時の 4 条に、刑法 2 条を準用した国外犯処罰規定がある。これに対し、身の代金目的拐取罪・身の代金要求罪は、属地主義（1 条）以外では、属人主義（3 条）および消極的属人主義（3 条の 2）に服するのみである。

ある[6]。この判決は、被告人らが、国立大学の構内にある附置研究所建物に接してその周辺に存在し、かつ、管理者が既存の門塀等の施設と新設の金網柵とを連結して完成した一連の囲障を設置することにより、建物の附属地として建物利用のために供されるものであることが明示された本件土地に立ち入った行為につき、建造物侵入罪の成立を認めたものである。そこでは、「建物の囲繞地を刑法130条の客体とするゆえんは、まさに右部分への侵入によって建造物自体への侵入若しくはこれに準ずる程度に建造物利用の平穏が害され又は脅かされることからこれを保護しようとする趣旨にほかならない」と述べられている。

つまり、**「建造物」**とは、一般に、「屋蓋を有し柱や壁で支えられて土地に定着し人の起居出入りに適した構造をもった工作物」をいい[7]、その敷地まで「建造物」と呼ぶのは日常用語ではないのであるが、前掲最判昭和51・3・4は、「まさに右部分への侵入によって建造物自体への侵入若しくはこれに準ずる程度に建造物利用の平穏が害され又は脅かされる」ことを理由に、これを「建造物」の一部と解したわけである[8]。これは、住居侵入罪の保護法益に関する**「平穏説」**に依拠したものだということが、読者にはお分かりいただけるであろう。

ところが、その後、**最判昭和58・4・8刑集37巻3号215頁**は、「刑法130条前段にいう『侵入シ』とは、他人の看守する建造物等に管理権者の意思に反

---

6) すでに、最大判昭和25・9・27刑集4巻9号1783頁は、隠退蔵物資等の摘発のための工場敷地への立入りにつき、「刑法130条に所謂建造物とは、単に家屋を指すばかりでなく、その囲繞地を包含するものと解するを相当とする。所論本件工場敷地は、判示工場の附属地として門塀を設け、外部との交通を制限し守衛警備員等を置き、外来者が、みだりに出入することを禁止していた場所であることは、記録上明らかであるから、所論敷地は同条にいわゆる人の看守する建造物と認めなければならない」と述べていた。しかし、建造物周囲の敷地が「建造物」と解される実質的理由は示さなかったのである。

7) 建造物損壊罪に関する大判大正3・6・20刑録20輯1300頁、現住建造物放火罪に関する大判大正13・5・31刑集3巻459頁参照。

8) その後、東京高判平成5・7・7判時1484号140頁は、夜間に小学校の校庭に立ち入っただけでも建造物侵入罪を認める理由として、「本件構内は、前記『囲繞地』として外来者がみだりに出入することを禁止している場所であって、同校教頭らが事実上管理するものということができ、『人ノ看守スル建造物』に該当するものと解するのが相当である。」と述べている。

して立ち入ることをいう」と述べ、「平穏説」ではなく、特定の空間への立入りを許諾または拒否する権利としての「住居権」ないし「管理権」を保護法益とする**「住居権説」**と呼ばれる立場に戻ってしまった[9]。そうなると、「平穏説」に依拠して「囲繞地」も「建造物」に含まれるとする説明は、梯子を外されたことになる。しかし、不思議なことに、この不調和（および刑法130条の重い法定刑を適用するという不都合）は、なぜか実務において等閑視されている。

ところで、その違反が拘留または科料に処される行為のひとつとして、軽犯罪法1条32号は「入ることを禁じた場所又は他人の田畑に正当な理由がなくて入つた者」を挙げている。したがって、「外来者がみだりに出入りすることを禁止している場所」であっても、それだけでは「囲繞地」への立入りが建造物侵入に当たるとするには不十分である[10]。つまり、特定の空間への立入りを許諾または拒否する権利としての「住居権」（Hausrecht）ないし「管理権」を保護法益とするという点では、住居侵入罪も軽犯罪法1条32号も変わらないのである[11]。両者の相違は、もっぱら、侵入行為の客体にある。その侵入行為の客体については、日常用語の語義をその限界とすべきであろう。

この点では、「住居」侵入罪が私生活の平穏を保護法益とするという理解に立ち、それゆえに「住居」の敷地である「囲繞地」も「住居」の一部と解すべきだとする見解がある[12]。しかし、「住居」の敷地である「囲繞地」は、大審院時代から「邸宅」として住居侵入罪の客体とされてきたのであり[13]、よって、問題は私生活の平穏が問題とならない「建造物もしくは艦船」に限定される。そのようなものの「囲繞地」まで刑法130条の客体とする理由は

---

9) 大審院では、夫が不在中に妻の同意を得て家屋に立ち入った間男に住居侵入罪を認める際に、「住居権」は家長にのみ認められるという前提の下に、「住居権説」に依拠していた（大判大正7・12・6刑録24輯1506頁、大判昭和14・12・22刑集18巻565頁）。

10) 付言すれば、軽犯罪法1条1号は「看守していない邸宅、建物又は船舶の内に正当な理由がなくてひそんでいた者」を軽犯罪としている。ゆえに、人が「看守していない」建造物等であっても、必ずしも「外来者がみだりに出入りすることを禁止している場所」でないわけではなく、同時に、「外来者がみだりに出入りすることを禁止している場所」であっても、必ずしも「人の看守する」建造物等に当たるわけではない。

11) 付言すれば、軽犯罪法1条1号も「住居権」を保護している。

12) 団藤・各論504頁。

乏しい。軽犯罪法 1 条32号で十分である[14]。

　軽犯罪法については、そのほか、往来妨害罪（124条）と水路交通妨害（軽犯罪法 1 条 7 号）、業務妨害罪（233、234条）と虚構犯罪等の申告（軽犯罪法 1 条16号）および悪戯などによる業務妨害（同条31号）、文書偽造（158条以下）と官公職等の詐称（軽犯罪法 1 条15号）などのように、刑法各則解釈の際に考慮すべき規定が多い。

　もともと、「軽犯罪」は、旧刑法にあった**「違警罪」**を引き継いだものであり、本格的な「犯罪」ではなかった。1885（明治18）年太政官布告の違警罪即決例は、この「違警罪」を司法警察官に処理させていた。それが、裁判所による統制に服させるために、1948（昭和23）年の軽犯罪法に引き継がれたのである。そこには、そこに列挙されている行為は拘留・科料にしか相当しないという立法者の判断が表現されている。刑法各則および特別刑法の解釈に当たっては、この立法判断を潜脱しないことが肝要である。

[4] 同じ罪の中での最適構成

　結論はともかく、その**最適な理論構成**を見失うことも、各論でよくある悲劇である。例として、財物詐欺罪（246条 1 項）に必要な**「不法領得の意思」**が否定された**最決平成16・11・30刑集58巻 8 号1005頁**と、「釜焚き」というインチキ祈祷で信者から料金を騙し取る際にクレジット・カードによる対象商品の決済を装って信販業者に立替払いをさせた事案に財物詐欺罪を認めた**最決平成15・12・ 9 刑集57巻11号1088頁**の事案を用いる。

　前者では、被告人は、叔父に対して内容虚偽の支払督促を申し立てた上、

---

13) 大判昭和 7・4・21刑集11巻407頁は、社宅の囲繞地への侵入は「邸宅」への侵入でないとして刑法130条の適用を否定し、みだりに出入りすることを禁止された場所として、当時の警察犯処罰令 2 条25号に該当するとした。また、大判昭和14・9・5 刑集18巻473頁は、住居の囲繞地は「邸宅」に当たるとして、刑法130条の適用を認めた。なお、最判昭和32・4・4 刑集11巻 4 号1327頁も、社宅の囲繞地も「邸宅」に当たるとして130条の適用は認めたが、「建造物」に当たるとする構成は採らなかった。さらに、「住居」に関して、大判大正12・1・27刑集 2 巻35頁は、住居の縁側にまで達した場合にようやく「住居」侵入を認め、大判昭和 4・5・21刑集 8 巻288頁は、住居の邸内に侵入した行為を「邸宅」侵入に当たるとしていた。

14) 以上の「囲繞地」問題に関しては、松宮孝明「校庭への立ち入りと建造物侵入罪」立命館法学239号（1995年）162頁を参照されたい。

支払督促正本等の送達に赴いた郵便配達員に対して、共犯者が叔父の氏名を名乗り出て受送達者本人であるように装い、郵便配達員の求めに応じて、郵便送達報告書の受領者の押印または署名欄に叔父の氏名を記載し、もって郵便配達員から支払督促正本等を騙し取ったとされた。しかし、前掲最決平成16・11・30は、私文書偽造・行使の成立を認めて弁護人からの上告は棄却したが、被告人は「送達が適式にされたものとして支払督促の効力を生じさせ、債務者から督促異議申立ての機会を奪ったまま支払督促の効力を確定させて、債務名義を取得して債務者の財産を差し押さえようとしたものであって、受領した支払督促正本等はそのまま廃棄する意図であった」ことを前提に、「郵便配達員を欺いて交付を受けた支払督促正本等について、廃棄するだけで外に何らかの用途に利用、処分する意思がなかった場合には、支払督促正本等に対する不法領得の意思を認めることはできないというべきである」として、支払督促正本等に関する財物詐欺罪の成立を否定した。

その際、注意すべきは、本決定が被告人の行為は「債務名義を取得して債務者の財産を差し押さえようとしたもの」であり、「郵便配達員からの受領行為を財産的利得を得るための手段の一つとして行った」ことを認めていたことである。つまり、この事件は、被告人が裁判所から債務名義という「財産上不法の利益」（246条2項）を騙し取る計画が途中で頓挫したものであって、2回目の送達が成功すれば2週間後にはこれが入手できるはずのものだったのである。そこで、もしも検察官が本件をこのように債務名義を手に入れるための**訴訟詐欺**として構成し、詐欺利得罪（246条2項）の未遂を主張していたら、その是非はともかく昨今の詐欺未遂の早期化傾向（最判平成30・3・22刑集72巻1号82頁）に鑑みて、有罪を得られていたかもしれない[15]。

後者では、被告人らは、病気などの悩みを抱えている信者らに対し、病気などの原因が霊障であり、「釜焚き」と称する儀式で病気などを治癒させる効果があるかのように装い、釜焚き料名下に金員を要求し、釜焚き料を直ち

---

15) 本件では、最高裁は「財物」としての支払督促正本等自体の経済的利用・処分目的を否定したが、この行為を通じて間接的に財産上不法の利益を得る目的を詐欺利得罪の「利得目的」として構成した場合には、その成立を否定するためには郵便配達員の処分行為と被告人が狙った債務名義獲得との間の「直接性」を否定するしかない。その詳細については、松宮孝明「詐欺罪における不法領得の意思について」立命館法学292号（2004年）1912頁も参照されたい。

に支払うことができない信者に対しては、当該信者が被告人らの経営する薬局から商品を購入したように仮装し、その購入代金につき信販業者に立替払いをさせた。これにつき、前掲最決平成15・12・9は、「被告人らは、被害者らを欺き、釜焚き料名下に金員をだまし取るため、被害者らに上記クレジット契約に基づき信販業者をして立替払をさせて金員を交付させたものと認めるのが相当である。」と述べ、「この場合、被告人ら及び被害者らが商品売買を仮装して信販業者をして立替金を交付させた行為が信販業者に対する別個の詐欺罪を構成するか否かは、本件詐欺罪の成否を左右するものではない。」としてしまった。

　問題は、信者に対する詐欺罪を認めるに当たって、「信販業者をして立替払をさせて金員を交付させた」というところ、つまり、信販業者の立替払いを信者による「財物の交付」とみてよいのかというところにある。そもそも、クレジット決済による信販業者から加盟店への支払いは、予め合意していた対象商品につきクレジット会員がクレジット決済を申し込んだときに、その売上債権の譲渡と引き換えに行われる立替払いである。決して、会員が個別のクレジット決済につき、あらかじめ信販業者から貸付けを受け、その金員を信販業者から加盟店に支払わせるもの（「ローン契約」）[16]ではない。その証拠に、クレジットカード加盟店規約のひな形には、一般に、信販会社による立替払いと引き換えに「加盟店は、会員に対する信用販売により取得した売上債権を当社に債権譲渡し、当社はこれを譲り受けるものとします。」という趣旨の条項が含まれている[17]。「ローン契約」であれば、そもそも「売上債権」が加盟店から信販会社に譲渡されることはない。

　したがって、信販業者による（有効なクレジット決済だと騙されての）立替払いを信者の処分行為とみることはできない。それどころか、これ自体が、被告人らの信者との共謀による詐欺のために行われた処分行為なのである。

---

16) 山口厚『新判例から見た刑法〔第3版〕』（有斐閣、2015年）243頁は、そのような「ローン契約」構成を主張する。

17) たとえば、JCB加盟店規約（2018年6月1日改定版）14条1項には、「当社は、加盟店が会員に対する信用販売により取得した売上債権につき、本条第2項に基づき立替払契約が成立したものについて、本契約に基づき、会員に代わって立替払いするものとします。」と書かれている（https://www.jcb.co.jp/kiyaku/pdf/kameiten0705_05.pdf）（2019年8月6日参照）。立替払いの場合も、信販会社は、立替によって初めて売上債権を取得する。

この場合の最適構成は、信者が「釜焚き」代金のクレジット仮装決済を行う直前の状態を考えてみれば明らかになる。すでにこの時点で、「釜焚き」を受けた信者は同時履行の抗弁権（民法533条）を喪失しており、詐欺に基づくものではあるが、確定的に代金支払債務を負担している。ところで、月末の「つけ払い」契約でインチキな商品を販売した行為の既遂を、月末の支払期日まで待つことは論理的であろうか。この場合に代金債務を確定的に負担させた段階で詐欺利得罪の既遂を認めてよいのであれば、前掲最決平成15・12・9の事案においても、その段階で同罪の既遂を認めてよいであろう。財物の移転にこだわるのは、詐欺既遂の確実な立証の便宜を図ってのものにすぎない[18]。

2 | 適切な立法提案

[1] 自動車等の無権限使用
　冒頭で述べたように、**刑法各論は、適切な立法提案を行うことも、その任務としている**。そこで、以下では、現在検討の価値があると思われるものを、いくつか列挙する。
　まず、**自動車等の無権限使用**が挙げられる。「不法領得の意思」のない、いわゆる「**使用窃盗**」の一種である。かつて**最決昭和55・10・30刑集34巻5号357頁**は、約5時間半にわたって無断で乗り回すつもりで他人の自動車（時価約250万円相当）を運転していた被告人に、「なお」書きで、「たとえ、使用後に、これを元の場所に戻しておくつもりであったとしても、被告人には右自動車に対する不正領得の意思があったというべきである」と述べて、窃盗罪の成立を認めた。そこでは、同種事案に関し、カッコ書きで「被告人らは、所論各自動車を、窃盗品の運搬に使用したり、あるいは、その目的をもって、相当長時間にわたって乗り廻しているのであるから、たとえ、無断使用した後に、これを元の位置に戻しておいたにしても、被告人らに不正領得の意思を肯認することができるとした原判断は相当である。」と述べた**最決昭和43・9・17集刑168号691頁**が引用されている。
　ところで、窃盗罪に必要な「不法領得の意思」は、一般に「権利者を排除

---

18) しかも、銀行振込みは預金債権の移転であって、「財物」の交付ではない。

して他人の物を自己の所有物としてその経済的用法に従いこれを利用もしくは処分する意思」と定義されている[19]。つまり、窃盗犯人は「他人の物を自己の所有物として」利用もしくは処分する意思で窃取しなければならないのである。しかし、10年間使ってからならまだしも、5時間程度の乗り回しの後に返すつもりの人物には、他人の所有権をないがしろにしてこの自動車を「自己の所有物として」使うつもりはないであろう。そのような行為は、もちろん、所有者がこれを許すかどうかに関わりなく、10年以下の懲役が法定されている窃盗罪には値しない不法行為である。

　日本の立法者もまた、これを意識していた。現に、1940（昭和15）年の**改正刑法仮案**422条および1974（昭和49）年の**改正刑法草案**322条には、他人の財物の不正一時使用の罪が、窃盗罪より軽い法定刑で規定されていた。また、ドイツ刑法248b条および韓国刑法331条の2には、自動車等の無権限使用の罪が、これまた窃盗罪より軽い法定刑で規定されている。

　一般に、不法行為ではあるが、軽微な財物の無権限使用については、不法行為として損害賠償の対象となるにとどめるほうが、警察権限の濫用を防止する上でも妥当である。しかし、自動車等の乗り物は重大な犯罪行為に利用されることもあり、それゆえ、犯罪化する合理性がないとはいえないであろう。もっとも、返還意思等があり他人の所有権をないがしろにしない場合には、窃盗罪としての可罰性は欠くものと考えるべきである。自動車等の無権限使用の罪がないために却って窃盗罪の適用が拡大されるくらいなら、これらの規定を設けておくほうが妥当であろう。

　類似の事情は、担保権や利用権を侵害する「自己所有物の取戻し」にも当てはまる。これらもまた、他者の所有権をないがしろにする行為ではない。したがって、**「自己所有物の特例」**（242条等）によるのではなく、改正刑法仮案458条以下にあるような権利行使妨害の罪として、窃盗罪より軽い法定刑で規制されるべきである。

[2] 誤振込みと不法利得の罪

　もっとも、単純に軽い法定刑を持った特別規定を作ってよいかどうか、慎重な判断が求められる場合もある。そのような例として、**最決平成15・3・**

19）大判大正4・5・21刑録21輯663頁等。

12刑集57巻3号322頁が扱った「誤振込み」を挙げよう。

　前掲最決平成15・3・12は、「誤振込み」の場合に反対方向への振込みである「組戻し」が受取人の承諾を得なければならないことの意味を無視して、これを銀行のための制度と解したようであるが、「組戻し」は受取人の意思に基づく反対方向への振込みを意味するにすぎず、銀行のための制度ではない。また、銀行側の過誤による「**誤記帳**」の場合には受取人の承諾を得ることなく振込手続きの「取消し」が可能であるが、これは「誤記帳」の場合の入金が当初から無効だという意味ではなく[20]、民法の一般原則通り、「取消し」によって初めて遡及的に無効になるものにすぎない[21]。それゆえ、2000年11月8日のドイツ連邦裁判所（BGH）決定は、「誤記帳」の場合でも受取人の払戻し請求を、何らの財産犯にも当たらないと判示している[22]。

　他方、このドイツ連邦裁判所の決定は、誤振込み金員の不適切な費消について、スイス刑法141^{bis}条にある「財産的価値の不適法な費消」のような罰則の新設に言及している。この規定は、「自己に対してその意思なく与えられた財産的価値を不適法に自己又は他人の利便において費消する者は、告訴に基づき、3年までの自由刑又は罰金刑に処す。」というものである。その法定刑は、スイス刑法137条の「不法領得の罪」（＝遺失物等横領罪）に準じており、その可罰評価は、「誤振込み」を遺失物等横領罪で処理しようとする日本の一部の学説と同じである[23]。

　もっとも、問題は、「誤振込み」や「誤記帳」による不当利得（民法703条以下）については、受取人は不当利得返還債務を負うだけだというところにある[24]。それは、通常は「利益の存する限度において」（同条）のものである。しかも、それは一般の債務であるから、その費消を処罰するのは預金残高の

---

20) にもかかわらず、前掲最決平成15・3・12の最高裁調査官解説は、「取消し」を「無効」ないし預金債権の不成立と解しているようである。宮崎英一「判解」最判解刑事篇平成15年度（2006年）127頁（注8）参照。

21) 現に、最判平成20・10・10民集62巻9号2361頁は、銀行側の過誤と思われる振込金員の払戻請求を可能であるとしている。また、筆者が銀行窓口で聞いたところでは、銀行側の「誤記帳」の可能性があっても、銀行は緊急の払戻しに応じるとのことである。

22) BGH 2000年11月8日決定（BGH NJW 2001, 453ff）。

23) ドイツの判例とスイス刑法の規定に関する詳細については、松宮孝明「誤振込と財産犯の解釈および立法」立命館法学278号（2001年）999頁を参照されたい。

24) 最判平成8・4・26民集50巻5号1267頁参照。

少ない貧困者のみを罰することになり、また、これが事実上誤振込金員の不返還を処罰するなら、それは単なる債務不履行を処罰するものとなる[25]。さらに、受取人が破産状態にある場合には、受取人は誤振込金員全額を返済すると偏頗弁済として免責不許可事由となる虞がある。

　したがって、「誤振込み金員の支払い請求」を単純に犯罪化することに対しては、先に解決しておくべき民事上の問題がいくつかある。それらを考慮せずに、民事問題に疎い刑事裁判所が現行法の解釈でこれを犯罪としてしまうことは、大きな問題であると思われる。

　類似の問題を孕むものに、後見人への**「親族間の特例」**の準用（244、255条）排除問題がある。**最決平成20・2・18刑集62巻2号37頁**は未成年後見人について、**最決平成24・10・9刑集66巻10号981頁**は成年後見人について、いずれも立法によらずに、親族後見人に対して「親族間の特例」の準用を排除して業務上横領罪の刑を免除しなかった。その際に理由とされたのは、244条や後見関係法令の文言ではなく、被後見人のためにその財産を誠実に管理すべき後見人の任務にすぎない。しかし、後見人が親族関係の有無にかかわらず等しく被後見人のためにその財産を誠実に管理すべき法律上の任務を負っていることは当然であって、問題は、法令のどこに、親族後見人に対して「親族間の特例」準用の排除が書かれているかにある。それは、**罪刑法定原則**の問題である。

　加えて、立法論としては、認知症に陥った成年被後見人の錯誤や親族間の相続争いによって、費用や報酬の請求権を持つ親族後見人が不当に刑事罰に晒される危険をどのように回避するかが、慎重に検討されなければならない。それは、民事関係および親族関係に関する専門家の調査と関与を必要とするであろう。筆者は、この問題は刑事裁判所が立法的解釈によって解決すべきものではなく、たとえば、**後見を命じた裁判所の告発を244条適用排除の条件とする法改正**が望ましいと考えている。

---

25) そのような鋭い指摘をするのは、ギュンター・シュトラーテンヴェルトである。*G. Stratenwerth*, Schweizerisches Strafrecht BT I, Fünfte, teilweise neubearbeitete Auflage, 1995, S. 295f.

[3] 法定刑の下限とネットワイドニング

　最後に、**法定刑の下限**と**ネットワイドニング**の問題を考察してみよう。2006（平成18）年の改正により、窃盗罪（235条）の選択刑に50万円以下の罰金が追加された。これは、刑法9条および10条を見ればわかるように、「刑の下限の引下げ」である[26]。しかし、この改正の趣旨は「罰金刑の選択を可能として、比較的軽微な事案に対しても適正な科刑の実現を図ること[27]」にあり、起訴猶予（刑訴法248条）ないし微罪処分（刑訴法246条）となっていた万引き犯などを——それが適切な刑事政策か否かは別にして——罰金で処罰して前科を付けるというネットワイドニングの効果を狙ったものであった。

　これに対して、2004（平成16）年、2017（平成29）年の2度にわたって法定刑の下限が引き上げられた強制性交等の罪（177条、旧強姦罪）や準強制性交等の罪（178条2項）、さらに同じ法定刑で新設された監護者強制性交等の罪（179条2項）[28]については、事情は異なる。ここで刑の下限が引き上げられたのは、性犯罪の厳罰化が謳われたためかもしれない。しかし、刑の下限の引上げは、「軽い事案」ないし「責任の軽微な被告人」を重く処罰する結

---

26) 奇妙なことに、**最決平成18・10・10刑集60巻8号523頁**は、一方において、この改正を、「原判決の時点で、刑訴法383条2号所定の『刑の変更』があったとみられる。」としておきながら、他方において、「その改正の趣旨は、従来、法定刑が懲役刑に限られていた窃盗罪について、罰金刑の選択を可能として、比較的軽微な事案に対しても適正な科刑の実現を図ることにあり、これまで懲役刑が科されてきた事案の処理に広く影響を与えることを意図するものとは解されない」ので、刑訴法397条1項により破棄すべき「刑の変更」には当たらないとした。しかし、刑訴法にいう「刑の変更」とは、法定刑の上限または下限が変更された場合に改正前の法と改正後の法のどちらを適用すべきかという問題に関するルールであり、「これまで懲役刑が科されてきた事案の処理に広く影響を与えることを意図するもの」か否かは問題でないと思われる。刑の上限が変更されて公訴時効期間に影響が出る場合を考えてみればよい。

27) 前掲最決平成18・10・10。

28) その際、比較の対象にされたのは強盗罪（236条）の5年の懲役という刑の下限である。強姦の罪が財産犯である強盗よりも軽く見られているのかという批判が、その背景にある。しかし、司法統計を見ればわかるのだが、強盗の罪の量刑の平均は、実は、5年の懲役を下回る。これは、明治40年刑法草案では3年の懲役であったが、強盗が増加するという社会情勢を背景として、帝国議会の委員会において5年に引き上げられてしまったことが原因である。実際には、軽微な事後強盗（238条）もこの法定刑で処断されることなどもあって宣告刑の平均は5年より低いのであり、立法論としては、こちらを先に手直しするべきであった。

果をもたらすに過ぎず、そのためネットワイドニングと反対の効果を持つように思われる。

　少なくとも、性刑法の分野において、今後、「不同意性交等の罪」や「地位利用性交等の罪」の新設を考慮するのであれば、法定刑の下限は低く設定するべきであろう。そうでないと、万引き対策とは反対に、軽微な事案は重い刑の下限に相当しないので起訴猶予となりやすくなるかもしれない。

第2章

生命に対する罪

---

1 | 殺人の罪

[1]「人」の意味

　今回は、**ヒト**の「**生命に対する罪**」を扱う。このカタカナでの「ヒト」は、ここでは、ホモ・サピエンスの受精卵から胎児を経て人の死亡に至るまでの生命体を意味する。この、漢字での「**人**」は刑法典に用いられている「人」であり、出生から死亡に至るまでの「ヒト」生命体を意味する。

　「ヒト」は、ホモ・サピエンスの精子と卵子が受精することにより独立した「ヒト」生命体になる。それが、一般には母体の子宮への受精卵の着床により「**胎児**」となり、出生によって「**人**」となって、最後に、死亡によって「**死体**」となる。

> 受精→（受精卵、卵割の進展により胚）→子宮着床→（胎児）→出生：
> 一部露出か全部露出か争いあり→（人）→死亡→（死体）

　もっとも、刑法の対象となる「人」は、行為者を除いた「他人」である。（広義の）刑法では、「人」は一般にこの意味で用いられているので、自殺や自傷は殺人の罪や傷害の罪などの構成要件には該当しない。

　「人」に対する罪には、殺人の罪や傷害の罪をはじめ、遺棄の罪や過失傷害（致死含む）の罪など、生命ばかりでなく身体に対する侵害犯や危険犯のほか、過失犯もある。

[2] 「人」の始期

　民法3条1項は「私権の享有は、出生に始まる。」と定めている。したがって、**「人」の始期**としての**「出生」**には、私法上の権利主体が生まれたという意味がある。生命体としての「胎児」と「人」は連続しているが、法＝規範的意味においては、この時点で初めて、権利主体が発生するのである[1]。

　この「出生」について、民法では、胎児の身体が母体からすべて露出したときとする**「全部露出説」**が一致した見解となっている。しかし、驚くべきことに、刑法の分野では、胎児の身体の一部が母体から露出したときとする**「一部露出説」**が通説だという。胎児の身体の一部が母体から露出すれば、外部からの直接の攻撃が可能になるからだとされている[2]。

　しかし、前述のように現行法は、「出生」の前後で権利主体の存否という大きな価値の差を「ヒト」生命体に認めている[3]。その「出生」が「全部露出」の意味に解されているのなら、そのような民法の解釈が不合理でない限り[4]、刑法は「全部露出」後の権利主体の殺害を「殺人」と解し、それ以前の「権利主体でないヒト」の殺害を「堕胎」と解するほうが合理的である[5]。加えて、「全部露出」までは、胎児は、戸籍法上も「死産」扱いである。戸籍法上は死産なのに殺人罪が成立するというのは、法秩序を混乱させるものであろう。

　他方、違法な堕胎後の「ヒト」の放置に保護責任者遺棄致死罪を認めた**最**

---

1) もちろん、損害賠償の請求権（民法721条）や相続（民法886条）については、胎児はすでに生まれたものとみなされる。しかし、それは無事に「出生」したことを停止条件とするものであり、ゆえに、「出生」がなければ、これらの権利の主体とはなり得ない。

2) 代表して、山口・各論9頁参照。また、大判大正8・12・13刑録25輯1367頁にも、「既ニ母体ヨリ其一部ヲ露出シタル以上母体ニ関係ナク外部ヨリ之ニ死亡ヲ来スヘキ侵害ヲ加フルコトヲ得ルヲ以テ殺人罪ノ客体ト為リ得ヘキ人ナリト云フヲ妨ケサルモノトス」と判示されている。

3) この点で、全部露出の前後で生命の価値が異なるとは思えないとする批判（佐伯仁志＝道垣内弘人『刑法と民法の対話』〔有斐閣、2001年〕318頁〔佐伯〕、佐伯仁志「生命に対する罪(1)」法学教室355号〔2010年〕82頁、山口・各論9頁）は失当である。

4) 民法で「全部露出説」が支持される根拠は、「一部露出後に死亡したのか、その前に死亡していたのか判明しない場合の処理に窮する」ことに見出されることがある（辻正美『民法総則』〔成文堂、1999年〕43頁）。なお、「分娩開始説」が判例・通説であったドイツでも、「分娩過程にある子」の殺害を堕胎罪より重く罰する「嬰児殺」規定が廃止されたことに伴い、近年では、「全部露出説」が有力化しつつある。Vgl. *Schönke / Schröder / Eser / Strernberg-Lieben*, Strafgesetzbuch Kommentar, 30. Aufl. 2019, Rn. 13. Vor §§211ff.

決昭和63・1・19刑集42巻1号1頁を契機として、「ヒト」生命体が生きて母体から全部露出しても、必ずしもすべて「人」になるとは限らないことが意識されるようになった。というのも、**母体保護法**は、胎児が「母体外での生命保続不可能」な時期に、一定の理由（「適応事由」）があれば**人工妊娠中絶**を許容している（母体保護法2条2項、14条参照。厚生事務次官通知では、それは妊娠満22週以前と解されている）。ところが、この期間内の、とりわけ人工早産による妊娠中絶では、ときおり「胎児」が生きたまま母体外に排出されることがある。このような場合に、この「ヒト」への加害行為ないし保護の放置が「人」に対する罪と解されると、母体保護法が人工妊娠中絶を許容した意味がなくなるからである。

　実際、このような場合には、しばらくしてこの「ヒト」が死亡しても流産として扱われ、相続権などの権利能力は認められてこなかった[6]。現に、**秋田地判昭和54・3・29刑月11巻3号264頁**は、在胎34週で交通事故により母体外に排出された生活能力のない「ヒト」について、「刑法上右分娩児は『人』となったとは言えず、胎児の延長上にあ」るとして、業務上過失致死罪の成立を否定した。

　もっとも、それでも、完全な人工子宮ができたときには、「ヒト」は受精したときから「母体外で生命保続可能」となってしまい、人工妊娠中絶が不可能となるという問題がある。また、そのような時代になっても、試験管内の受精卵の段階から——母体外で生命保続可能な「ヒト」が全部露出しているという理由で——権利主体性を認めるということはないであろう。したが

5）　同旨、平野龍一『犯罪論の諸問題（下）各論』（有斐閣、1982年）262頁、松原・各論7頁。前述の大判大正8・12・13の事案も、死亡結果は全部露出後に生じたと見られるもので、そこには「胎児カ生活機能ヲ具備シテ母体ヨリ其全部若クハ一部ヲ露出シタル以上タトヒ仮死ノ状態ニ在リテ未タ呼吸作用ヲ開始セサルモ生命ヲ保有スルモノナルカ故ニ殺人罪ノ客体ト為リ得ヘキ人ナリト云ハサルヘカラス」とも判示されている。その限りでは、この判示の主眼は**「独立呼吸説」**の排斥にあったものと考えるべきであろう。加えて、旧刑法時代の大判明治36・7・6刑録9輯18巻1219号は、胎児の顱頂部が露出したときに手を入れて胎児を窒息死させた事案に、殺人罪ではなく、堕胎罪の成立を認めている。

6）　佐伯＝道垣内・前掲注3）323頁［道垣内］参照。他方、「母体外で生命保続可能」であれば、母体内にいる「ヒト」も「人」であるとする「独立生存可能説」（あるいは「分娩開始説」の再評価）も唱えられた（伊東・各論16頁以下参照）。しかし、これでは「出生」したとはいえないので、権利主体となることはできないであろう。

って、「母体外での生命保続可能性」もまた、妊娠満22週といった「胎児」の発育段階による限界づけを必要とするであろう。つまり、「人」とは、「**妊娠満22週という発育段階に達した後、母体外で生命保続可能な状態で母体から全部露出したヒト**」だということになる。

[3] 「人」の終期

「人」の終期つまり「死」についても、権利主体という視点が基準となる。というのも、「死」は、民法では、私権享有主体の消滅と相続の開始（民法882条）をもたらすからである。もちろん、刑法では、「死」は、殺人罪等の「人」に対する罪と死体損壊罪（190条）との適用を画するものでもある。

「死」については、**臓器の移植に関する法律**（＝臓器移植法）6条にいう**「脳死」**が問題となる。というのも、同条1項柱書は、「医師は、次の各号のいずれかに該当する場合には、移植術に使用されるための臓器を、死体（脳死した者の身体を含む。以下同じ）から摘出することができる。」と定め、移植用臓器の摘出に関しては、「脳死した者の身体」を「死体」と同様に扱っているからである。しかも、同条2項では、「前項に規定する『脳死した者の身体』とは、脳幹を含む全脳の機能が不可逆的に停止するに至ったと判定された者の身体をいう。」とされている。この判定は、急性薬物中毒と代謝・内分泌障害を除外例として、①深昏睡、②瞳孔の散大と固定、③7つの脳幹反射の消失、④平坦脳波、⑤自発呼吸の停止、⑥6時間以上（6歳未満では24時間以上）経過後も以上の状態が変化しないことの確認によって行われる[7]。

「人の死」は、通常、自発呼吸の不可逆的停止、脈拍の不可逆的停止、瞳孔の散大という**「三兆候」**によって判定されてきた。ところが、「脳死」の場合には、脈拍すなわち心拍は停止していない。加えて、墓地埋葬等に関する法律3条によれば、「埋葬又は火葬は、他の法令に別段の定があるものを除く外、死亡又は死産後24時間を経過した後でなければ、これを行ってはならない。」とされているが、「脳死」判定を経ての重要臓器の摘出には、このような時間は予定されていない。そこで、このような「脳死」をして「人の死」と解してよいか、および、「脳死」の確実性を信頼して、これに続き即

---

7)　脳死判定のマニュアル化に関する研究班『法的脳死判定マニュアル〔2010年度〕』（2011年）参照。

座に、心臓などの移植用臓器の摘出を行ってよいかが問題となる。

　と、ここまで書いたときに、チェコで4か月間脳死状態の女性が出産したというニュースが入ってきた。NHKの報道によると、チェコで妊娠16週目に脳出血を起こして脳死状態となり、延命治療を受けていた女性が、およそ4か月後に、帝王切開によって女の子を無事に出産したというのである[8]。

　実は、脳死状態にある妊婦が妊娠を継続したというニュースは、さほど珍しいものではない。脳死判定基準が確立した1990年代以降でも、1991年には、山口医大医学部付属病院で脳死状態35日目に妊婦が出産したという報告があり[9]、1992年には、ドイツのエアランゲンにおいて、脳死状態の妊婦が妊娠を5週間継続するとともに、発熱によって流産したという報告がある[10]。この**「エアランゲンベビー事件」**では、脳死状態の妊婦に対する医療措置を許諾してもらうための（医療を含めて成人のためにその意思を代理する）後見人が裁判所によって任命されたことが物議をかもした。なぜなら、死人には後見人は付すことができないはずだからである。ゆえに、当時すでに「脳死」をもって「人の死」とすることが通説化していたドイツでも、刑法学者の間に動揺が走った[11]。

---

8) https://www3.nhk.or.jp/news/html/20190903/k10012062281000.html（2019年9月4日参照）。

9) 「死者の出産！死人が生まれる？」http://www6.plala.or.jp/brainx/birth.htm（2019年9月4日参照）。

10) その経過は、ドイツのWikipediaに簡潔にまとめられており（https://de.wikipedia.org/wiki/Erlanger_Baby）（2019年9月4日参照）、筆者もこの事件についてドイツ語で書いたことがある。*Takaaki Matsumiya*, Hirntod und Organtransplantation, Ritsumeikan Law Review, No. 19, 2001, S. 1（http://www.ritsumei.ac.jp/acd/cg/law/lex/rlr19/matsumiy.pdf）.

11) それまで**「脳死説」**（＝脳死を「人の死」とする見解）を支持していたトレンドレなどが、反対説に回った。*H. Tröndle*, Der Hirntod, seine rechtliche Bedeutung und das neue Transplantationsgesetz, Festschruft für H. J. Hirsch, 1999（https://archiv.initiative-kao.de/troendle-rechtliche-bedeutung-hirntod.html）（2019年9月4日参照）. ほかに、*Edzard Schmidt-Jortzig*, Wan ist der Mensch tot?, Beck'sche Verlagsbuchhandlung, München 1999. これらの動きを紹介するものとして、中山研一「ドイツにおける脳死否定論（1）――トレンドレの論文の紹介」北陸法学7巻2号（1999年）55頁以下、同「ドイツにおける脳死否定論（2・完）―シュミット・ヨルツィッヒの所説の紹介」北陸法学7巻3号（1999年）75頁以下がある。このほか、川口浩一「脳死と臓器移植に関する中山先生との対話」犯罪と刑罰22号（2013年）179頁が有益である。

このような事態は、「脳死」の定義にいう「全脳の機能が不可逆的に停止するに至った」状態が、脳の**「すべての機能」**（all functions）の喪失を意味するのではなく、脳の**「全体としての機能」**（function as a whole）すなわち「統合機能」の喪失を意味することに由来する[12]。しかも、「脳死判定基準」は、かつてその状態に至った者に蘇生した例はないという経験に基づくもの（**ポイント・オブ・ノーリターン**）である。したがって、このような「脳死」の定義および判定基準を充たした状態でも、脳が司る血圧維持やホルモン調整の機能は残存することが可能である。この点では、「脳死」判定基準を充たした状態が脳の「統合機能」の喪失を意味しているかどうかが、すでに疑わしい。「統合機能」の定義についての一致がないからである。

　ゆえに、アメリカでは2008年に、「脳死」（brain death）という言葉は不適切であるとして、これを**「全脳不全」**（total brain failure）に置き換えることを提案する『生命倫理に関する米大統領評議会白書』が大統領に提出された[13]。これは、従来の「有機的統合」という考え方に代えて、「自己を保全するために外界と交わっている状態」を「人の生」とみなすものである。しかし、「脳死」判定の除外例である代謝・内分泌障害では、そのような状態であっても生きていることは否定されないのであるから、この考え方にも疑問は禁じ得ない[14]。

　ところで、「脳死」状態の妊婦が妊娠や出産をするという事実は、権利主体という観点からはどのように見えるであろうか。まだ母体内にいる「胎児」を、すでに母体は死んでいるのだから「母体外の人工子宮内にいるヒト」であるとして「人」とみなすのは、先に見た「人」の定義から、少なくとも妊娠満22週の段階にまで成長していない「ヒト」には適当でないであろう。そうなると、この「ヒト」は、法益の客体としての「胎児」ではあっても、権利の主体である「人」ではないことになる。

　また、妊婦を「死人」とみなすと、妊娠を継続するための医療への同意は

12）この点につき、「脳死」とは脳のすべての機能が喪失した状態だという誤解に基づいて「脳死説」を支持していた論者も、かなりいた（現在でもいる）ように思われる。

13）上竹正躬訳『脳死論争で臓器移植はどうなるか〈生命倫理に関する米大統領評議会白書〉』（篠原出版新社、2010年）26、31頁以下参照。

14）佐伯仁志「生命に対する罪(3)」法学教室357号（2010年）117頁は、これを「それなりに説得力のある考え」と評するが、それは疑問である。

誰から得ればよいのであろうか。妊婦が「死人」でなければ、彼女を代理する後見人ないしその意思を忖度する近親者を介し、彼女の意思に基づいて医療を許容することができる。しかし、彼女が「死人」であれば、死体に対する医療は不可能であるから、それを許可する権限のある者など、この世にいない[15]。どうも、妊娠を継続させて「胎児」を救うためには、「脳死」を「人の死」としないほうがよいようである。もちろん、**臓器移植法6条は移植用臓器の摘出が許される条件を定めているだけであって、「人の死」そのものを定義する規定ではない**[16]から、彼女を「人」とみなすことを妨げるものではない。

他方、同法にいう「脳死」を「人の死」と解さないと、同法は生きている人から移植用の心臓などを摘出して殺害するという恐ろしいことを許容していることになるとする批判がある[17]。

もっとも、iPS細胞の生成が可能になったことで、事態は変わりつつある。角膜や血球の作成のほか、理論的にはどのような組織・臓器でも作成が可能だからである。これにより、移植医療は「他人の死」を待たなくてよくなる。その結果として、このように問題の多い「脳死」論議が過去のものになることが期待される[18]。

---

15) 埋葬という目的での処置であれば、祭祀権の主体がそれを許可することは可能である。また、「死体」を移植用の臓器庫として利用するための処置であれば、死者本人の遺言によってそれを許可することも考えられる。

16) 2009年に改正された臓器移植法については、これが同法にいう「脳死」を「人の死」と定めたものだとする理解もないではないが、条文のどこを見ても、「脳死は人の死である」とは書かれていない。興味深いことに、この2009年改正によって、たしかに脳死下での臓器提供件数は増加しているが、心停止下を含む全提供数は増加傾向にない。神馬幸一＝旗手俊彦＝宍戸圭介＝瓜生原葉子「臓器移植法の過去・現在・未来」年報医事法学34号（2019年）36頁以下参照。

17) 佐伯・前掲注14）115頁注15参照。しかし、「脳死説」に依拠すれば現在の「脳死」判定基準での心臓摘出が適法となるというものでもない。むしろ、現在の臓器移植法がこれを許容すること自体が、憲法13条の個人の尊重に反するものかもしれない。

18) 誤解を避けるために言えば、筆者は、1個の生命体としての「人の死」を規定するのは、やはり、最重要の統合機能を有する脳の機能不全であると解している。しかし、現在の「脳死」判定基準では、なお統合機能を有しているかもしれない重要な脳機能の残存を無視する恐れが否定できない。ポイント・オブ・ノーリターンでは、「おまえはもう死んでいる」とはいえないのである。

[4] 自殺関与と同意殺──「自殺」と「他殺」の区別

　刑法上「人」とは「他人」であるから、殺人の罪にいう「結果」は**「他人の死」**を意味する。この点は、**自殺関与罪**（202条前段）についても同じである。「人を……自殺させ」た「結果」として起きるのもまた、「他人の死」である。ゆえに、自殺者本人は同罪の構成要件的結果を惹起するものではない。同様に、同意殺人における被殺者も「他人の死」を惹起するものではないので、同罪の共犯とはなり得ない[19]。

　問題は、この**自殺と他殺をどのようにして区別すべきか**にある。**最判昭和33・11・21刑集12巻15号3519頁**は、追死すると騙して被害者に毒薬を飲ませ死亡させた事例について、他殺である殺人罪（199条）を適用した。被害者は、被告人が用意した毒薬を自分で飲んだのであるが、「被告人の欺罔の結果被告人の追死を予期して死を決意したものであり、その決意は真意に添わない重大な瑕疵ある意思であることが明らか」だからだというのである。**福岡高宮崎支判平成1・3・24高刑集42巻2号103頁**もまた、被害者が自己の客観的状況について正しい認識をもつことができたならば、およそ自殺の決意をする事情にあったものとは認められないとして、（強盗）殺人罪の成立を認めている。

　しかし、このような、「自殺だけれども他殺だ」という二義的評価が許されるなら、自殺関与は、他人の死を惹起するという意味で、すべて他殺になってしまう。実際、イギリスのコモン・ローでは、自殺幇助も殺人罪（homicide）とされている。しかし、自殺関与と他殺を区別する法制では、同じく「他人の死」を惹起するものではあっても、自殺関与はあくまで「自殺」に対する関与にすぎない。

　被害者の手によって致命的行為がなされた場合を「他殺」とするためには、それが**「被害者を利用した間接正犯」**に当たることを要するであろう。そのためには、被害者は間接正犯にいう**「道具」**でなければならない[20]。そして、「追死してやる」と騙されての自殺の場合には、この「道具」性は認められない。なぜなら、「奴を殺してくれたら、お前にこの魂をくれてやる」と騙されて殺人を犯した直接行為者の単なる動機の錯誤は、その行為者の「道

19）　この点については、松宮・先端総論210頁以下を参照されたい。

20）　間接正犯にいう「道具」については、松宮・先端総論215頁以下を参照されたい。

具」性を根拠づけないからである。

　このような事案で被害者が間接正犯の「道具」といえるのは、①被害者に「自殺」の意味を理解する能力ないし「責任能力」がないか[21]、②その行為が死ぬことを意味すると認識していないか[22]、③強度の強制（暴行・脅迫等）を加えて意思決定の自由を奪う程度に意思を抑圧したとき[23]などである。これに対して、前掲最判昭和33・11・21の事案は、死ぬ話を切り出したのも毒薬を飲んだのも被害者自身であったものであるから、殺人罪を認めるのは疑わしい。

　他方、致命傷が他人によって加えられたものであっても、なお、「自殺」とみるべき場合がある。**東京地判昭和47・4・27刑月4巻4号857頁は、切腹による自決**をする者のためにその首を切り落して**介錯**をした被告人に対し、嘱託殺人として刑法202条を適用した。つまり、この「介錯」を「他殺」としたのである。もっとも、この判決は、本件の被害者らの行為を「古来からの武人の作法をもって引責自決」したものとも評価している。

　本件被告人の行為を、物理的・生理的に「被害者の首を切り落した」とみるなら、それは「打ち首」と同じである。しかし、それでは、「古来からの武人の作法をもって引責自決」したと評することはできないであろう。なぜなら、法的＝規範的にみれば、「打ち首」と異なり「切腹」は名誉ある自殺であり、「介錯」はその苦痛を緩和する介助行為にすぎないからである。このような場合には、法の適用は法的＝規範的評価に従うべきであろう[24]。

21）被害者が幼児であった事案について、大判昭和9・8・27刑集13巻1086頁、最決昭和27・2・21刑集6巻2号275頁。

22）知的障害者に対してではあるが、首をくくっても一時仮死状態になる薬だと誤信させて縊死させた事案について、大判昭和8・4・19刑集12巻471頁。

23）先の福岡高宮崎支判平成1・3・24の事案は、欺罔もあわせて、これに近い状態を作出したとみられる。

24）このようにすれば、物理的・生理的には他人が被害者の死を直接に惹起したように見えても、被害者のほうに出来事のイニシャティヴがある場合には、「被害者の自己答責的な行為」として、自損行為とすることができる。これには、自損行為への関与が処罰されない傷害罪（204条）や各種の過失致死傷罪にとって、実践的な意味がある。松宮孝明『刑事立法と犯罪体系』（成文堂、2003年）221頁も参照されたい。

[5]「同意に基づく行為」の許否

　他方、殺人罪と同意殺人罪 (202条後段) はどのように区別すべきであろうか。

　刑法202条後段は、「人をその嘱託を受け若しくはその承諾を得て殺した者」に、殺人罪より軽い法定刑を定めている。ここでは、**刑法は、人の生命を、その意思に反してでも、他者の介入から保護しようとする「パターナリズム」の立場に立っている。**

　そこで、この嘱託または承諾 (以下、あわせて「同意」と呼ぶ) が行為者側の暴行・脅迫または欺罔によって得られた場合の処理が問題となる。というのも、このようなときには、被害者が「道具」とまではいえない場合でも、何らかの理由および範囲で、同意を得ての殺害も殺人罪として処罰されるからである。同じことは、傷害の罪にも当てはまる。

　もちろん、ここで当該行為や行為者ないし侵害の範囲が同意によってカバーされていないのであれば、それは同意を得ての行為ではなく、したがって「同意に基づく行為」の許否を論ずるまでもない。あくまで、当該行為ないし行為者や侵害の範囲が同意にカバーされていることが前提である。

　これについて、倫理的には、「同意」を騙し取ったり脅し取ったりした人物ないしその事情を知悉している人物が、被殺者の「同意」に乗じて殺害した場合には、「同意殺人」を理由とする恩恵を与える必要はないと思われる。つまり、これは「同意の有無」や「同意の有効性」の問題ではなく、「同意に基づく行為の許否」という問題なのである。そこで、**仙台高判昭和27・9・15高刑集5巻11号1820頁**は、<u>追死すると騙して、被告人が被殺者の口内に毒薬を入れて飲ませ死亡させた事案について、殺人罪を認めた。</u>

　もっとも、この点では、単に「人をその嘱託を受け若しくはその承諾を得て殺した」と規定し、嘱託ないし承諾を得た事情に言及していない現行法規定には、罪刑法定原則上の問題がある。ドイツ刑法216条が承諾殺を一般的な減軽類型とせず、嘱託殺人には「嘱託」が行為の動機であったことを要求し、同法228条が同意傷害行為を良俗に反する限りでは違法であるとしていることを参考に、改正を考えてもよいと思われる。

[6] 自殺が犯罪でない理由——自殺阻止行為と実行の着手時期

　ところで、**自殺が犯罪でない理由**は何であろうか。無駄な議論と思われるかもしれないが、これは**自殺阻止行為**が強要罪 (223条) 等の犯罪に当たるか

という問題や、**自殺関与罪の実行の着手時期**を考える上で重要である。というのも、自殺が幸福追求権（憲法13条）の行使の一形態として完全に適法なら、その阻止行為は「権利の行使を妨害した」（223条）として強要罪に、また怪我でもさせれば傷害罪に当たるように思われるからである。さらに、自殺が完全に適法なら、その教唆や幇助という関与行為が犯罪となる理由を適法行為の惹起や助長に求めることは不適切であり、せいぜい、「自殺の風潮を助長して社会を混乱させる危険」に求めるしかない。この場合には、自殺関与の実行の着手時期は、「実行従属性」のある総則の教唆や幇助と異なり、教唆や幇助を開始した時点に求めるべきことになる。

　結論からいえば、現行法上、自殺は不可罰ではあるが違法である（**「不可罰的違法」**）。なぜなら、日本社会では、一般に、自殺阻止は、一定の範囲で称賛される行為と考えられてきたからである[25]。この評価は、自殺が幸福追求権の行使の一形態として完全に適法なら出てこないであろう。

　実行の着手時期に関しては、少し複雑な思考を要する。違法とされる自殺関与罪が「殺人の罪」の章にある以上、それは個人である自殺者の生命を保護法益とするものと考えてよい。この限度で、前述のように、現行法はパターナリズムを採用している。そこで、構成要件該当行為が教唆または幇助から始まる以上（自殺関与罪の教唆・幇助は、「共犯」行為ではなく、「正犯」行為）、**形式的客観説**によれば、これらの開始時点が実行の着手である。しかし、それでは、同じく「人」の生命を保護法益とする侵害犯である殺人罪や同意殺人罪の実行の着手時期よりも早い時点で、未遂が成立することになる。そこで、ここでは**実質的客観説**により、「他人の死」という構成要件的結果が発生して自殺関与罪が**「既遂に至る客観的な危険性が明らかに認められる」**時期に、同罪の実行の着手を認めるべきことになる。それは、たいていは、自殺者が現実に自殺を開始する時点に認められるであろう。

[7] 「嘱託」殺人の違法性──特に「安楽死」問題

　「嘱託」殺人の違法性が議論されるのは、たいてい**「安楽死」**のときである。加えて、近年では、「終末期」における医療の抑制ないし中止が問題となる。

---

25) 落語の「身投げ屋」では、主人公が職人に殴られて身投げを止められるシーンがある。この職人を強要罪や暴行罪に当たるという人はいないであろう。

「安楽死」は、一般に、次の4つの類型に分けられる。被殺者が不治の病にある場合に、①純粋に死苦のみを除去する場合（純粋安楽死）、②苦痛除去の措置が、副作用として、若干の生命短縮を伴う危険のある場合（積極的間接的安楽死＝「間接的安楽死」）、③延命措置をとらずに早く死なせて苦痛を短くする場合（消極的安楽死）、および、④その死期を早めて苦痛を短くする場合ないし死なせることで楽にさせる場合（積極的直接的安楽死＝「**積極的安楽死**」）である。「尊厳死」というのは、③の類型で用いられることが多いが、これらの「安楽死」が死にゆく患者の尊厳を守るものであるという観点から付された「安楽死」の別名であり、今日では、「自然死」と呼ばれることも多い。

　問題は、患者の明示の嘱託がある場合である。**名古屋高判昭和37・12・22高刑集15巻9号674頁**は、①不治の病で死期が切迫していること、②患者の苦痛が甚だしく、何人も見るに忍びない程度のものであること、③もっぱら死苦の緩和が目的であること、④意識が明瞭で意思を表明できる場合には、本人の真摯な嘱託・承諾があること、⑤原則として医師の手によること、医師以外の場合には首肯しうるに足りる特別な事情があること、および、⑥方法が倫理的にも妥当なものと認容しうるものであることを条件に、「積極的安楽死」の違法性が阻却されるとした。また、**横浜地判平成7・3・28判時1530号28頁**は、医師の手による「積極的安楽死」事件に関して、①不治の病で死期が切迫していること、②肉体的苦痛が甚だしいこと、③積極的安楽死については、患者の明示の要求があること、および、④苦痛除去・緩和のため他の医療上の代替手段がないことを条件に、「積極的安楽死」も許容されるとした。

　しかし、これらはいずれも「傍論」にすぎず、それゆえ**東京高判平成19・2・28判タ1237号153頁**は、「傍論として示すのは却って不適切とさえいえよう」と述べて、「積極的安楽死」の一般的許容要件は明示しなかった。そもそも、前掲横浜地判平成7・3・28は被殺者に肉体的苦痛があったとは認められないので「安楽死」事件とみること自体に疑問のあるケースであり、かつ、被殺者の嘱託はなかった。さらに「積極的安楽死」については、これを正当化する余地はないという意見も有力である。それゆえ、前掲東京高判平成19・2・28の見解が穏当であろうと思われる。他方、日本の刑事裁判例では、「間接的安楽死」や消極的安楽死にとどまる事案について、殺人などの罪を認めたものはない[26]。

「終末期」における医療については、厚労省の「人生の最終段階における医療・ケアの決定プロセスに関するガイドライン[27]」が重要である。そこでは、先の「積極的安楽死」は対象外としつつ、「人生の最終段階における医療・ケアについて、医療・ケア行為の開始・不開始、医療・ケア内容の変更、医療・ケア行為の中止等は、医療・ケアチームによって、医学的妥当性と適切性を基に慎重に判断すべきである。」とされている。しかし、筆者の見聞したところでは、現場では、患者が延命治療を望まないという意思をひとたび表示すると、従来なら実施されていたと思われる酸素吸入その他の措置も一切行われなくなっているという不満が聞かれる。たしかに「医療・ケアチームにより、可能な限り疼痛やその他の不快な症状を十分に緩和し、本人・家族等の精神的・社会的な援助も含めた総合的な医療・ケアを行うことが必要である。」とする本ガイドラインには、近親者が臨終に間に合うような配慮は明記されていないが、それでよいのであろうか。

[8] 自殺幇助型「安楽死」

　「安楽死」については、自殺関与罪の成否が問題になることもある。2019年6月2日放映のNHKスペシャル「彼女は安楽死を選んだ」で放映されたスイスの「ライフサークル」による**安楽死幇助**がこれに当たる[28]。このタイプの「安楽死」は、一般的な自殺関与罪をもたないスイスのような国では犯罪とならない。反対に、自殺関与も他殺の一種であると考えるイギリス・コモンローのような考え方では、自殺を手伝った場合もまた、通常の殺人罪として処断される。アメリカ合衆国では、自殺幇助の可罰性の有無は州によって異なる。州によって有罪・無罪の判断が異なる主たる要因は、ここにある[29]。

26) 前掲東京高判平成19・2・28や、その上告審の最決平成21・12・7刑集63巻11号1899頁は、筋弛緩剤注射という「積極的安楽死」行為ばかりでなく、それに先行する気管内チューブの抜管という消極的安楽死行為もまた「罪となるべき事実」としているが、筋弛緩剤注射がなくても殺人罪を認めた先例とはいえない。

27) https://www.mhlw.go.jp/file/04-Houdouhappyou-10802000-Iseikyoku-Shidouka/0000197701.pdf（2019年9月5日参照）。

28) https://www6.nhk.or.jp/special/detail/index.html?aid =20190602（2019年9月5日参照）。

29) アメリカの医師であるジャック・キヴォーキアンは、実際に、患者のために「自殺装置」を作って全米で120名以上の患者の自殺を介助したと伝えられている。ジャック・キヴォーキアン（松田和也訳）『死を処方する』（青土社、1999年）参照。

日本では、前述のように自殺幇助は「自殺関与罪」として犯罪となる。問題は、この「幇助」行為は「正犯」行為であるため、「自殺」自体は国外で行われたとしても、属地主義（1条）によって、日本国内から患者をスイスの安楽死介助団体に送り出す行為に日本刑法202条が適用できるということにある。しかし、自殺幇助が処罰できるイギリスでは、このような事案は事実上立件していないようである。日本でも、このような「事実上の国外犯処罰」の場合には、相手国でも犯罪とされているという**「双罰性」**を、立件ないし訴訟の条件とすることが望ましいかもしれない。

[9]「嘱託傷害致死」と法定刑

　なお、同意殺の法定刑との関係で、**「嘱託傷害致死」**の法定刑の問題がある。**札幌高判平成25・7・11高刑速（平25）号253頁**は、被告人が、被害者から自らの殺害行為を嘱託されたが、被告人はこの嘱託を傷害の嘱託と理解して、殺意なく被害者の頸部をバスローブの帯で締め付けた上、浴槽の水中に被害者の顔面を沈める暴行を加えて被害者を死亡させた事案につき、刑法202条を適用した原審を破棄し、同条は殺意のない場合を含まないとして、傷害致死罪（205条）を適用し、懲役2年執行猶予4年を言い渡した。

　問題は、他の事情が同じであれば明らかに嘱託殺人より犯情の軽い嘱託傷害致死に、刑の下限が202条（6月の懲役・禁錮）より重い205条（3年の懲役）を適用せざるを得なかった点にある。しかも、205条の刑の下限は、2004年の重罰化改正で2年から3年に引き上げられたばかりであった。同意ないし嘱託傷害致死の減軽類型を持たないのであれば、**軽い事案を重く処罰する意味しかない刑の下限の引上げを軽々に行うべきでない**ことが、これによって例証されたのである。

2 ｜ 出生前の生命に対する罪

[1] 堕　胎

　出生前の「ヒト」は**「胎児」**である。この「胎児」を攻撃する犯罪には、**「堕胎の罪」**（212条から216条まで）がある。刑法は妊婦が堕胎したときでも1年以下の懲役を定めていることから（212条）、「胎児」は妊婦の身体とは別個の法益であることを前提としている。

この「胎児」は、一般に、「ヒト」の受精卵が女性の子宮に着床したとき
から出生までの生命体を意味するとされる。受精のときでなく子宮着床の
ときとするのは、避妊リングのような受精卵の着床を阻害する避妊方法を**堕胎
罪**（212条）としないためである。そのため、後述するように、受精後着床
までの「ヒト」に対する加害行為をどのように扱うべきかという立法問題が
生じる。

　堕胎罪の保護法益については、胎児の生命のみかその身体ないし健康をも
含むかにつき、**堕胎**行為の定義と関連して争いがある。というのも、「堕胎」
とは、①「自然の分娩期に先立って人為的に胎児を母体外に排出すること」
と定義される一方で[30]、②「胎児を母体内で殺すこと」もこれに当たるとさ
れているからである[31]。後者の定義であれば、本罪の保護法益が胎児の生命
であることに疑いはないが、前者の定義もあわせると、胎児の身体ないし健
康をも含むのではないかという疑問が生じる。もっとも、後者の場合でも、
保護法益は胎児の生命であり、単にそれに対する抽象的危険犯となるにすぎ
ないと解することはできる。

　問題は、それでも、堕胎行為に②のような侵害犯の場合ばかりでなく、①
のような危険犯の場合も含めるのは、概念の統一性を害するのではないかと
いうところにある。これについては、明治期の大審院判例が、堕胎を「自然
の分娩期に先立って人為的に胎児を母体外に排出すること」と定義したのは、
未熟児医療の発達していないこの時代に胎児を未熟状態で人為的に排出すれ
ば、その生命を保つことはほとんど不可能だったという時代を背景に、生産
児が死亡したことを判決で認定しなくてよいとしたためと考えられる。した
がって、未熟児医療の発達した今日では、未熟児医療を施すつもりがあると
いうように胎児死亡の現実的危険がない場合には、「堕胎」に当たらないと
解釈すべきである[32]。同時に、そのような未熟児医療を施す予定のない人為
的早産については、今日でも胎児の死亡の危険は現実に存在するのであるか
ら、その段階で「堕胎」ありとする解釈もあながち不合理ではないと思われ

---

30) 大判明治39・7・6刑録12輯849頁、大判明治42・10・19刑録15輯1420頁、大判明治44・
　　12・8刑録17輯2183頁等。
31) 前掲大判明治44・12・8。
32) 団藤・各論446頁等。

る。このように解する場合、「胎児が死亡したこと」は、このような現実的危険行為である堕胎に吸収して評価される「共罰的な結果」だと考えてよいであろう。

　したがって、①胎児を早期排出した後に作為で殺害したときは、堕胎の罪と殺人罪との併合罪となる[33]。他方、②早期排出後に放置して死亡させたときは、それが堕胎行為のもつ現実的危険の実現であるなら、堕胎の罪のほかに別罪を構成するいわれはない。**最決昭和63・1・19刑集42巻1号1頁**は、このような場合[34]を、堕胎の罪と保護者遺棄致死罪との併合罪としたが、特別な未熟児医療を施さずに死亡させたという事態は堕胎行為のもつ現実的危険の実現にすぎず、別罪を構成するほどのものではないように思われる。なぜなら、明治期の事件であれば、医療の未発達のゆえに、このような事態に別罪を認めることにはならなかったと思われるからである。技術の進歩によって完全な人工子宮ができたときには、中絶により生きた「ヒト」を排出するとみな「ヒト」に対する罪を覚悟しなければならないことを想定すれば、この懸念が理解されよう。

[2] 胎児傷害（致死）

　薬物や有毒物質によって奇形や障害を生じた胎児が生まれてきた場合や、その後、この「人」が死亡した場合には、堕胎の罪にも（過失）傷害の罪にも当たらないという事態がありうる。「胎児の傷害」は、「胎児殺」にも「早期排出」にも当たらないし、「人の傷害」にも当たらないからである。

　水俣病刑事事件において**最決昭和63・2・29刑集42巻2号314頁**は、こうした場合に、次のような理由で、業務上過失致死罪（211条）の成立を認めた。

33）前掲大判明治39・7・6、大判大正11・11・28刑集1巻705頁。妊娠満22週以前で生育可能性がない胎児を排出後に作為によって殺害した場合に、堕胎を侵害犯としての「胎児殺」と理解すべきであるという理由から堕胎の罪にとどまるとする見解がある（西田・各論23頁以下）。しかし、生育能力がないがゆえに殺人罪にならないというのであれば、末期患者の殺害も殺人罪にならないことになってしまうであろう。この場合の胎児は、客体としての「人」でないとするしかない。

34）本決定は、妊娠26週目の胎児を排出して54時間後に死亡させた事案について、産婦人科医に業務上堕胎罪（214条）と保護者遺棄致死罪（218、219条）との併合罪（さらに死体遺棄罪〔190条〕）を認めたものである。

すなわち、「堕胎の罪」以外では「胎児は母体の一部を構成する」ので、胎児段階での有毒物質による加害行為は母体という「人」に対する傷害行為であり、その結果、生まれてきた「人」が死亡したのであるから「人に病変を発生させて人に死亡の結果をもたらした」ことになるというのである[35]。

しかし、これでは、加害された人（母親）と死亡した人（子供）の不一致を無視することになってしまう。また、現行刑法には、胎児を母体の一部と解する根拠規定はどこにもないのであって、それどころか、自己堕胎を、独立の犯罪（212条）としている。この事実は、胎児が刑法上母体とは独立に保護されていることを例証するものである。少なくとも加害行為が客体に作用する時点では、その客体は「人」であることを要し、かつ、その「人」に死傷の結果が起きたことが必要と考えるべきであろう。つまり、毒物摂取の段階では客体は「胎児」であってもよいが、その毒物は、少なくとも出生後の「人」に対しても継続的に作用していたことを要するのである（**「作用と客体の同時存在」**）[36]。

[3] 受精卵

受精卵は胚とも呼ばれる。「胎児」以前の受精卵の段階での攻撃に対しては、現行法上これを犯罪とする規定はない。たしかに、この段階の受精卵を器物損壊罪の対象たる「物」に含まれると解する見解[37]もあるが、この場合には、刑法261条が「他人の」物と規定していることがネックになる。つまり、独立した「ヒト」である受精卵が所有権の対象になるのかという疑問が生じるのである。仮にそうだとすれば、誰が受精卵の所有者なのかという困難な問題が浮上する。しかも、受精卵の保護は、動物の保護及び管理に関する法律（＝動物保護法）の場合と同じく、「所有者」に対しても認められなければならない。

他方、刑法212条以下の堕胎罪を「適用」すべきだとする見解もあるが[38]、

---

35) この論理に従って胎児段階で交通事故によって障害を受け、生きて生まれた「人」に対し、（自動車運転）過失致死傷罪を認めた下級審裁判例として、鹿児島地判平成15・9・2 LEX/DB28095497がある。

36) 熊本水俣病事件でも、「胎児」段階で摂取された有機水銀が出生後の「人」にも有害作用を及ぼしていたのであれば、業務上過失致死罪の成立は認められよう。

37) 佐伯＝道垣内・前掲注3）312頁以下［佐伯］。

この場合には、「避妊リング」の使用等、適応事由なしに受精卵を死なせる行為を堕胎罪で処罰することになりかねず、堕胎の対象を着床後の胚に限った意味がなくなる。

　したがって、着床前の受精卵については、「胎児」に準じた「人の生命の萌芽」として、立法により、動物保護以上、胎児保護以下の特別の法的地位を与えるべきであろう。もっとも、受精卵を着床させないまま死亡させることは、むしろ、自然の出来事だとして「犯罪」視しないほうがよい。

　その際の中心的な問題は、生殖補助医療のルール化や ES 細胞（胚性幹細胞）摘出のための受精卵の作成・破壊・譲渡、余剰胚の研究・その他の目的での利用等である。この点に関しては、内閣府の「ヒト胚の取扱いに関する基本的考え方」見直し等に係るタスク・フォースにおいて、生殖補助医療研究を目的とするゲノム編集技術等の利用につき、現時点では、ゲノム編集技術を用いたヒト受精胚を、ヒト又は動物の胎内へ移植することは容認することができないことを前提に、研究として行われる臨床利用として、ゲノム編集技術等を用いたヒト受精胚をヒト又は動物の胎内へ移植することについては、いかなる目的の研究であっても、現時点で容認することはできないこと、あわせて、医療提供として行われる臨床利用であったとしてもゲノム編集技術等を用いたヒト受精胚をヒト又は動物の胎内に移植することは容認できないとの見解に至ったことが注目される[39]。このような議論は、将来の受精卵保護立法においても、大きな影響を持つものと思われる。

38) 加藤久雄『医事刑法入門』（東京法令出版、1996年）110頁参照。

39) 総合科学技術・イノベーション会議 生命倫理専門調査会『「ヒト胚の取扱いに関する基本的考え方」見直し等に係るタスク・フォース報告書（第一次報告）』（2017年）https://www8.cao.go.jp/cstp/tyousakai/life/tf/torimatome.pdf（2019年9月6日参照）、総合科学技術・イノベーション会議『「ヒト胚の取扱いに関する基本的考え方」見直し等に係る報告（第一次）』（2018年）https://www8.cao.go.jp/cstp/tyousakai/life/tf/bassui.pdf（2019年9月6日参照）。

第 3 章

傷害・遺棄の罪

1 │ 傷害の罪

[1]「傷害」の定義

　刑法第 2 編第27章の**「傷害の罪」**は、傷害（204条）、傷害致死（205条）、現場助勢（206条）、同時傷害の特例（207条）、暴行（208条）、凶器準備集合及び結集（208条の 2 ）から成る。1958（昭和33）年に追加された凶器準備集合及び結集は、後述するように暴行・傷害の予備罪的性格を超えた異質な罪であるが、他は、旧刑法の「殴打創傷の罪」に由来する。ただし、暴行罪は、旧刑法では、今日の軽犯罪に相当する違警罪であった。

　旧刑法の「殴打創傷」が「傷害」に置き換えられたのは、「殴打」すなわち**「暴行」によらない傷害**や、**外部に「創傷」を生じない傷害**を把握するためである[1]。

　「傷害」は、一般に、**「人の生理的機能の障害」**と定義される。提案理由が「傷害」を外部に「創傷」を生じない傷害を把握するものと解している点は、この理解を裏付ける。なお、器物損壊罪（261条）にも「傷害」の言葉があるが、これは家畜やペットなど所有権の対象となっている動物を害する行為なので、同様に解すべきであろう[2]。

　この点で、薬物などで人を昏睡させることも「傷害」に当たるかという問題が提起されている。**昏酔**[3]**強盗罪**（239条）が存在するのに、単に昏睡させることが、それも「生理的機能の障害」であるとして「傷害」に当たるとすれば、昏酔強盗罪は常に強盗致傷罪（240条前段）に当たることになり、239

1）　倉富ほか2199頁参照。

条を別に置いた意味がなくなるからである。

　ところが、**最決平成24・1・30刑集66巻1号36頁**は、睡眠薬による2～6時間程度の意識障害でも、本罪の成立を認めた。そこで、昏酔強盗罪は常に強盗致傷罪になるのではないかということが、大問題になるのである。何より、最高裁は、最決平成6・3・4集刑263号101頁において、「強盗致傷罪における傷害の意義について、<u>軽微な傷でも、人の健康状態に不良の変更を加えたものである以上、刑法にいわゆる傷害と認めるべき</u>ことは、既に最高裁判所の判例」（下線筆者）であると言い切ってしまった[4]。

　もっとも、前記の最決平成24・1・30は、「昏酔強盗罪等と強盗致傷罪等との関係についての解釈が傷害罪の成否が問題となっている本件の帰すうに影響を及ぼすものではな」いとも述べているので、**2～6時間程度の意識障害が強盗致傷罪にいう「傷害」に当たるか否かは、本決定の関知するところではない**。あとは、理論の筋のよさで判断すべきことであろう。

[2]　暴行致傷の扱い

　一般に、**傷害罪（204条）は、その手段が暴行である限りで、暴行の故意で人の生理的機能を害した場合も成立する**とされている（暴行以外の手段の場合には、傷害の故意を要する）。暴行罪（208条）が、「暴行を加えた者が人を傷害するに至らなかったとき」と規定しているからである。つまり、この条文を反対解釈すると、「暴行を加えた者が人を傷害するに至ったとき」には傷害罪が成立すると解されるので、同罪には**「暴行致傷」**という結果的加重犯

---

2)　器物の「損壊」が、一般に、当該器物の「効用を失わせる行為」と解されていることとの関係から、動物の「傷害」も同様に解するべきだとする見解が多い。しかし、本書第14章で詳しく述べるが、そもそも「損壊」を、物理的破壊を伴わない「効用喪失行為」にまで拡大することには問題がある。なぜなら、刑法は封印等破棄罪（96条）において、現に「封印若しくは差押えの表示を損壊し、又はその他の方法によりその封印若しくは差押えの表示に係る命令若しくは処分を無効にした」と規定して、**「損壊」**と**「その他の方法による無効化」**を書き分けているからである。

3)　「昏睡」ではないことに注意。

4)　ここで先例として引用されている最決昭和37・8・21集刑144号13頁および最決昭和41・9・14集刑160号733頁は、いずれも全治4～5日程度の傷害についての事例判例であるが、最決平成6・3・4は、その程度を問わず「人の健康状態に不良の変更を加えたものである以上」傷害に当たると述べてしまった。

の形態も含まれるのだと解されるのである。

　もっとも、反対解釈であれば、そもそも暴行罪には傷害の故意が必要であり、傷害の故意で暴行したにもかかわらず「人を傷害するに至らなかったとき」に適用されるのが208条だとする解釈も可能である（**傷害未遂としての暴行**）。このほうが故意責任の原則（38条1項本文）にも忠実である。傷害罪に未遂処罰規定がないことや、暴行罪が違警罪から昇格し旧刑法に比べて法定刑が格段に重くなったことも、この解釈を裏付ける。

　さらに、3年以上の懲役を規定する傷害致死罪（205条）が暴行致死でも足りるとすると、ときに過酷な結果を生むことになることも、忘れてはならない。とくに、旧刑法にいう「殴打」の範囲を超えて、それ自体としては傷害の危険を持たないはずの有形力の行使にまで「暴行」が認められる今日では[5]、怪我などありえないと思っていた行為から思わぬ経過で被害者を死傷させてしまった場合にまで傷害罪や傷害致死罪が認められるのは避けたほうがよい。

　もっとも、激しい暴行や凶器を振り回すような場合[6]には、「人の生理的機能を障害」することは決して意外な出来事ではないであろう。この場合には、**傷害の故意を必要とする見解**に立っても、たいていの場合、未必の故意は認められる。旧刑法の立法者も、「殴打」の故意があれば怪我が伴うことは予想できるので、あえて傷害の故意まで要求しなかったと解することができる。したがって、「殴打」の場合には傷害させる故意は不要であるが、**思わぬ経過で被害者を死傷させてしまった場合には**、後述するように、**結果的加重犯における客観的帰属の限定として処理する**ほうがよい。

[3] 傷害致死罪と結果的加重犯

　さて、その**傷害致死罪**（205条）は、結果的加重犯の典型とされている。そこで、ここでは結果的加重犯における基本犯と加重結果との関係、および加重結果に過失を不要とする見解と責任主義との関係を見ておこう。

---

5)　たとえば、人に塩を振りかける場合も「暴行」に含まれるとする裁判例もある（福岡高判昭和46・10・11刑月3巻10号1311頁）。

6)　酩酊して狭い四畳半の室内で被害者を脅かすために日本刀の抜き身を数回振り廻し、意外にも被害者を刺殺してしまった事案で傷害致死罪を認めた最決昭和39・1・28刑集18巻1号31頁は、傷害の未必の故意が認定できないことが不思議な事案であった。

責任主義が、ある結果を発生させたことについて人に刑事責任を認める場合には、行為者に責任能力があり、かつ、その結果の発生に関し故意または過失を——さらには適法行為の期待可能性を——要するとするものであることについては、大方の一致がある。したがって、**結果的加重犯における加重結果につき行為者に故意も過失もないのに結果的加重犯が成立するとすれば、それが責任主義に反することは、責任主義の定義から明らかである**[7]。

　それにもかかわらず、最高裁以下の日本の実務は、加重結果に過失は不要であるとしてきた[8]。もちろん、これに対して責任主義を擁護する通説は、加重結果について過失を要するとし、また、**改正刑法草案22条**は、「その結果を予見することが不能であったときは、加重犯として処断することはできない。」とした。したがって、仮に責任主義が憲法31条以下の保障を受ける原則であるなら、**過失ないし予見可能性不要説は憲法違反**ということになる。

　筆者は、この指摘にあえて異論を唱えるつもりはない。それどころか、傷害致死罪のような結果的加重犯の法定刑が、故意の基本犯と過失による結果犯の観念的競合よりも、その上限・下限とも重い以上、結果的加重犯は単なる故意基本犯と過失結果犯の観念的競合では済まないと考えている。

　この点につき注目されるのは、結果的加重犯は「故意の基本犯のもつ典型的な危険が結果に直接に実現したこと」を要するとする、ドイツで展開された**「危険性説」**ないし**「直接性説」**と呼ばれる見解である[9]。この見解は、基本犯には一般的・類型的に加重結果発生の危険があるとするものではなく、**結果的加重犯は具体的事例において基本犯に加重結果発生の「類型的で高度な危険**[10]**」があり、これが結果に直接実現したことを要する**とする見解である。たとえば、行為者から暴行を受けて窓からバルコニーに逃げようとした被害

---

7)　相当因果関係があれば、あるいは基本犯に加重結果発生の特別の危険があるから責任主義に反しないとする見解は、すべて、責任主義の定義に反するものであることは、言うまでもない。

8)　最判昭和26・9・20刑集5巻10号1937頁、最判昭和32・2・26刑集11巻2号906頁は、いずれも、暴行と死亡との間に因果関係が認められれば足りるとしている。この立場は、大審院以来のものである（大判大正14・12・23刑集4巻780頁等）。さらに、被害者の隠れた病変が相まって死亡した事案につき、最判昭和46・6・17刑集25巻4号567頁等。

9)　丸山雅夫『結果的加重犯論』（成文堂、1990年）参照。

10)　内田浩『結果的加重犯の構造』（信山社、2005年）326頁。

者が転落死したときには、**傷害行為の典型的な危険が結果に実現したのではないので、傷害致死罪ではなく、傷害罪と過失致死罪の観念的競合となる**（BGH NJW 1971, 152）。

　もちろん、「類型的で高度な危険」の実現は犯罪ごとに異なる。傷害致死罪では、行為者の予定した暴行の程度から死亡結果が類型的に予測可能であることを要し、（事後強盗を含む）強盗および強制わいせつ等の致死傷罪（240、181条）では、目的のために投入された手段の強度がそのようなものであることを要する。他方、逮捕監禁致死傷罪（221条）では、被害者が自由に移動して生存に必要な措置をとることができないことから生ずる死傷の危険が実現したことを要する[11]。

　「危険性説」は、結果的加重犯の法定刑の重さを合理的に説明できるものである。今後、判例が「危険性説」の方向に動かないのであれば、しかるべき立法措置が必要であろう。

[4] 現場助勢

　現場助勢罪（206条）は、傷害罪や傷害致死罪が行われるに当たり、現場において勢いを助けた者は、自ら人を傷害しなくても、１年以下の懲役または10万円以下の罰金若しくは科料に処するとするものである。不思議なのは、刑の上限が15年の懲役である傷害罪に対する精神的幇助によって従犯（61条）となる場合よりも、法定刑が軽いことである。

　学説の中には、本罪は群集心理を考慮して特に軽い刑を規定したものと解するものがある[12]。しかし、数少ない裁判例では、特定の正犯者を幇助する場合には傷害罪等の従犯が成立するとしている[13]。

　本条は、旧刑法306条を受け継ぎ、２人以上の者が殴打創傷する場合に「現場における単なる助勢行為」を処罰するものである。それゆえ、本罪は、「現場において勢いを助けた」だけで成立し、傷害ないし傷害致死結果に対する促進作用（＝「幇助の因果関係」）の証明を要しない。その限りで、本罪**は傷害罪や傷害致死罪の従犯に当らない行為をも把握するものであり**、従犯が

11）以上の見解は、内田・前掲注10）326頁以下に拠る。

12）代表して、団藤・各論417頁。

13）傷害致死事件に関して、大判昭和２・３・28刑集６巻118頁。

成立する場合には、本罪ではなくて、これらの罪の従犯のみが成立するのである。群集心理に乗ることは、必ずしも行為者の罪責を軽くするものとは思われない。

[5] 同時傷害の特例

207条は、「二人以上で暴行を加えて人を傷害した場合において、それぞれの暴行による傷害の軽重を知ることができず、又はその傷害を生じさせた者を知ることができないときは、共同して実行した者でなくても、共犯の例による。」とする。その結果、共犯関係にないがゆえに本来は他人の暴行から生じた結果について罪責を負わないはずの者も、207条の条件を充たせば、被害者に生じたすべての傷害について罪責を負わされる。また、207条は傷害致死罪にも適用があるとされているので[14]、大した暴行をしていない人物が、反証できない限り、自己の暴行と死亡結果との因果関係を証明されないまま傷害致死罪に問われる危険もある。これは、公判において証拠によって証明された行為についてだけ刑事責任を負うとする**責任主義**（Schuld-prinzip）**に反し**、「疑わしいときは被告人の利益に」の原則に反して**犯罪の挙証責任を転換される**ことを意味する。ゆえに、**207条には憲法上の疑義がある**。この点については、本条の説明においても、実際に傷害を生じさせなかった者も生じさせた者と同一の結果になることは立法者の欲しないところではあるが、必要やむを得ないのだとされている[15]。

この点で注目されるのは、承継的共犯の裁判例である**最決平成24・11・6刑集66巻11号1281頁である**[16]。というのも、この決定は、傷害罪について「承継的共同正犯」を否定したばかりでなく、被告人が加担する前の暴行と関与後の暴行とを「同時傷害」関係において被害者に生じたすべての傷害につき罪責を認めるという構成[17]を採らなかったからである。

そこでは、従来であれば「それぞれの暴行による傷害の軽重を知ることができず、又はその傷害を生じさせた者を知ることができないとき」として処

---

14) 最判昭和26・9・20刑集5巻10号1937頁、最決平成28・3・24刑集70巻3号1頁。

15) 田中・釈義下1018頁以下参照。

16) 本決定については、松宮・先端総論228頁も参照されたい。

17) この構成を採る裁判例として大阪地判平成9・8・20判タ995号286頁、傍論でこれを否定した裁判例として大阪高判昭和62・7・10高刑集40巻3号720頁がある。

理されてきた傷害につき、「共謀加担後の傷害を引き起こすに足りる暴行によってＣ（被害者──筆者注）らの傷害の発生に寄与したことについてのみ」共同正犯として罪責を負うとされた。さらに、千葉勝美裁判官の補足意見は、「仮に、共謀加担後の暴行により傷害の発生に寄与したか不明な場合……には、傷害罪ではなく、暴行罪の限度での共同正犯の成立に止めることになるのは当然である。」とするのみで、207条の適用には触れていない。したがって、**当初から暴行に加わっていた人物に傷害結果全体が帰責できる場合には、途中から加担した人物には207条の適用はない**と考えてよい。その限りで、憲法上の疑義のある本規定の適用範囲を可能な限り限定しようとする意図がうかがえる。

　これに対し、**最決平成28・３・24刑集70巻３号１頁**は、傷害致死罪に関し、死亡結果に対して罪責を負うことが明らかな者が存在する場合でも、死因となった傷害の原因となる暴行が不明なときには、各暴行が当該傷害を生じさせ得る危険性を有し外形的には共同実行に等しいと評価できるような状況において行われたとして207条を適用し、被告人全員に傷害致死罪を認めた。

　この事件では、すでにＡおよびＢによって暴行を受けた後になお移動能力のあった被害者の頭部に、Ｃが激しい暴行を加え、その結果、被害者は大きないびきをかき、まぶたや瞳孔に動きがなく、呼びかけても返答がない状態で倒れた状態になり、病院に搬送されたが急性硬膜下血腫に基づく急性脳腫脹のため死亡した。したがって、被害者がＣの暴行によって初めて死因となる傷害を受けたか、それともすでに生じていた急性硬膜下血腫がＣの暴行によってさらに悪化したかに関わらず、被害者の死亡にＣの暴行が影響を与えたことは明らかであった。そのため、第１審判決[18]は、「死亡させた結果について、責任を負うべき者がいなくなる不都合を回避するための特例である同時傷害致死罪の規定（刑法207条）を適用する前提が欠けることになる」と説示して、同条の適用を否定した。

　これに対して最高裁は、207条適用の前提として、「検察官は、各暴行が当該傷害を生じさせ得る危険性を有するものであること及び各暴行が外形的には共同実行に等しいと評価できるような状況において行われたこと、すなわち、同一の機会に行われたものであることの証明を要」するが、「その証明

18）名古屋地判平成26・９・19刑集70巻３号26頁。

がされた場合、各行為者は、自己の関与した暴行がその傷害を生じさせていないことを立証しない限り、傷害についての責任を免れない」と述べて、第1審判決を破棄した原判決[19]を維持した。

　ここでは、憲法上疑義のある207条の適用範囲を限定しようとする第1審判決の努力が無にされた点に大きな疑問がある。加えて、死因となった傷害の原因となった暴行を特定することが困難な場合に文言上207条の適用は避けられないとしても、その傷害を各暴行者に帰責できるのは207条による「共犯擬制」の効果であるから、死因となった傷害と死亡結果との因果関係は認められるとしても、死亡結果そのものを各暴行者に帰責することまでは、207条による擬制の範囲外と考えられる[20]。なぜなら、「傷害」に「死亡」が含まれないなら、「人を傷害した場合」を前提とする207条を「人を死亡させた場合」に適用するのは論理矛盾だからである。それをも各暴行者に帰責するのは、空中楼閣を建てようとするものである。

　他方、最高裁が、①各暴行が当該傷害を生じさせ得る危険性を有するものであることと、②各暴行が外形的には共同実行に等しいと評価できるような状況において行われたことの証明を同条の適用の要件としたことは、注目されてよい。この点は、その後の**最決令和2・9・30刑集74巻6号669頁**においても確認されており、そこでは、加担後の暴行に顔面の傷害を生じさせる危険はなかったとして、途中加担者への顔面の傷害の帰責は否定されている。

　しかし、途中から共謀が成立した場合に本条を適用しないとすれば、共謀関係が認められないときとの均衡を失するという論拠で先行者に当該傷害の責任を問いうることは本条の適用を妨げる事情にならないとするのは、先行者に責任を問いえないという異なる状況との均衡を理由とする点で、やはり疑問である。前掲最決平成24・11・6との整合性を考慮するなら、加担前の他の共犯者による暴行の時点では、途中加担者はまだ共謀も暴行もしていないのであるから、「外形的には共同実行に等しいと評価できるような状況」

19）名古屋高判平成27・4・16刑集70巻3号34頁。

20）筆者は、傷害致死罪に207条を適用して死亡結果まで各暴行者に帰責するためには、死亡も生理的障害の範疇に含まれる特殊類型であることを理由にこの場合も「人を傷害した場合」に当たるので、死亡結果にも207条の「共犯擬制」が及ぶとしなければならないと考える。これにつき、松宮孝明「判批」法学セミナー731号（2015年）115頁参照。もちろん、それでも、207条の適用が強盗致死傷罪などの他の結果的加重犯に及ぶことは否定される。

はまだないと解することになろう。

[6]「暴行」の定義

　暴行罪（208条）は、旧刑法の「殴打」を「暴行」に置き換えたものである。旧刑法では違警罪として、その425条9号に「人を殴打して創傷疾病に至らざる者」と規定していた。現行刑法の提案理由では「同一の趣旨」とされているが、後述するように、その範囲は拡大している。なお、旧刑法では、法定刑は3日以上10日以下の拘留または1円以上1円95銭以下の科料であった。

　208条にいう**「暴行」**とは、一般に、**人に対する不法な有形力の行使**と定義される。もっとも、「不法な」は「違法でない」という意味ではない。仮にそうであれば、正当防衛に当たる暴行はすでに本罪の構成要件に該当しないことになるが、誰もそのようなことは考えていない。他方、サッカーでゴールを決めた選手に対する味方の手荒い祝福や通勤時間帯の駅での「尻押し」ないし「引き剥がし」は、あえて「暴行」というまでのことはない。したがって、ここにいう「不法な」は、社会生活上当たり前のこととされていて、誰も犯罪だとは思わないような「人に対する有形力の行使」を除外する機能を果たすにすぎない。

　旧刑法では「殴打」とされていた行為が「暴行」に広げられた結果、これには身体の接触のあるものや傷害の危険のあるものに限られず、人に塩を振りかけるような場合も含まれることになった[21]。もっとも、「暴行」一般が傷害罪や傷害致死罪の基本犯となると解されている現状では、接触すれば傷害を生ずる危険のある有形力の行使を接触目的で行ったときは「暴行」に当たるが、身体的接触を目的としていないときには脅迫罪にとどまり、死傷結果は過失犯とすべきだとする見解もある[22]。注目に値するが、未必の故意の場合に疑問がある。

　なお、銃砲または刀剣類を用いた傷害の未遂は、「加重傷害」の未遂とし

---

21) 前掲注5）福岡高判昭和46・10・11。この判決は、208条にいう暴行につき、「必ずしもその性質上傷害の結果発生に至ることを要するものではなく、相手方において受忍すべきいわれのない、単に不快嫌悪の情を催させる行為といえどもこれに該当するものと解すべきである。」と判示している。

22) 西田・各論41頁。

て、**暴力行為等処罰法**（「暴力行為等処罰ニ関スル法律」）1条の2第2項で処罰されることにも注意が必要である。

[7] 凶器準備集合罪・同結集罪の性格
　凶器準備集合罪・同結集罪（208条の2）については、立法時の説明とその後の解釈が異なった点のみを指摘しておこう。
　この罪の提案理由については、1958年3月19日の衆議院本会議、翌20日の参議院本会議において、当時の唐沢法務大臣が、次のように説明した。

　「この規定が誤って適用されれば、あるいは労働運動その他の大衆運動に適用されるおそれはないかというお考えのようでございますが、これは御承知のように、たとえば、別府事件とか、小松島事件というような、暴力団が凶器を持って相対峙しまして、そして非常な殺傷事犯を起した、これを取締ることを目途といたしまして立案いたしたものでございまして、労働運動等について、これを適用する意図は全然ございませんし、これは条文をごらん下さいましてもさようなおそれはないと信じております。」（下線筆者）

　また、竹内寿平政府委員（法務省刑事局長）は、衆・参の法務委員会において次のように説明している。

　「第208条の2は、他人の生命等に害を加えることを目的とする凶器の準備を処罰する趣旨の規定でございます。最近いわゆる暴力団等の勢力争い等に関連いたしまして、なぐり込みなどのために相当数の人員が集合し、人身に著るしく不安の念を抱かしめ、治安上憂慮すべき事態を惹起した事件が相次いで発生いたしたのでありますが、これを検挙、処罰すべき適切な規定がございませんため、その取締に困難を来している実情にかんがみまして新設したものでございます」（33・3・24参院法務委員会、33・3・25衆院法務委員会）（下線筆者）

　さらに、この法案成立に際しては、自由民主党および日本社会党共同提案による以下のような附帯決議案が出され、全会一致で可決されている。

　「本改正案の実施にあたっては、政府は、検察権、警察権の濫用を厳に戒め、

政治活動を阻害し、或は労働運動を抑圧することのないように留意……すべきである。右決議する。」

しかし、実際には、この規定は学生運動などの政治活動にも適用された[23]。つまり、ここでは、法務大臣や法務省刑事局長が暴力団に限定した適用を示唆しても、そこに「等」が付いている限り、限定的適用の保障はなく、また、全会一致での附帯決議がなされても、三権分立の建前上、裁判所や実務はそれに拘束されないということが、見事に例証されているのである[24]。したがって、**立法によって裁判を拘束するためには、その旨を法律に明文で示しておかなければならない。**

[8] 危険運転致死傷罪と立法課題
　危険運転致死傷罪は、当初、刑法208条の2に規定され、2013年の改正によりその範囲を拡大されて、「**自動車の運転により人を死傷させる行為等の処罰に関する法律**」の2条と3条に移されたものである。同時に、自動車運転過失致死傷罪（刑法旧211条2項）も、過失運転致死傷罪に改められ、同法5条に移された。

　危険な幅寄せ運転等による死傷事故については、以前から、危険な幅寄せを「暴行」とみて、これを傷害致死罪で処断する裁判例があった（東京高判昭和50・4・15刑月7巻4号480頁）。危険運転致死傷罪は、この裁判例を手掛かりにして、傷害致死に近似する危険運転行為に205条に準じた法定刑を設けたことを嚆矢とする。

　しかし、酩酊運転事故を中心とする交通事故の重罰化は、轢逃げを飛躍的に増加させた。轢逃げ件数自体は減少しているので問題が見えにくくなっているが、**事故件数からみた轢逃げ率**は、2003年度が1998年度の約2.11倍であり、轢逃げを重罰化した後の2019年度でも、1998年度の約2.01倍である[25]。その結果、事故被害者が運転者に救助される可能性を減じ、却って危険を増加させる事態を生じている。

23）最決昭和45・12・3刑集24巻13号1707頁、最判昭和52・5・6刑集31巻3号544頁等。

24）この問題を鋭く突いているのは、前掲最決昭和45・12・3における弁護人杉本昌純、同北村哲男の上告趣意である。

刑法には、その43条ただし書きに「中止未遂による刑の減免」規定がある。また、228条の2には身の代金目的拐取罪等の解放減軽の規定がある。いずれも、被害者にとっては、さらなる被害を防ぐ機能をもっている。同じように、交通事故の場合にひき逃げを重罰に処するのではなく、真摯に被害者を救護した人物に、飲酒運転の場合も含めて、刑の減免という特典を与えれば、少なくとも、危険運転致死傷罪等による重罰を免れるという、轢逃げ動機の一部は消去することができる。したがって、危険運転致死傷罪の法定刑を引き下げないのであれば、せめて、このような**救護減免規定**を置くべきであろう[26]。

2 | 遺棄の罪

[1] その性格と保護法益

遺棄の罪（第2編第30章）は、遺棄罪（217条）と保護責任者遺棄罪（218条）および遺棄等致死傷（219条）から成る。旧刑法336条以下の規定を修正したもので、「保護責任者」は、旧刑法338条にいう「給料ヲ得テ人ノ寄託ヲ受ケ保養ス可キ者」を拡張し、これに不保護を追加したものである。もっとも、旧刑法336条では、「八歳ニ満サル幼者ヲ遺棄シタル者」に対する法定刑は1月以上1年以下の重禁錮であったが、同じ被遺棄者を「寥闃無人ノ地ニ遺棄シタル者」に対する法定刑は4月以上4年以下の重禁錮であった（旧刑法337条。「給料ヲ得テ人ノ寄託ヲ受ケ保養ス可キ者」の場合には、各一等を加える）。これが現行法では、遺棄一般に1年以下の懲役、保護責任者の遺棄および不保護には3月以上5年以下の懲役とされたのである。つまり、**現行刑法の217条と218条との間にある法定刑の大きな格差は、旧刑法では被遺棄者に対する遺棄する場所の救助可能性の差に由来するものだったのである**。立

25) 交通事故の発生件数は、1998年度が803,882、2003年度が948,282、2019年度が381,237であり、これに対して轢逃げ件数は、1998年度が7,834、2003年度が19,449、2019年度が7,491である。轢逃げ件数を交通事故発生件数で割った轢逃げ率は、1998年度が0.97％、2003年度が2.05％、2019年度が1.96％であり、2003年度は1998年度の2.11倍、2019年度も1998年度の2.01倍である。

26) この点につき、松宮孝明「自動車事故をめぐる法改正の動き」犯罪と刑罰23号（2014年）16頁以下も参照されたい。

法論としては、このような法定刑の格差は縮小すべきである。

[2] 遺棄罪と保護責任者遺棄罪との関係

したがって、**遺棄罪**と**保護責任者遺棄罪**の法定刑の大きな格差に目を奪われて、保護責任者遺棄罪を遺棄罪とは罪質を異にする真正身分犯（65条1項参照）とみる[27]べきではない。なぜなら、法定刑の大きな格差は、もともと、遺棄する場所の救助可能性の差に由来するもので、保護責任者には「一等を加える」程度の加重で済んだはずだったのに、現行法制定の際に、さしたる議論もなく保護責任者の遺棄の法定刑のみが大幅に加重されたからである。したがって、**保護責任者遺棄罪は遺棄罪の身分による加重類型であり、保護責任者という身分のない共犯者には65条2項により217条の刑が適用される。**

もっとも、単独犯の場合には、217条は、現在、ほとんど存在意義をもたない。というのも、被害者を遺棄する可能性の高い「轢逃げ」の場合、道路交通法72条前段の救護義務違反に対する法定刑の上限は、事故を起こした運転者に対して5年の懲役（道交法117条1項）、人の死傷が当該運転者の運転に起因するものであるときは10年の懲役（同条2項）であり、117条の法定刑よりもはるかに重いからである。それどころか、遺棄等致死傷罪や不作為の殺人罪にならない場合には、保護責任者遺棄罪すら、適用の必要がない。

また、軽犯罪法1条18号は、「自己の占有する場所内に、老幼、不具若しくは傷病のため扶助を必要とする者……のあることを知りながら、速やかにこれを公務員に申し出なかった者」を拘留または科料に処している。これは、旧刑法340条にあった類似の規定を「違警罪」として刑法犯から除外したことに由来する。この点から、単に、「自己の占有する場所内に、老幼、不具若しくは傷病のため扶助を必要とする者」がいることを知りながら放置しただけでは、遺棄罪や保護責任者遺棄罪には当たらない。

なお、218条の**「不保護」**の場合には、217条に対応する文言がないので、一見すると真正身分犯のようである。しかし、**作為による遺棄に関与した非**

---

27) そのようにみるのは、西田・各論35頁。もともと、違法身分であるからといって、その罪責が身分のない共犯者に完全に連動するものではない。**共犯の要素従属性にいう「正犯の違法への従属」は、正犯行為の違法性が共犯成立の必要条件であることを意味するにすぎない**からである。この点につき、松宮孝明『刑事立法と犯罪体系』（成文堂、2003年）247頁以下、291頁以下も参照されたい。

保護責任者は65条2項によって217条の刑で処断されることとのバランス上、それより平穏な形態の「不保護」に関与した非保護責任者にも、65条2項の適用があるとみるべきであろう。

[3] 保護責任者遺棄致死罪と不作為による殺人罪との関係

不保護形態および不真正不作為形態[28]の保護責任者遺棄罪および遺棄等致死罪については、**不作為による殺人罪との限界**が問題となる。なぜなら、とりわけ不保護は、要扶助者の「生存に必要な保護をしなかったとき」に認められるからである。不保護罪は、いうまでもなく故意犯であるから、本罪の成立には、保護責任者が要扶助者の「生存に必要な保護をし」ていないことの認識を要する[29]。そして、保護責任者が要扶助者に「生存に必要な保護をし」ないことは、その扶助を他の者に期待したのでない限り、要扶助者の生存に危機が訪れていることを意味する。加えて、旧刑法337条では、要扶助者を「寥闃無人ノ地ニ遺棄シタル者」も、殺人未遂罪ではなく遺棄罪として4月以上4年以下の重禁錮が予定されていた。したがって、**保護責任者には、不保護により要扶助者の生命を危険に晒すことの認識があるのが通例であると思われる。**

このような場合に、保護責任者には作為義務とその違反があり、また殺人罪の未必の故意もあるとして不作為による殺人罪を認めると、立法者がわざわざ不保護罪や不保護致死傷罪を置いた意味がなくなるであろう。

学説には、不作為による殺人罪との区別を作為義務違反の程度に求めるものもある。しかし、要扶助者の生存を確保するための義務の内容に、殺人罪の場合と不保護（致死傷）罪の場合とで相違があるとは思われない。他方、裁判例には、「殺意」の有無によって区別すべきだとするものがある[30]。そ

---

28) 遺棄罪を含め、これらの罪に不真正不作為形態のものがあり得ることについては、松宮・各論77頁以下を参照されたい。保護責任者の真正不作為としての不保護との相違は、不真正不作為が、要扶助者または保護責任者の乗っている車が発進してしまった場合のように、場所的離隔を伴うのに対し、不保護は、自宅内で幼児に食事を与えない場合のように、場所的離隔を伴わない点に認められる。

29) 最判平成30・3・19刑集72巻1号1頁。

30) 大判大正4・2・10刑録21輯90頁。その事案は、もらい子を死なせるつもりで放置したという、殺人の「意図」のあるものであった。

れは、殺人罪の適用を、殺人の**意図**ないし**確定的認識**のある場合[31]に限る趣旨とみたほうがよい。

　付言すれば、「**シャクティパット事件**」**決定**（最決平成17・7・4刑集59巻6号403頁）は「未必的な殺意」という言葉を使っているが、その事案は、自己の指示の誤りが露呈することを恐れた被告人が、被害者をほぼ永久にホテルから出さないつもりでいたものであるから、いつ死亡結果が発生するかがわからないだけで、死ぬまで放置する事態になることについては「確定的な認識」を有していたものである。つまり、**殺人の未必の故意の事案ではない**のである。

31）「意図」および「確定的認識」の意味については、松宮・先端総論108頁以下を参照されたい。

第4章

意思決定および人身の自由に対する罪

1 自由に対する罪について

　刑法は、第2編第31章に「**逮捕及び監禁の罪**」を置き、第32章に「**脅迫の罪**」を、第33章に「**略取、誘拐及び人身売買の罪**」を置いている。旧刑法以来のこの順序に対し、近年の多くの教科書は、「逮捕及び監禁の罪」より先に「脅迫の罪」を解説している。

　しかし、「逮捕及び監禁の罪」は、主に、人が被害者に直接に強制を加えて移動できなくする罪であるのに対し、「脅迫の罪」には強要罪（223条）が含まれており、被害者の意思決定そのものを強制する点で、被害者の内面的な「人格」ないし「自律性」を害する側面がある。その点では、本罪は、「営利、わいせつ、結婚……の目的」（225条）や人身売買（226条の2）を含む「略取、誘拐及び人身売買の罪」と共通の側面を有する。<u>両者は、犯人が被害者に意のままの意思決定を強いる点で、人を精神において他者に隷属する状態に貶める罪なのである</u>。したがって、本書では、刑法の規定順序の通り、「脅迫の罪」より先に、「逮捕及び監禁の罪」を検討する[1]。

---

1)　逮捕・監禁罪の加重類型として、組織的な逮捕及び監禁の罪がある（「組織的な犯罪の処罰及び犯罪収益の規制等に関する法律」3条1項8号及び同条2項）。その法定刑は3月以上10年以下である。

2 │ 逮捕・監禁の罪

[1] 逮捕・監禁の客体と保護法益

逮捕・監禁罪（220条）の客体は「人」、すなわち「他人」であり、保護法益は「**移動の自由**」である。客体に移動能力のない人は含まれない[2]。

この罪については、被害者が自由を奪われていることに気づいていない間でも本罪が成立するかどうかをめぐって、「**可能的自由説**」と「**現実的自由説**」の対立がある。**最決昭和33・3・19刑集12巻4号636頁**は、被告人方から逃げた被害者を騙して入院中の母のところに連れて行くと誤信させ、被告人宅まで直行するタクシーに乗せ脱出不能の状態にしたという事案に関し、このタクシーの経路は、途中までは、母のいる病院への道と同じであったにもかかわらず、「監禁」は「偽計によって被害者の錯誤を利用する場合をも含む」として、乗車時点からの監禁罪の成立を認めている[3]。

さらに、**広島高判昭和51・9・21刑月8巻9・10号380頁**は、強姦（＝強制性交）の目的で被害者らを車で犯行現場に連行した被告人らに対し、被害者らが被告人らの意図に全く気付かず、途中被告人らに対し降車せしめるよう求めたこともないにもかかわらず、「被監禁者が行動の自由を拘束されていれば足り、自己が監禁されていることを意識する必要はないと解するのが相当である。」と述べて、監禁罪を認めている。

たしかに、被害者が眠っている間でも縛り上げれば逮捕罪が成立すると考えれば、被害者が気づかなくても、部屋に鍵をかけて出られない状態を作り出す場合に、監禁罪の成立を否定する理由はない。しかし、車に乗る場合には、走行中であることやドアにオート・ロックがかかること等によって車外に出られないのは当然のことであり、騙された被害者も、出られない状態になること自体には同意している。これが「監禁」の意味をもつのは、被害者が騙されたことに気づいて降ろすように要求したか、少なくとも、客観的に、

---

2) 京都地判昭和45・10・12刑月2巻10号1104頁は、1歳7か月の幼児は動き回れることを理由に、これを手や足で押さえて部屋の片隅に留め置くようにした被告人に本罪の成立を認めている。

3) しかし、ここにいう「偽計」を監禁されることに気づかないまま車に乗り込ませるための手段と考えるなら、この理由では、車が被害者の意に反した方向に走り出したときより前の走行を「監禁」と解する理由にはならない。

車が被害者の意に反した方向に走り出したときからであろう。刑事政策的に
みれば、未遂処罰——したがって、中止未遂による刑の必要的減免——のな
い本罪において、走り出せばすぐに監禁既遂となるのでは、その前に被害者
を解放する誘因を作ることができない[4]。したがって、実務的には、「現実的
自由説」により、それまでは思い直す「黄金の橋」を架けておくほうがよい。

[2] 特別公務員職権濫用罪との関係

　逮捕・監禁罪は、一般に、194条の特別公務員職権濫用と**「不真正身分
犯」**つまり**「加減的身分犯」**（65条2項）の関係に立つとされている。「人を
逮捕し、又は監禁した」という構成要件該当行為の点では、両罪は共通する
からである[5]。

　ところで、特別公務員職権濫用罪は国家的法益に対する罪であって、その
罪質は、個人の移動の自由を保護法益とする逮捕・監禁罪とは異なる。それ
にもかかわらず通説は両罪を「不真正身分犯」の関係にあるとみるのである
から、罪質の相違は、65条2項の適用を否定する理由にはならない[6]。

[3] 「動くな！」という強要との関係

　一般に、**「逮捕」**とは、**身体に直接強制を加えて行動の自由を奪うこと**をい
い、**「監禁」**とは、障壁のある一定の場所からの脱出を困難にして移動の自由

---

4)　西田・各論82頁は、停電だと騙されエレベーター内に留まる者は、移動できない状態にな
　ったことに同意しているわけではなく、「ただ仕方がないと思っているにすぎない」とい
　う理由から、「現実的自由説」からも監禁罪が成立するとしている。騙されたことに後で
　気づいた者にとっては、仕方がないと思って留まったことは、たしかに移動の自由の侵害
　であろう。

5)　反対、西田・各論511頁。「裁判、検察若しくは警察の職務を行う者又はこれらの職務を補
　助する者」という特別公務員の身分は、行為の違法性を加重するものであるから、65条1
　項を適用すべきだとする。しかし、すでに松宮・先端総論222頁注16）で指摘したように、
　そのような解釈は65条の文言を超えて行為者に不利益な類推となるばかりでなく、そもそ
　も「制限従属形式」にいう「違法性の連帯」は共犯の処罰には正犯行為に違法性が必要だ
　という意味での「必要条件」を意味するにすぎず、違法の「連動」を意味するものではない。

6)　前田・各論497頁は、特別公務員職権濫用罪を逮捕・監禁罪に対する「不真正身分犯」と
　するにもかかわらず、事後強盗罪を「真正（構成的）身分犯」としている（前田・各論
　206頁）。しかし、以上の検討から明らかなように、暴行罪ないし脅迫罪との罪質の相違を、
　この結論の理由とすることはできない。

を奪うことをいうとされる。もっとも、「監禁」については、恐怖心などを利用して一定の場所から動けなくすることも含みうる。**最判昭和24・12・20刑集３巻12号2036頁**は、深夜沖合に停泊中の漁船内に強姦の被害者である婦女を閉じ込めた事案に監禁罪を認め、**最決昭和38・４・18刑集17巻３号248頁**は、婦女を姦淫する企図の下に自分の運転する第二種原動機付自転車荷台に乗車させ1,000メートル余も道路を疾走した行為に「監禁」を認めている。

　しかし、そうなると、拳銃を被害者に向けて「動くな。動くと殺すぞ！」と叫んでその場に足止めした場合にも、強要罪（223条）よりも法定刑の重い監禁罪が成立しそうである。というのも、この場合も、一定の場所からの移動を困難にすることで被害者の「移動の自由」を奪っているからである[7]。

　しかし、直感的判断ではあるが、一般に、このような場合は監禁罪にはならないと解される。その理由は、周囲に何も物理的障壁がないからである。つまり、恐怖心を利用する場合も含めて、「監禁」とは、物理的障壁のある場所からの脱出を不可能ないし「著しく困難」にして、被害者の移動の自由を奪うことなのである。

［4］逮捕・監禁致死傷罪

　逮捕・監禁罪の結果的加重犯である逮捕・監禁致死傷罪（221条）では、その死傷結果は、①被害者が、監禁されている場所から脱出する際に死傷した場合のように、逮捕・監禁の事実から生じたか[8]、または、②逮捕・監禁するために被害者を殴りつけたことにより、被害者が死傷した場合等のように、逮捕・監禁の手段から生じた[9]ことを要する。

---

7)　現に、東京高判昭和40・６・25高刑集18巻３号238頁は、果物ナイフを突きつけて脅迫し、部屋から出られなくした事案に、施錠を外して脱出する可能性はあったにもかかわらず「監禁」を認めた。

8)　脱出の際の被害者死亡の場合の裁判例として東京高判昭和55・10・７刑月12巻10号1101頁、車の後部トランク監禁中の追突事故による被害者死亡につき最決平成18・３・27刑集60巻３号382頁。

9)　監禁の機会に加えた暴行による傷害の場合に「監禁」との因果関係が否定された裁判例として、最決昭和42・12・21集刑165号551頁、名古屋高判昭和31・５・31裁特３巻14号685頁。

3 | 脅迫の罪

[1] 脅迫の罪の本質

刑法第2編第32章は「**脅迫の罪**」と題し、**脅迫罪**（222条）と**強要罪**（223条）を置いている。以下では、両罪をまとめて「脅迫の罪」と呼ぶ。

通説では、いずれも、個人の**意思決定の自由に対する罪**と解されている。もっとも、脅迫罪については、これを、私生活の平穏、安全感、法的安全の意識といった**安全感に対する罪**と解する見解も有力である[10]。

しかし、厳密に言えば、金銭欲や性欲などを利用して人の意思決定を操る方法はいくらでもあるのだから、「意思決定の自由」一般は法益ではない。むしろ、222条と223条に列挙された「自己または親族の生命、身体、自由、名誉又は財産に対し他人から害を加えられることはない」とする安全感を脅かすことによって意思決定の自由を害するのが、脅迫の罪である[11]。

ところで、一般に、「脅迫」の内容たる害悪は、単なる災害の告知や吉凶禍福を説くものでは足りず、告知者が直接または間接にその惹起を支配または左右しうるものとして告知されなければならないと解している[12]。そこで、「意思決定の自由」は、自然災害等によって意思決定されない自由は含まれないことが明らかとなる[13]。

---

10) 山口・各論73頁は、本罪を「安全感を害することによる意思活動の自由の危殆化」と捉える。

11) もっとも、加害の対象を厳密に「自己または親族」に限る点については、立法論として問題があろう。親族でない親密な関係にある者（事実婚や内縁関係にある者、婚約者等）に対する加害の告知も含めるべきであろう。改正刑法草案303条は「密接な関係にある者」を追加している。

12) 最判昭和27・7・25刑集6巻7号941頁は、「被告人自ら加うべき害悪の告知、もしくは第三者の行為に因る害悪の告知にあたり被告人がその第三者の決意に対して影響を与え得る地位に在ることを相手方に知らしめた場合」であることを理由に、公務執行妨害罪（95条1項）の「脅迫」を認めている。また、広島高松江支判昭和25・7・3高刑集3巻2号247頁は、害悪の発生が「行為者自身において又は行為者の左右し得る他人を通じて即ち直接又は間接に行為者によって可能ならしめられるものとして通告せられるを要する。」と述べて、「脅迫」を否定している。

13) 「大地震が起きる」とか「空から大魔王が降りてくる」といった災害・迷信の告知によって、平穏な日常生活を送ろうとする意思決定が妨げられることもあるが、このような害悪の告知は「脅迫」に当たらない。

先に述べたように、脅迫の罪は、脅迫者の意のままの意思決定を強いる点で、人を精神において他者に隷属する状態に貶める罪であり、「意思決定の自由」とは、この意味で、人格の自律性を意味する。したがって、たとえば、「大地震が起きる」といった災害の告知では、告知者がその災害の発生・不発生を意のままにすることができると述べない限り、不安を抱いた人が告知者の隷属状態に置かれる危険はない。「法的安全」というものも、他者から害悪を加えられるという不安によって脅かされることがないという、人格関係における安全を意味する。このように、「意思決定の自由」を他者に対する人格の自律性を意味するものと解すれば、災害の告知によって人々がパニックに陥ることが予想される場合に脅迫の罪が成立しないことは、おのずと明らかになる。

[2]「一般人をして畏怖せしめる程度」

「脅迫」にいう**「害悪の告知」**は、**「一般人をして畏怖せしめる程度」**のものであることを要するとされる。しかし、相手方がこの告知を認識したことは必要だが、現実に畏怖したことは不要である[14]。

このような「一般人」を基準とする判断は、強盗罪（236条）や恐喝罪（249条）における「暴行」の程度でも用いられるが[15]、問題は、ここにいう「一般人」の意味である。というのも、被害者がその「害悪の告知」によって畏怖するか否かは、その性別、年齢、体格、社会的地位等の事情によって異なるからである。したがって、実際には、この「一般人」は、「被害者と同じ具体的状況に置かれた一般人」が畏怖する可能性を有するかという、個別化の上で幅を持った判断を正当化するものとして機能している。

[3] 適法行為の告知

一般に、告知される害悪の内容は、それ自体「犯罪」である必要はないとされている。場合によっては、告訴するぞと告げることも脅迫となりうる[16]。

---

14) 大判明治43・11・15刑録16輯1937頁。本件は、被告人が被害者に放火および殺害を告知したもので、一般人が畏怖しうる「害悪の告知」であることに争いはない。

15) なお、強盗罪の多くの場合、そして恐喝罪ではほとんどの場合、「暴行」は、「引き続き暴行を加えるぞ」という「挙動による害悪の告知」として、強取ないし喝取の手段となる。

しかし、222条の前身である旧刑法326条および327条は、脅迫の手段を殺害や家屋への放火、段打創傷その他の暴行、財産への放火・毀壊劫掠に限っていたのであり、それが狭すぎるとして脅迫と改められた現行法でも、およそ適法な行為の告知が脅迫たりうるとは思われない。

　もっとも、犯罪の告知に限るとする有力説では、不当労働行為（労働組合法7条）や債務不履行、共同絶交（「村八分」）等の違法行為の告知によって相手方を隷属させる状態に置く場合を除外することになり、狭すぎる。相手方にとって畏怖を生じうる害悪となるような違法行為であれば、脅迫の手段となりうると解すべきであろう。

---

4 | 略取、誘拐および人身売買の罪

[1] 古典的かつ現代的犯罪

　刑法第2編第33章にある「略取、誘拐及び人身売買の罪」は、旧刑法341条以下の「幼者を略取誘拐する罪」に、成人をも被害者とする営利目的等略取・誘拐罪（225条。以下、「営利目的拐取罪」）や幇助目的での被略取者収受罪（227条1項）を加えて、若干の修正をしたものである。ここに、1964（昭和39）年には、身の代金目的略取罪（225条の2）やその予備罪（228条の3）などの関連する規定が加えられた。さらに、1999（平成11）年には、「組織的な犯罪の処罰及び犯罪収益の規制等に関する法律」（組織犯罪対策法〔平成11年法律138号〕）の6条1項2号に、組織的な営利目的拐取罪の予備罪が新設され、2005（平成17）年には、国際組織犯罪対策に関する国際条約に基づき、人身取引等の人身の自由を侵害する犯罪に対する罰則強化の観点から、本章の罪のタイトルが「略取及び誘拐の罪」から「略取、誘拐及び人身売買の罪」に改められ、人身売買罪（226条の2）の新設と各罪の法定刑の加重がなされた。

　つまり、本章の罪は、もともと、「安寿と厨子王」の伝承ないし小説「山

16）大判大正3・12・1刑録20輯2303頁は、一般論として、誣告を受けた者が誣告罪で告訴する意思がないにもかかわらず誣告者を畏怖させる目的で告訴するという通告をした場合には脅迫罪を構成すると述べたが、結局は、同罪の成立を否定した原審を肯定している。告訴意思がおよそないのにもっぱら畏怖させる目的で告訴すると通告した場合だけを「脅迫」とする趣旨かと思われる。

椒大夫」に出てくる「人さらい」「人買い」など、子供や女性を中心とする被害者を隷属状態において搾取するタイプの犯罪であったが、時代の変化と新たな規定の追加によって、その罪質が徐々に多様化してきているのである。今日では、労働現場における搾取については、労働基準法、職業安定法、児童福祉法などに特別の規定があり、刑法の営利目的拐取罪の活躍の場は狭まった。その代わりに、未成年者拐取罪では、両親の離婚に伴う子供の奪い合いや、国境を超えるヒューマン・トラフィッキングに適用の重点が移っている。

[2]「営利の目的」

225条にいう「営利、わいせつ、結婚又は生命若しくは身体に対する加害の目的」のうちの**「営利の目的」**は、一般に、売春等を含む強制的な労働をさせること等によって被拐取者の自由を侵害し、それによって自己または第三者に財産上の利益を得させる目的と解されている。問題は、ここに、拐取行為の報酬を得る目的が含まれるか否かにある。

最決昭和37・11・21刑集16巻11号1570頁は、謝礼金等を受け取る目的で被害者を誘拐しストリッパーとして業者に引き渡した事案について営利目的拐取罪を認めた[17]。しかし、この場合は、間接的にではあれ、被害者を隷属状態に置いて搾取する点で、古典的な拐取罪のカテゴリーに属する。このような本罪の本質からみて、<u>ここでの「営利の目的」は、報酬を得る目的ではなく、拐取の依頼者に被害者を搾取するという「営利の目的」があることを、つまり被害者が隷属状態に置いて搾取されることを承知していたことに認められるべきである。</u>ちょうど、正犯に「不法領得の意思」があることを知りつつこれを幇助した場合に窃盗罪の従犯が認められる場合と同じである[18]。

---

17) 類似の裁判例として、大判大正14・1・28刑集4巻14頁。そこでは、芸妓として働かされていた料理屋から逃走した被害者を、芸妓家業に戻そうとする依頼者から報酬を得る（具体的には前借金の弁済の）目的で誘拐した被告人らに営利目的拐取罪を認めている。なお、この判決は、225条にいう「営利の目的」は65条にいう「身分」に当たらないとしたものでもある。しかし、「営利の目的」に依頼者の「営利の目的」の認識が含まれると解すれば、65条の適否は38条の故意の有無に解消される。つまり、<u>他の共犯者に「営利の目的」があることを知らない共犯者は、被害者が未成年者であれば未成年者拐取罪の罪責を負い、被害者が成人であれば拐取罪では処罰されない</u>ということである。

そうでないと、両親の一方から報酬を約束されて未成年子の誘拐を実行した人物だけでなく、その依頼者も、未成年者拐取罪（224条）ではなく営利目的拐取罪となってしまう。また、反対に、最決昭和37・11・21の事案のような行為を無報酬で行った場合に営利目的拐取罪が成立しないというのも、奇妙な結論である。

[3] 未成年者拐取罪の性格

　略取、誘拐および人身売買の罪は、主として、被拐取者を隷属状態に置くものであるから、その保護法益は、被拐取者の行動および意思決定の自由である（「身体に対する加害の目的」では、被害者の健康も含まれるが）。**未成年者拐取罪**（224条）の場合には、さらに、その未成年者の人格的完成を援助するものとしての親権者や保護者、事実上の監護者の**監護権**も含まれる。なお、2022年から施行される改正民法により、「未成年」は18歳未満に変更されることになろう。

　問題は、離婚係争中に監護者である一方の親権者から他方の親権者が子供を勝手に連れ出す行為にある。**最決平成17・12・6刑集59巻10号1901頁**は、別居中の妻（親権者）の元から長男（2歳）を連れ去った夫（親権者）に本罪の成立を認めている。これは、平穏に子を養育していた妻の監護権の侵害を理由とする。それは、ちょうど、共同占有下にある共有物を、他方の占有を排除して持ち去る場合に窃盗罪が成立するのと同じである。

　他方、一方の親権者の下で虐待を受けている子供を救うような場合には、監護権も未成年者本人のためにあるのだから、被拐取者本人の利益という観点から、厳密な意味で緊急避難（37条1項本文）に当たらないときでも、本罪の成立を否定すべきであろう。

[4] 身の代金目的略取罪・要求罪の性格

　身の代金目的略取罪（255条の2。同条2項に当たる罪を特に**身の代金要求罪**

---

18) 共犯にとっては、「不法領得の意思」は、正犯をして財物を不法領得させる意思でよいということである。通貨偽造罪の「行使の目的」については、最判昭和34・6・30刑集13巻6号985頁が「他人をして流通に置かせる目的」でもよいとして、65条1項を介することなく、ほとんど同じ結論を認めている。

と呼ぶ）は、1963（昭和38）年の「吉展ちゃん事件」等を契機に、その翌年に新設されたもので、その法定刑は無期または３年以上の懲役と、他の拐取罪に比してかなり重い。本罪の新設は、身の代金目的略取が、被拐取者自身から搾取するタイプの古典的拐取罪とは罪質が異なることを意味している[19]。端的に言えば、身の代金目的での略取は、被拐取者の安否を憂慮する者の不安に乗じて財産的利益を得ることを目的とする悪質な恐喝としての身の代金要求の予備行為なのである[20]。つまり、肉親の情を利用して金銭など財物を得ようとする行為を重く処罰するというのが、その趣旨である[21]。

　もっとも、225条の２にある「その他被拐取者の安否を憂慮する者」の範囲は拡大傾向にある。**最決昭和62・３・24刑集41巻２号173頁**は、相互銀行の代表取締役社長を略取して代表取締役専務らに身の代金を要求した事案に本罪の成立を肯定した。もっとも、この事案は特殊であって、専務と社長にはその安否を親身になって憂慮するほどの親族類似の緊密な関係があったものと認定されている。したがって、企業に対する身の代金要求や政治犯の釈放の要求などは本罪には含まない[22]。

[5] 状態犯か継続犯か

　同じく自由に対する罪である逮捕・監禁罪が**「継続犯」**と解されているのと異なり、略取、誘拐および人身売買の罪は、**「状態犯」**である。反対説は

---

19) 身の代金目的略取に営利目的拐取罪を適用したものとして、東京高判昭和31・９・27刑集９巻９号1044頁。そこでは、「刑法第225条にいわゆる『営利の目的』とは、……必ずしも誘拐行為自体によって利益を取得する場合に限らず、誘拐行為後の或行為の結果、これを取得する場合をも包含するものと解するのを相当とする。」と述べられている。しかし、これでは、営利目的拐取罪も恐喝予備の一類型になってしまう。

20) 最決昭和58・９・27刑集37巻７号1078頁は、１項と２項の罪を牽連犯関係にあると解している。さらに、1978（昭和53）年の「人質による強要行為等の処罰に関する法律」による「人質強要罪」（同法１条）の新設は、企業の幹部等、親族でない者を人質とする身の代金の要求は「強要罪」のカテゴリーに属することを明らかにした。

21) もっとも、身の代金要求罪を恐喝罪の加重類型と解すると、それは「人を略取し又は誘拐した者」を主体とする恐喝罪の加重的身分犯ということになる。この結論には議論がありうるであろう。なお、要求の対象は「財物」に限られている。しかし、立法論としては、その他の財産的利益を除外する合理性は乏しい。

22) これは、注20）で触れた「人質強要罪」の管轄である。なお、本書第１章参照。

有力だが、「継続犯」は法益が侵害状態にある間は構成要件該当行為が継続するものであり、途中からの関与者もその罪の共犯となるのに対し、略取、誘拐および人身売買の罪では、被略取者引渡し等の行為が227条に別罪として規定されており、「状態犯」である窃盗罪と盗品等に関する罪との関係に類似した状態に置かれている。したがって、略取、誘拐および人身売買の罪は、略取等の行為が一段落した時点で終了し、その後は被害者の自由が害されるという違法な状態になると考えたほうがよいであろう。**最決昭和57・11・29刑集36巻11号988頁**は、営利目的拐取罪と拐取後の身の代金要求罪（225条の2第2項）とを、**最決昭和58・9・27刑集37巻7号1078頁**は、身の代金目的拐取罪と被拐取者に対する監禁罪とを、観念的競合ではなく、併合罪としていることから、判例も状態犯説を採るものと解される。「状態犯」と「継続犯」の区別は、保護法益ではなく、立法形式を基準に判定すべきだと思われる。

第5章

強制わいせつの罪

1 | 「わいせつ」の定義と平成29年大法廷判決

[1] 「わいせつ」の定義

　刑法第2編第22章の「わいせつ、強制性交等及び重婚の罪」のうち、強制わいせつ罪（176条）、強制性交等罪（177条）、準強制わいせつ及び準強制性交等罪（178条）、監護者わいせつ及び監護者性交等罪（179条）、およびこれらの致死傷罪（181条）、淫行勧誘罪（182条）は、今日、**個人の性的自由に対する罪**と解されている。

　176条にいう**「わいせつ」**は、一般に、**「徒に性欲を興奮または刺激せしめ、且つ普通人の正常な性的羞恥心を害し、善良な性的道義観念に反するものをいう」**と定義される。この定義は、わいせつ物頒布罪（175条）に関する最判昭和26・5・10刑集5巻6号1026頁に由来するが、**最判昭和45・1・29刑集24巻1号1頁**（以下、「昭和45年判例」と呼ぶ）は、この定義を176条にも応用して、「強制わいせつ罪が成立するためには、その行為が犯人の性欲を刺戟興奮させまたは満足させるという**性的意図**のもとに行なわれることを要」するとした。つまり、「徒に性欲を興奮または刺激せしめ」は、176条においては犯人自身の「性欲を興奮または刺激せしめ」る意図を意味すると解されたのである。

[2] 平成29年大法廷判決

　ところが、**最大判平成29・11・29刑集71巻9号467頁**（以下、「平成29年大法廷判決」と呼ぶ）は、「行為者の性的意図を同罪の成立要件とする昭和45年判例の解釈は、その正当性を支える実質的な根拠を見いだすことが一層難しく

なっているといわざるを得ず、もはや維持し難い。」とした。もっとも、平成29年大法廷判決は、176条にいう「わいせつ」の定義を示すことなく[1]、「行為そのものが持つ性的性質が不明確で、当該行為が行われた際の具体的状況等をも考慮に入れなければ当該行為に性的な意味があるかどうかが評価し難いような行為」については、「行為者の目的等の主観的事情を判断要素として考慮すべき場合があり得る」とも述べている。

[3] 「わいせつ」を否定するために「性的意図」要件が必要な場合

しかし、下級審には、検査の説明不足のため患者が羞恥を感じても、検査自体は適正に行った臨床検査技師である被告人には性的意図が認定されないとして、準強制わいせつ罪（178条）の成立を否定したものがある（京都地判平成18・12・18LEX/DB28135092）。このような場合には、説明不足の故に患者のインフォームド・コンセントが得られていないのであるから、それ自体としては「正当な医療行為」とはいえない。しかし、説明不足の故に普通人である被害者の正常な性的羞恥心が害され、かつ、十分な説明をしないで性器付近に触れることは善良な性的道義観念に反するとして有罪とされたのでは、医療関係者はたまったものではない。反対に、児童の裸体に性的興奮を覚える監護者が児童を入浴介助した場合に、性的意図があったとして監護者わいせつ罪（179条1項）にされるのも、困ったことである。

[4] 誰の性欲も刺激しない「わいせつ」？

そもそも、平成29年大法廷判決に対しては、**およそ誰の性欲を興奮または刺激せしめる意図もない行為を「わいせつ」と言ってよいのか**という根本的疑問も提起されるであろう[2]。この事案は、被告人がインターネットを通じて知り合った人物から金を借りようとしたところ、金を貸すための条件として

---

1) この点に関し、本件担当の最高裁調査官である馬渡香津子氏は、「『わいせつな行為』該当性を安定的に解釈していくためには、これをどのように定義づけるかよりも、どのような判断要素をどのような判断基準で考慮していくべきなのかという判断方法こそが重要である」と述べている（馬渡香津子「時の判例」ジュリスト1517号〔2018年〕85頁。なお、向井香津子「判解」最判解刑事篇平成29年度〔2020年〕162頁も参照）。しかし、判断対象の定義を明らかにしないままで判断方法を論じることは、何を判断するか不明なままどのように判断するかを考えるという非論理的な思考方法である。

被害女児（当時7歳）とわいせつな行為をしてこれを撮影し、その画像データを送信するように要求されて、被害者に対し、被告人の陰茎を触らせ、口にくわえさせ、被害者の陰部を触るなどの行為をさせたというものである。そこでは、本件動画が、被告人に撮影とデータ送信を要求した人物本人またはそのデータがネット上で公開された場合にこれを閲覧する人物らのいずれかの性欲を興奮または刺激せしめるものであることは当然予想されるであろう。そういう意味で誰かの性的欲望を満足させる動画であるからこそ、それが取引の対象となるのである。

　これに対し、昭和45年判例の事案は、被告人が、自己の内妻がA女（23歳）の手引きによって逃げたものと信じ、その報復として、A女を脅迫し、同女を裸体にさせてこれを写真撮影したというものである。その際、その場には被告人の内妻しかおらず、被告人は専らその婦女に報復し、または、これを侮辱し、虐待する目的に出たのであり、自己の性欲を刺激興奮させ、または満足させる等の性的意図は認定されなかったとされている。その際、被告人には、この写真を第三者に見せるという意図は認定されていない。したがって、この事案では、その場にいた内妻を含め、誰かの性欲を刺激興奮させる等の性的意図もまた認定できないものであった。つまり、**両判決はそれらの「事案を異にする」**のである。

　このようにみると、問題は、昭和45年判例が、わいせつ行為を「犯人の」性欲満足を意図するものに限定したことに収束する。言い換えれば、「わいせつ」行為である以上、誰かの性欲を興奮または刺激せしめる意味のあるものであることは必要なのである。ゆえに、二義的な行為の場合でも、行為の具体的な脈絡から客観的にこの意味が判明しない場合には、「わいせつな行為」に当たらないと解するべきであろう。

　他方、前掲京都地判平成18・12・18の事案のように、説明不足の故に患者の羞恥心を害するとともに客観的には患者の性欲を刺激興奮させる可能性もある行為を「わいせつ」から除外するためには、行為の客観的な意味を要求するだけでは足りず、「自己または他人の性欲を刺激興奮させまたは満足させる意図」まで必要だと解さざるを得ない[3]。

2）　このような疑問を提起するものとして、松宮孝明「平成29年11月29日大法廷判決の意味するもの」季刊刑事弁護94号（2018年）74頁。

この点では、若い女性の弱みを掴んで下着ショップで働かせようとの目的で全裸を撮影しようとして未遂に終わった事案に関し、性的意図を「自らを男性として性的に刺激、興奮させる性的意味を有した行為であること」の「認識」に還元した**東京地判昭和62・9・16判時1294号143頁**の判断が問題となる。この事件は、単なる報復目的ではなく、「その写真の存在や公表等を怖れる同女の性的羞恥心を利用して同女の弱味を掴むことによって、同女に前記女性下着販売業のモデルとして働くことを承諾させよう」という意図の下に行われたものである。ところで、被害者が「その写真の存在や公表等を怖れる」のは、その写真がそれを見た者の性欲を刺激興奮させる性質のものだからと解する余地がある。このように考えると、被告人には、「彼女が言うことを聞かないのであれば」という条件付きで、当該写真によって第三者の性欲を刺激興奮させる性的意図を認めることができよう。

2 ｜ 強制わいせつ罪の保護法益と諸類型

[1] 強制わいせつ罪の保護法益

　一般に強制わいせつ罪の保護法益であるとされる**「性的自由」**は、単に「性的しゅう恥心ないし性的清浄性」が害されない自由ではない[4]。他方、性的行為ないし「わいせつ行為」の意味を解せず、「性欲」自体をまだ持っていない幼児については、性行為等をする／しないことに関する自己決定権という意味での「性的自由」の侵害は観念し難い。むしろ、本罪の保護法益である「性的自由」は、（幼児を含む）**人がその意に反して何者かの性欲を刺激興奮させるための手段として扱われない自由**だと解したほうがよい。

　このように考えると、「わいせつ行為」を行為者の性欲を刺激興奮させる意図に基づく行為に限るのは狭すぎるといわなければならない。しかし、**被害者が行為者や第三者の性的衝動・性的欲求の対象として扱われていない場合には、たとえ被害者自身は性的羞恥心を著しく害されたとしても、それは「わ**

---

3)　この点で、「自己または他人の性欲を刺激興奮させまたは満足させる」意図という特殊な主観的要素は不要であると述べた私見（松宮・各論120頁）は、改めざるを得ないかもしれない。

4)　にもかかわらず、昭和45年判例の入江俊郎裁判官反対意見は、そのように解していた。

いせつ行為」によるものではない[5]。ゆえに、「（誰かの性的衝動・性的欲求の対象として扱うという）犯人の性的意図の有無によって、被害者の性的自由が侵害されたか否かが左右されるとは考えられない」という命題は、すでに疑われるべきである。

[2] 手段としての暴行・脅迫

　もちろん、保護法益がそのような意味での性的自由だとしても、それは、それを害するあらゆる「わいせつ」行為から保護されるわけではない。刑法典では、それは「暴行又は脅迫」を用いた（176条）、「人の心神喪失若しくは抗拒不能に乗じ、又は心神を喪失させ、若しくは抗拒不能にさせ」た（178条）、または「その者を現に監護する者であることによる影響力があることに乗じ」た（179条）「わいせつ」行為から保護されるにすぎない。

　しかも、準強制わいせつ（178条）が**「抗拒不能」**を要求していることからわかるように、強制わいせつ（176条）の手段たる「暴行又は脅迫」も、もともとは人を抗拒不能にさせるに足りる程度のものであることが要求されていた。それが大正時代の大審院判例により緩和されたのである[6]。今日の通説は、**「反抗を著しく困難にする程度のもの」**であることを要求する。

　しかし、次の177条の手段たる暴行・脅迫も含め、特に女性の被害者の場合、体力に勝る男性の暴行・脅迫に反抗することは、暴行・脅迫がそれ自体としては程度の弱いものであったとしても心理的に困難であり、それゆえ、**立法論として、手段要件をさらに緩和すべきことが有力に主張されている**。被害者に直接向けられ[7]、「意に反する」ことが明らかな手段を用いた「わいせつ」行為であれば、本罪や強制性交等の罪を認めるべきだということであ

---

5) ゆえに、昭和45年判例の結論は正当である。もちろん、場合によって、強要罪とは別に、侮辱罪（刑法231条）が成立することはあろう。

6) 大判大正13・10・22刑集3巻749頁。本判決の事案は、他人の家宅に侵入した被告人が、寝ていた女性の肩を抱き陰部に手を当ててわいせつ行為をしたというものである。判決では、強大な力を用いたか否かを問わず、176条前段の暴行と称すべきであるとされているが、女性が目を覚ましていたのであれば、恐怖等で反抗が著しく困難であったと解する余地のある事案であった。

7) 「意に反する」ことが明らかであっても、被害者に直接向けられていない「リベンジポルノ頒布」などの「わいせつ」行為は、本罪に当たらない。

る[8]。

　ただ、そのためには、本書第1章で述べたように、176条の6月の懲役、177条の5年の懲役などの刑の下限を下げるべきであろう。そうでないと、軽微な暴行・脅迫の場合は、不起訴となる可能性が高まるからである[9]。あわせて、解釈による無原則な拡大は避けるべきである。強制わいせつの罪は、強要罪と異なり、その遂行の際に死傷結果を生じると、以下で述べる強制わいせつ等致死傷罪によって、刑の下限がはるかに重くなるからである。

[3] 致死傷

　強制わいせつ等致死傷罪（181条1項）は、傷害結果の場合でも「無期又は3年以上の懲役」という重い法定刑を有するので、加療約2日程度の傷害については、本罪の成立を否定した下級審判例もある[10]。181条は、**基本犯に「随伴し」**または基本犯をなすに「**際り**」生じた死傷結果に適用される[11]。しかし、被害者が強姦の危険を感じて逃走し救助を求めた際に生じた傷害などの場合については、争いがある[12]。

　問題は、準強制わいせつ行為をした者が、わいせつな行為を行う意思を喪失した後に、逃走するため被害者に暴行を加えて傷害を負わせた事案に本罪を認めた**最決平成20・1・22刑集62巻1号1頁**である。というのも、この場合には、被告人はすでに「わいせつ」行為をする意思を喪失し「わいせつ」

8）　もっとも、手段要件を緩和すると、「意に反する性交ないし性交類似行為」が行われたこと自体の立証要件も緩和されることにより、微妙な事案に関して冤罪の危険も高まることに配慮が必要である。監護者性交罪の事件に関するものであるが、福島地郡山支判平成30・9・20LEX/DB25561591は、被害者とされる13歳の児童の供述（を聞いた教師の供述）を客観的な証拠と整合しないとして斥け、被告人を無罪とした。

9）　起訴されて有罪とされた場合でも、酌量減軽により刑の下限を下回る例が増える可能性がある。現に、前橋地判平成31・4・3LEX/DB25563152は、被害児童の両親との間に示談が成立し180万円の示談金が支払われていること、各犯行を認め反省の態度を示していること、懲戒免職処分を受けるなどの社会的制裁を受けていること等を考慮し、13歳未満の被害者との性交の罪（177条後段）につき、被告人に刑の下限を下回る懲役3年6月を言い渡している。

10）　大阪高判昭和38・7・3高検速報昭和38年4号1頁。もっとも、最高裁には、全治10日程度の場合で本罪の成立を認めたものもある（最決昭和45・7・28刑集24巻7号585頁）。

11）　大判大正15・5・14刑集5巻175頁。

12）　肯定例として、最決昭和46・9・22刑集25巻6号769頁。

行為は終わっているがゆえに、もはや（準）強制わいせつ罪に当たる行為に「随伴し」またはこれをなすに「際り」生じた死傷結果とはいえないからである。

強盗致死傷罪（240条）と異なり、基本犯後の財物の取戻しは問題とならないうえ、窃盗が先行犯罪である事後強盗罪との均衡を理由に逮捕を免れる行為にまで結果的加重犯を拡張する理由もないのであるから、この点は再考すべきであろう。

[4]「13歳以上の」という文言

177条前段とともに、176条の前段には**「13歳以上の」**という文言が含まれている。しかし、立法者は、決して、13歳未満の者に対する暴行・脅迫を用いた犯行を本罪や177条の罪としないとは意図していないのであるから、この文言は**「みせかけの構成要件要素」**であって削除すべきである。そうでないと、行為者が、被害者が13歳未満であることを知らずに暴行または脅迫を用いてわいせつ行為を行った場合に、本条の前段と後段のどちらも適用できないという不都合が生じてしまう[13]。

現行法にこの文言が残ったのは、旧刑法347条が12歳未満の男女に対する暴行・脅迫を手段とするわいせつ行為を12歳以上の男女に対するものより重く処罰していたことに由来する。被害者の年齢によって法定刑に差を設けなくなった現行法では、前段の「13歳以上の」という文言は不要になったのに、旧刑法の規定方法を踏襲してしまったというのが、混乱の原因である。

---

13) 松宮・先端総論117頁以下参照。最決昭和44・7・25刑集23巻8号1068頁は、被害者が13歳未満であったことを認識せずに脅迫を用いてわいせつ行為を行った被告人に、前段と後段を区別することなく176条を適用している。

第6章

住居・秘密を侵す罪

1 | 住居侵入罪

[1] 住居侵入罪の法益

　東京地裁は、2019年10月10日、南京大虐殺事件への抗議活動などのために靖国神社（東京都千代田区）の「外苑」と呼ばれる敷地に入ったことを理由に、建造物侵入の罪に問われた中国（香港）籍の２人の被告人に、それぞれ懲役８月、執行猶予３年と、懲役６月、執行猶予３年を言い渡した（以下、**「神社外苑侵入事件」**と呼ぶ）。報道によれば、弁護側は、屋外の参道は建造物に当たらないなどと主張したが、判決は、現場は柵や塀で仕切られた「建物付属地」で刑法上の建造物に当たると認定し、管理権者は参拝以外の目的による立入りを禁止しており、管理権を侵害していると述べ、被告人２人は即日控訴したそうである[1]。

　この事件は、刑法解釈においては、３つの論点を含んでいる。第１は、神社「外苑」と呼ばれる敷地が住居侵入罪（130条）にいう**「建造物」**に当たるか否かである。第２は、同罪の保護法益は「建造物」等に関する**「管理権」**なのかである。第３は、柵が開かれている場合に、**退去要求がなくても130条の罪を認めてよいか**というものである。

　住居侵入罪・不退去罪（130条）の保護法益は、今日では、住居や邸宅な

---

1)　朝日新聞ウェブサイト（https://www.asahi.com/articles/ASMBB51J2MBBUTIL01X.html）、産経新聞ウェブサイト（https://www.sankei.com/world/news/191010/wor1910100009-n1.html）、サンスポウェブサイト（https://www.sanspo.com/geino/news/20191010/tro19101016490003-n1.html）（2019年11月５日参照）。その後本件は最高裁まで争われたが、最決令和３・１・15LEX/DB25590039により上告を棄却された。

どの空間への他人の立ち入りを許可したり禁止したりする「住居権」と解する見解と（「住居権説」。「居住する権利」の意味ではない）、住居等の内部の**事実上の平穏**と解する見解（「**平穏説**」）が対立している。いずれも個人的法益であり、公共の平穏ではない。

　最高裁は、一時期、居住者等に法律上正当な住居権があるか否かは問わないとか、柵や塀で囲われた「建物付属地」（＝「**囲繞地**」）も「建造物」に含まれるという結論を導くために「平穏説」を採用したが[2)]、その後は、管理権者の意思に反するという点を強調している[3)]。

　基本的には、**「住居権説」**が妥当であろう。もっとも、住居権者の意思に反しながらなお平穏な立入りであるという事態は実際上考えられないし、他方、住居権者の了解を得た立入りは、たとえ近所迷惑な騒音を伴うものであったとしても、通常、住居等への「侵入」には当たらないであろう。その意味では、**「住居権侵害あれば平穏侵害あり」**なのである[4)]。

　問題は、ここにいう「住居権」と「管理権」との関係である。人が居住している「住居」でなければ、一般に、「建造物」等の管理権には「住居権」を含む。それゆえ、**最判昭和58・4・8刑集37巻3号215頁**が、「刑法130条前段にいう『侵入シ』とは、他人の看守する建造物等に管理権者の意思に反して立ち入ることをいうと解すべきである」と述べているのは、「住居権説」に依拠するものと解される。

　しかし、問題は公務員の官舎のような集合住宅では、居住者と建物管理権者が分かれていることにある。このような集合住宅の玄関や階段、廊下といった「共用部分」への立入りを許可しまたは制限する権利としての「住居権」は、誰にあるのであろうか。

　この点につき、「立川自衛隊官舎侵入事件」に関する**最判平成20・4・11刑集62巻5号1217頁**は、このような「共用部分」を「人の看守する邸宅」

---

2) 被告人の侵入した警察予備隊施設や駐留米軍の病院は憲法違反の存在であるとする主張を斥けた最決昭和28・5・14刑集7巻5号1042頁、最決昭和49・5・31集刑192号571頁や、囲繞地への侵入も建造物利用の平穏を害するから「建造物侵入」に当たるとした最判昭和51・3・4刑集30巻2号79頁がある。
3) 最判昭和58・4・8刑集37巻3号215頁。不退去罪について、最判昭和59・12・18刑集38巻12号3026頁。
4) 仙台高判平成6・3・31判時1513号175頁参照。

（130条）に当たるとした上で、その「管理権」は管轄ある国の機関にあると解し、被告人らの立入りはこれらの管理権者の意思に反するもので刑法130条前段に該当するとした。しかし、一般に、借家の「住居権」は、その貸主ではなく賃借人にあると解されている。そうでないと、賃借人は、自宅に客を招く際にいちいちまたは包括的に、賃貸人の承諾を得なければならなくなるであろう。これでは、自衛隊員等の公務員とその家族は「籠の鳥」である。ゆえに、集合住宅の「共用部分」に関しては、このような解釈は考え直したほうがよい[5]。

[2]「囲繞地」

他方、柵や塀で囲われた「住居」や「建造物」の敷地を意味する「囲繞地」も130条の客体に含まれるという解釈は、大審院時代には拒否されていた[6]。これを認めたのは、戦後の判例なのである[7]。そして、その後の**最決平成21・7・13刑集63巻6号590頁**では、「建造物」を囲う塀の上部もまた、「建造物」の敷地を意味するはずの「囲繞地」に含められてしまった。

しかし、「囲繞地」を掘り返しても建造物損壊罪に当たらないのであるから、これを「建造物」などと解するのは、不自然な解釈である。それにもかかわらず**「囲繞地」への侵入が「建造物」への侵入と同視されるのは、「平穏**

---

5) 同じことは、民間の分譲マンションへの立入り（「葛飾マンション事件」）に関する**最判平成21・11・30刑集63巻9号1765頁**にも当てはまる。マンション管理組合がマンション棟全体を管理しているからといって、その支持者が読みたいと欲しているかもしれない政治宣伝ビラを配布するための「共用部分」への立入りを、マンション管理組合の意思に反するという理由で住居侵入罪に擬似してはならない。立入り禁止は、明らかに不穏当で居住者の一部が「共用部分」への立入りを認めること自体が権利濫用と認められる場合に限られるべきである。

6) 大審院は、囲繞地への侵入行為が「邸宅」への侵入といえる場合にだけ、刑法130条の適用を認めてきた。たとえば、大判昭和7・4・21刑集11巻407頁は、社宅の囲繞地への侵入は「邸宅」への侵入でないとして130条の適用を否定し、みだりに出入りすることを禁止された場所として、当時の警察犯処罰令2条25号に該当するとした。また、大判昭和14・9・5刑集18巻473頁は、住居の囲繞地は「邸宅」に当たるとしてこれを肯定した。また、狭義の「住居」についても、大審院はこれに囲繞地は含まれないと解していたようである。たとえば、大判大正12・1・27刑集2巻35頁は、住居の縁側にまで達した場合に初めて「住居」侵入を認め、大判昭和4・5・21刑集8巻288頁は、住居の邸内に侵入した行為を「邸宅」侵入に当たるとしている。

説」を根拠とする。なぜなら、**最判昭和51・3・4刑集30巻2号79頁**は、「建物の囲繞地を刑法130条の客体とするゆえんは、まさに右部分への侵入によって建造物自体への侵入若しくはこれに準ずる程度に建造物利用の平穏が害され又は脅かされることからこれを保護しようとする趣旨にほかならない」と述べたからである。これは、消極説に立っていた大審院の形式解釈を覆すには、実は、「平穏説」のような「実質的」考慮を持ち出すことが必要だったということを意味する。

　しかし、最高裁は、最判昭和58・4・8刑集37巻3号215頁以降、「住居権説」に繋がる「管理権説」に立ってしまった。この見解では、「管理権」の対象に「建造物」等の「囲繞地」も含むという結論は論理必然ではない。本書第1章で述べたように、「住居権」の対象になっても軽犯罪法1条32号の客体である可能性が残るからである。

　なお、積極説を支える論拠には、「邸宅」と「住居」および「建造物」との間の保護のバランス論がある[8]。もっとも、大審院の解釈でも、塀などで囲われた囲繞地を伴う「住居」の場合には、その囲繞地は「邸宅」として刑法130条の客体となるので[9]、問題は「建造物」の場合に限られることになる。

　しかし、住居・邸宅と一般の建造物とを比較すれば、前者の場合にはプライバシー保護の必要が大きいからこそ「囲繞地」に立ち入る行為を重く処罰する実質的根拠があるのであって、そのような根拠を持たない建造物囲繞地に住宅囲繞地と同等の保護を与えるのは、悪しき形式論である。

　もっとも、喫緊の問題は、本章冒頭の「神社外苑侵入事件」において、一般参拝客の出入りのためにすでに柵が広く開かれていた「外苑」も、ここにいう「囲繞地」に含まれるか否かにある。これについては、夜間誰も自由に出入りしない「校庭」とは事情を異にする[10]。また、開かれた敷地や「共用部分」を客体とする130条の罪を認容した前掲最決平成20・4・11は「住居」

---

7)　旧日本軍の「隠匿物資」摘発のために工場敷地に立ち入った被告人に「建造物」侵入罪を認めた最大判昭和25・9・27刑集4巻9号1783頁が、その嚆矢である。もっとも、戦後も、最判昭和32・4・4刑集11巻4号1327頁は、社宅の囲繞地も「邸宅」に当たるとして130条の適用を肯定したが、「住居」や「建造物」に当たるとする構成は採らず、大審院の見解に従っている。

8)　現に、団藤・各論504頁は、「邸宅との権衡上」という。

9)　前掲注6）大判昭和4・5・21。

を含む「邸宅」への侵入罪を認めたもの、前掲最決平成21・7・13は「住居」そのものへの侵入罪を認めたもので、いずれも、柵が広く開かれていた「建造物」敷地への侵入罪を認めたものではない。これについて「建造物」侵入罪を認めることは、130条の罪の成立範囲を不当に拡大するものであろう。

[3]「侵入」

最後に、**「侵入した」**とは、「住居権者」またはその委任を受けた看守者等の意思または推定的意思に反して、住居等の領域に立ち入ることである[11]。意に反しない立入りは、最初から、本罪の構成要件に該当しない。前述のように、借家の場合は、家屋の賃借人の意思に反することが「侵入」になるのであって、賃貸人の意思に反する立入りというだけでは、これに当たらない。

また、不特定または多数の人に開かれた空間では、たとえそれが犯罪遂行の目的でなされたものであっても、立入り態様が不穏当でない限り、「侵入」には当たらない。この点で、預金者のキャッシュカードに使われる暗証番号を盗撮する目的でATMが設置されている無人の銀行支店出張所に営業中に立ち入り、盗撮用ビデオカメラを設置するなどした被告人に建造物侵入罪を認めた**最決平成19・7・2刑集61巻5号379頁**の事案は、被告人らが1時間30分以上この空間を占拠し続けたものであることに注意が必要である。これは、他のATM利用客を排除し続ける点で不穏当なものであり、「その立入りの外観が一般の現金自動預払機利用客のそれと特に異なるもので[12]」いなどとはとてもいえないものである。実務では、スーパーマーケットへの万引き目的での立入りは、わざわざ「建造物侵入罪」に問擬されることはない。付言すれば、住居侵入罪は**継続犯**である。

さらに、不特定・多数の人物が立ち入る場所の場合、それが「住居権者」の意思に反するとして刑罰権を発動するのであれば、処罰範囲の明確性を確

---

10) 夜間の「校庭」への立入りを「建造物侵入」に当たるとした裁判例として、東京高判平成5・7・7判時1484号140頁がある。

11) 前掲注3）最判昭和58・4・8参照。

12) 上記最決平成19・7・2の「その立入りの外観が一般の現金自動預払機利用客のそれと特に異なるものでなくても、建造物侵入罪が成立する」という判示部分は、その限りで傍論である。

保するためにも、「住居権者」の推定的な意思に反するとして侵入罪（130条前段）を認めるのではなく、具体的な退去要求に反する場合に不退去罪（130条後段）が成立するにとどまると解するべきであろう[13]。

2 | 秘密を侵す罪

[1] 保護法益

刑法第 2 編第13章は、「秘密を侵す罪」として、信書開封罪（133条）、秘密漏示罪（134条）を規定している。これらは、個人の秘密そのものというよりも、「封をしてある信書」といった秘密通信の制度や医師、弁護士、宗教者などのプロフェッションの秘密保持義務を通じて個人の秘密を間接的に保護するものである。ゆえに、これらの「制度」でカヴァーされていない個人の秘密は保護対象ではない。

[2] 特に秘密漏示罪について

本罪は、**医師、薬剤師、医薬品販売業者、助産師**という医療関係者——看護師は含まれていない——、**弁護士、弁護人、公証人**といった法曹関係者、**宗教、祈祷もしくは祭祀の職にある者**という宗教家を主体とする**真正身分犯**（65条 1 項）である[14]。いずれも、これらの職にあった者を含む。

[3] 誰の秘密？

ところで、**最決平成24・2・13刑集66巻 4 号405頁**[15]は、鑑定人たる医師についても、被鑑定人およびその家族の私的情報が含まれた供述調書の情報を

---

13) 現に、最判昭和45・7・16刑集24巻 7 号475頁は、被告人が労働組合の組合員らに対するオルグ活動のためであって、組合の団体行動としてであるとしても、船長が被告人に対し退去を命令したときは、この命令に従わなければならないと述べて、侵入罪ではなく不退去罪の成立を認めている。同旨、最判昭和53・3・3刑集32巻 2 号97頁。

14) 保健師、看護師、准看護師については、保健師助産師看護師法42条の 2 に同趣旨の規定があり、同法44条の 3 に 6 月以下の懲役または10万年以下の罰金が定められている。なお、公認心理師法41条の守秘義務の違反には最高 1 年の懲役が法定されているが（同法46条）、法定刑が医師よりも重いのは見直しの余地がある。

15) 本件については、松宮孝明「判批」立命館法学337号（2011年）1687頁も参照されたい。

漏示した場合に本罪の成立を認めた。つまり、医師が漏示する「人の秘密」は、その患者の秘密に限られないというのである。そうなると、本罪の保護法益を「患者の秘密」に限定することはできない。それは、**「134条に列挙されたプロフェッションは秘密を守る」**という人々の信頼と考えてよいであろう[16]。なぜなら、犯罪者が重傷を負っていても、医師が秘密を守るという信頼がなければ、医師の治療を受けようとはしないからである。その結果、かえって、処罰すべき犯罪者が、刑を受けずに人知れず死亡してしまうということにもなりかねない[17]。弁護士や宗教家についても、類似の事情が当てはまる。

[4] 漏示の相手方の共犯責任

　本罪は、秘密漏示の相手方を要し、その相手方に対する処罰規定のない**必要的共犯（片面的対向犯）**である。したがって、漏示の相手方は、たとえ積極的に漏示をそそのかしたとしても、秘密漏示罪の共犯として処罰されることはないと解される。というのも、前掲最決平成24・2・13の事案では、被告人医師に秘密漏示を迫りこれを公表したジャーナリストは刑事責任を追及されておらず、また、公務員法上の秘密漏洩罪（国公法100条1項・109条12号、地公法34条1項・60条2号）では、そそのかし等の秘密漏洩の共犯行為については、それを処罰する特別の規定（国公法111条、地公法62条）が置かれており、刑法総則の共犯規定の適用は排除されているからである[18]。

---

16) 前掲最決平成24・2・13の千葉勝美裁判官補足意見が、類似の見解を示している。

17) この点につき、最決平成17・7・19刑集59巻6号600頁は、ナイフによる刺創を負った被告人の治療を担当した医師が、治療のために、興奮状態であった被告人の承諾を得ることなく採取した被告人の尿から覚せい剤反応が出たことから、警察に通報した行為を、刑法35条の正当行為として許容されるものであって医師の守秘義務に違反しないとしたが、これは疑問である。

18) 最決昭和53・5・31刑集32巻3号457頁参照。

第7章

名誉に対する罪、信用・業務に対する罪

1 ｜ 名誉に対する罪

[1] 名誉毀損に関する現行法規定

　名誉毀損について、刑法は「公然と事実を摘示し、人の名誉を毀損した者は、その事実の有無にかかわらず、3年以下の懲役若しくは禁錮又は50万円以下の罰金に処する。[1]」と規定する（230条1項）。他方、「前条第1項の行為が公共の利害に関する事実に係り、かつ、その目的が専ら公益を図ることにあったと認める場合には、事実の真否を判断し、真実であることの証明があったときは、これを罰しない。」とし（230条の2第1項）、さらに「前項の規定の適用については、公訴が提起されるに至っていない人の犯罪行為に関する事実は、公共の利害に関する事実とみなす。」と定め（同条2項）、「前条第1項の行為が公務員又は公選による公務員の候補者に関する事実に係る場合には、事実の真否を判断し、真実であることの証明があったときは、これを罰しない。」とする（同条3項）。

　しかし、憲法学者の松井茂記教授は、後述する**「夕刊和歌山時事事件」大法廷判決**[2]の見解も含めて、政治家や公職者に関する事実の摘示に関しては、このような規定では表現の自由（憲法21条）の保護にとって、憲法上到底十

---

1) 1907（明治40）年の現行刑法制定時の法定刑は、1年以下の懲役若しくは禁錮または500円以下の罰金であった。刑の上限は、次の信用・業務に対する罪より軽かったのである。これが、現在の法定刑に引き上げられたのは、1947（昭和22）年改正により廃止された不敬罪（刑法旧75条以下）の代わりに、皇室に対する名誉毀損を230条が吸収することになったためである。

2) 最大判昭和44・6・25刑集23巻7号975頁。

分とはいえないとする。少なくとも公職者や公的人物（public figure）に対する名誉毀損の場合には、摘示事実が虚偽であったことと、摘示者が虚偽であることを知っていたかあるいはその真実性を全く顧慮しなかったという「現実的悪意」（actual malice）があったことを訴追側が証明することを要するとすべきだというのである[3]。

　刑法は、死者の名誉の毀損に対しては、「虚偽の事実を摘示することによってした場合でなければ、罰しない。」（230条2項）として、虚偽事実とそれに関する行為者の故意の証明を検察官に要求している。松井教授は、生きている公的人物の名誉毀損についても、ほぼ同じレベルのものを要求するのである。

　そこで、以下では、このような「現行法は表現の自由の要請に十分応えているか」という観点から、名誉に対する罪を検討してみよう。

[2]「名誉」の意味と主体

　名誉毀損罪にいう「名誉」とは、通説によれば、**「人の社会的評価」**である。人権主体としての人の価値（「内部的名誉」）は、人としての尊厳そのものであり、これを害することは論理的に不可能である。したがって、刑法が保護するのは、人の社会的評価が他人によって故意に下落させられないことに尽きる。また、通説は、本罪の成立には「人の社会的評価」を下落させるに足りる事実の摘示があれば足り、社会的評価が現実に下落させられたことの証明は不要であるとする[4]。

　もっとも、ここにいう「人」が自然人に限られず、法人などの団体も含むかどうかは問題である。通説はこれを肯定する。それも、「名誉」は人格に対する社会的評価だから、法人にもそのような評価は認められるというのである。その結果として、故人である大企業の創業者に関するスキャンダルについては、死者の名誉毀損の要件ではなく、当該企業の名誉を毀損したとして通常の名誉毀損の要件で処罰されることになり、表現者の側が、摘示事実の真実性を証明する責任を負わされることになってしまう[5]。これは、故人に関する歴史的事実の検証を阻害するおそれのある事態である。

---

3)　松井茂記『日本国憲法〔第3版〕』（有斐閣、2007年）461頁以下参照。
4)　大判大正12・5・24刑集2巻437頁、大判昭和13・2・28刑集17巻141頁。

しかし、「名誉」という法益は、元来、自然人の人としての尊厳に由来するものであって、社会的評価であることから直ちに法人にも「名誉」があるという結論が導かれるわけではない。むしろ、「名誉」の憲法上の地位を憲法13条の「個人としての尊重」に求めるのであれば[6]、そこにいう「個人」は自然人に限られるのであるから、ゆえに「名誉」もまた自然人に固有の法益である[7]。

　経済活動の単位として擬制的に人格を認められたにすぎない法人は、せいぜい経済活動の主体として、しかも、「虚偽の風説」を流布したり「偽計」を用いたりした場合に「信用」毀損（233条）の被害者となりうるにすぎないとみるべきであろう。財産権の主体としての法人にとって重要な「信用」でさえ真実の摘示によっては毀損されないのであるから、ましてや「事実の有無にかかわらず」保護される「名誉」の主体とは考え難い。

　もっとも、法人やその他の団体を名宛人とする名誉毀損や侮辱が、これらの団体の構成員の名誉を毀損するものと見られる場合には、名誉毀損罪や侮辱罪の成立を認める余地はある[8]。

[3] 公然性

　「公然」とは、不特定または多数人が認識できる状態をいい[9]、摘示事実の内容が誰かに現実に認識されたことは不要であるとされる。ここで問題とな

---

5)　刑事と同じ基準で名誉毀損の賠償責任を判断する民事裁判では、現に、2007年10月9日、キヤノンと同社の会長が、同社の初代社長が発表した有毒ガスの生物実験に関する論文に日本軍の七三一部隊関係者への謝辞が掲載されていることを指摘した記事を週刊誌に掲載した講談社と執筆者を相手取って、それぞれ1億円の損害賠償と謝罪広告掲載を求めた。東京高判平成21・7・15判時2057号21頁は、本件記事等は初代社長と七三一部隊との間に直接的な関係があることを明示しているわけでも、そのような関係の存在を論証するに足りる事実を摘示しているものでもないとして、原判決を取り消し請求を棄却している。しかし、法人に対する名誉毀損の是認は、今後も、このような**「スラップ訴訟」**を誘発しかねない。

6)　平川・各論219頁。

7)　この点で、名誉保護の根拠を憲法13条に求めながら、法人その他の団体に対する名誉毀損を認める平川・各論225頁には、矛盾があるのではなかろうか。

8)　これを「集合名称」としての団体と呼ぶ。なお、平野・概説192頁は、「団体の構成員個人に対する名誉毀損を認めるだけで足りるのではなかろうか。」と述べている。

9)　大判昭和3・12・13刑集7巻766頁。

るのは、**「伝播」理論**である。

　これは、特定少数人に事実を摘示した場合でも、その中に新聞記者などがいてそれを新聞記事とすることで不特定または多数人に伝播していく可能性があることを理由に「公然」性を認める理論である。もっとも、現実には、マスコミ関係者でない一般市民に向けての発言でも、この理論により「公然性」が認められた例がある[10]。しかし、人の口に戸は立てられないのであるから、これでは本罪に「公然性」を要求した意味がなくなってしまう。したがって、学説からは、「伝播」理論に対して批判が多い。

[4] ネット上の名誉毀損

　この点では、ネット時代において「公然性」問題は、さらに深刻化している。それは、一般市民でもネットによって広く情報発信ができるようになり、その結果、ネットでの書き込みが直ちに名誉毀損罪に該当してしまうという点で、一方では名誉毀損の弊害が深刻化し、他方では簡単に同罪が成立してしまうという両面においてである。ネチケットの徹底とともに、公益を図ろうとする一般市民のネット表現については、後の「公共の利害に関する場合の特例」の拡大を図る必要がある。

　公訴時効に関しても、ネット上の表現は、厄介な問題を生み出している。ネットでの書き込みによる名誉毀損は書き込み者がホームページの管理者に削除を申し入れて初めて終了するので、それまで名誉毀損罪の公訴時効は進行しないと述べた裁判例があるからである[11]。これに対しては、出版物の場合に当てはめて考えれば、当該出版物がすべて回収されるまで名誉毀損罪の公訴時効は進行しないということになりかねないという有力な批判がある[12]。

---

10) 最判昭和34・5・7刑集13巻5号641頁。そこでは、Xが、確証もないのに、YにおいてX方庭先の燻炭囲の菰に放火したものと思い込み、Y方でYの弟Aおよび火事見舞に来た村会議員Bに対し、またY方でその妻C、長女Dおよび近所のE、F、G等に対し、問われるままに、「Yの放火を見た」、「火が燃えていたのでYを捕えることはできなかった」旨述べたときは、不定多数の人の視聴に達せしめ得る状態において事実を摘示しYの名誉を毀損したものとして、Xに名誉毀損罪が認められている。もっとも、その結果、本件では、Yが放火したという噂が村中に相当広まったのではあるが。

11) 大阪高判平成16・4・22高刑集57巻2号1頁。

12) 山口厚「判批」平成17年度重判解（2006年）159頁参照。

摘示事実が不特定または多数の人々の目に触れうる状態になったときに、名誉毀損行為は終了し、あとは、違法状態が続く**状態犯**と解すべきであろう。

　ネット上の名誉毀損では、国境も意味をなさない。ネット環境があれば、その書き込みはどこでも読めるからである。そのため、**属地主義**（１条）と**属人主義**（３条）の適用しかない本罪も、実際には**あらゆる国外犯に適用可能**となってしまう。その結果として、他国の名誉毀損関係の罰則が、日本国内で行われた行為にも適用可能ということになる。たとえば、日本国内で「アウシュヴィッツでのユダヤ人大虐殺は嘘だ」という書き込みをすれば、それを処罰するドイツの「民衆扇動罪」（ドイツ刑法130条）が適用可能だということである[13]。さらに、他国の元首の名誉をネット上で毀損すれば、どこでそれをアップロードしようと、その国の名誉毀損罪が適用可能ということでもある[14]。

[5] 公共の利害に関する場合の特例

　1947（昭和22）年に新設された刑法230条の２は、一般に、「表現の自由」の保障と個人の名誉ないしプライバシーの保護との調和を図ったものと解されている。もっとも、旧憲法下の時代でも、類似の規定がなかったわけではない。戦前の出版法や新聞紙法にも類似の規定はあった。ただし、それらは「私行に渉る」場合には真実性の証明を認めないとし、かつ判例は「私行」の範囲を比較的広く解していたといわれている。他方、1940（昭和15）年の改正刑法仮案412条には、すでに現在の230条の２第１項とほぼ同じ規定があった。つまり、この種の真実証明による刑事責任からの解放は、戦後の日本国憲法で初めて認められる、という性格のものではなかったのである。

[6] 事実の公共性と目的の公益性

　もっとも、「**公共の利害に関する事実**」に関しては、「**月刊ペン事件**」に関

13）事実、ドイツでは、2000年12月12日の連邦通常裁判所の判決（BGHSt 46, 212）によって、「アウシュヴィッツでのユダヤ人虐殺は嘘である」といった趣旨の主張をオーストラリアでネット上にアップしたオーストラリア人に対し、ドイツ刑法の適用が認められている。

14）この問題に関しては、特にその国の公用語を用いてその国の閲覧者を狙い撃ちした場合にのみ、その国の刑法の適用があるといった適用制限が考えられる。もっとも、世界言語と化した英語の場合には、なお、問題が残る。

する**最判昭和56・4・16刑集35巻3号84頁**が、巨大な宗教団体の長がその影響下にある政党所属の女性国会議員と性的関係にあるというような、それ自体としては私生活上の事実であっても、その国政への影響力を考慮して、「公共の利害に関する事実」に当たりうるとしたことが注目される。また、本判決は、事実の公共性の判断は、摘示方法を含めた行為の全事情を総合して判断すべきものではなく、「摘示された事実自体の内容・性質に照らして客観的に判断」しなければならないと述べたことも重要である。

「その目的が専ら公益を図ることにあった」という要件についても、その文言とは異なり、下級審判例および学説の多くは、公益を図ることが「主たる動機」であればよいとしている[15]。それは、一般に、表現形式や執筆態度から判断される[16]。

さらに、230条の2には、ふたつのみなし規定がある。そこでは、「公訴が提起されるに至っていない人の犯罪行為に関する事実」は公共の利害に関する事実とみなされ（同条2項）、「公務員又は公選による公務員の候補者に関する事実」に係る場合には「目的の公益性」もチェックされない（同条3項）。つまり後者では、公的人物（public figure）に対する特別扱いが認められているのである。

[7] 真実性の証明

しかし、表現の自由にとって難関なのは、**「真実性の証明」**である。そこでは、真実証明の対象は噂や風説そのものの存在ではなく、その内容たる事実であるとされる[17]。また、**証明の方法と程度**については、判例は、証拠能力のある証拠による法定された手続での**厳格な証明**を手段とし、真実であることが**合理的な疑いを容れない程度**に証明されなければならないとする[18]。これに対して学説では、私人は証拠収集のための強制権限を持たないことを理由に、――厳格な証明によるにせよ――**証拠の優越**程度の証明で足りるとする見解が多い。

---

15) 東京地判昭和40・5・22下刑集7巻5号869頁等。

16) 東京地判昭和58・6・10判時1084号37頁は、表現方法や執筆態度が真摯なものであればよいとした。

17) 最決昭和43・1・18刑集22巻1号7頁。もっとも、大阪高判昭和25・12・23判特15号95頁は、犯罪については嫌疑の存在としている。

この点に関して、個人がインターネット上で相手方に対する名誉毀損的疑惑を表明する場合、相手方の反論が可能であることを理由に、真実性の証明の方法と程度は緩和されるべきかという問題がある。これが争われたものに、**「ラーメンフランチャイズ店事件」**に関する**最決平成22・3・15刑集64巻2号1頁**がある。第1審の東京地判平成20・2・29判時2009号151頁は、インターネットの個人利用者に対して要求される程度の情報収集をしていることを理由に、被告人の故意を否定した。しかし、本決定は、このような場合でも、摘示事実の真実性は、**厳格な証明**により**合理的な疑いを入れない程度**に証明されなければならず、かつ、確実な資料・根拠がなければ故意は否定されないと解した。しかし、厳しい要求は、ネット上での市民の貴重な情報提供を委縮させる危険もある。

[8] 真実性の証明に失敗したとき

　このような厳しい要求を充たせなくても、前述の最大判昭和44・6・25によれば、**被告人が確実な資料・根拠に照らし事実を真実だと信じたことに相当な理由があるときには、名誉毀損罪の故意は否定される**ものとされる。しかし、問題は、単に真実だと信じただけではなく、信じたことにつき確実な資料・根拠に基づいて「相当な理由」があることが要求されている点にある。

　公共の利害に関する真実を公益を図る目的で摘示したときは、それは表現の自由の行使として適法行為となるはずである。そして、名誉毀損罪は故意犯に限られるので、そのような事実を真実だと信じて摘示した者には、過失はあるかもしれないが、名誉毀損罪の故意はないと考えるべきことになる。それにもかかわらず、最大判昭和44・6・25が、本罪の故意を否定するにあたり、確実な資料・根拠の存在に基づく「相当な理由」を要求した背景には、「虚偽でなくとも、真偽の不明な事実を摘示すること自体名誉を傷つけることなので、そのことが犯罪を構成[19]」するという見解があるのであろう。

　しかし、それでは、なぜ、行為時には「真偽の不明な事実を摘示」したに

---

18) 前掲注2）最大判昭和44・6・25。この事件では、取材対象者たる公務員が恐喝の被害にあった事実の証言を拒否し、記者の取材メモ等による真実性の証明も、証拠能力のない伝聞証拠であるとして、真実性の証明が否定された。その代わりに、本判決は、後述するように故意を否定して無罪を言い渡している。

19) 平野・概説198頁。

もかかわらず、後に真実性の証明に成功したときは処罰されないのであろうか。また、そもそも、捜査が犯罪の「嫌疑」から始まるように、公共の利益に関する重要な事実の解明は「真偽の不明な事実の摘示」から始まるのではないか。

　論者は、真実性の証明を、従来とは違った意味で「処罰阻却事由」だと述べているが（**「処罰阻却事由の無過失の誤信不処罰説」**）[20]、その見解自体が、公共の利益に関する真実の摘示自体を犯罪視するものであり、憲法21条が保障する表現の自由と相容れないものではあるまいか。

　「真偽の不明な事実の摘示」が犯罪なのではなく、確実な資料・根拠がないため裁判で証明できない事実を摘示することが犯罪だとする考え方もある。230条の2は**「証明可能な程度の真実」**を名誉毀損罪の特別な違法性阻却事由を定めたものだとする見解である[21]。たしかに、真実であることの何の見込みもないのに、単なる可能性に賭けて他人の名誉を毀損するのは、たとえ公共の利害に関する事実であったとしても、否、それだからこそよけいに、不適切な行為であるといえよう。しかし、当てずっぽうで摘示した事実を根拠づける資料がその後次々と判明し、裁判時にはその真実性を証明できてしまったという場合でも、230条の2はこれを不処罰としている。

　そこで、さらに、確実な資料・根拠に基づく事実摘示は、それ自体が35条の「正当行為」として許されるのであり、230条の2はそれ以外で、裁判時に真実性を証明できたものの処罰を阻却する事由とする見解もある（**「35条併用説」**）[22]。しかし、この見解に依拠すれば、行為者がガセネタを確実な資料・根拠に基づく事実摘示であると誤信していた場合でも、違法性阻却事由に関する事実の錯誤として故意を否定しなければならない[23]。

　最後に、230条の2は、真実性の誤信について端的に過失犯を処罰する規定だとする見解がある（**「真実性の過失処罰説」**）[24]。しかし、過失致死罪（210

20）平野・概説198頁参照。同じ批判は、類似の見解を採用する山口・各論147頁以下にも当てはまる。

21）団藤・各論524頁等。

22）前田・各論136頁。そのルーツは、230条の2も違法性阻却事由だとして併用する藤木・各論246頁である。

23）これを指摘するのは、団藤・各論527頁。団藤博士は、この結論でもよいとしているが、確実な資料・根拠の現実の存在を要求する最大判昭和44・6・25の見解とは異なる。

条）ですら罰金しか規定されていないのに、過失の名誉毀損に３年以下の懲役はないであろう[25]。加えて、230条の２は、真実性の証明があった場合に処罰しないと述べているにすぎず、虚偽の事実を過失で真実だと誤信した場合を処罰する規定ぶりではない。そして、真実性の証明がない場合とは事実が虚偽であった場合ではなく、事実が真実であった可能性を残すものであることに注意する必要がある。つまり、**230条の２では、事実の虚偽性が証明されてから真実性の誤信に関する過失の有無が問われるわけではないということ**である。その結果として、**解明が進めば真実が明らかになるかもしれない公共の利害に関する事実も、名誉毀損罪のためにその解明が阻止されるかもしれない**。これでは、名誉毀損法制自体が、「公共の福祉」（憲法12条）に敵対するものになってしまう。そうなると、現行法制では表現の自由の保護は不十分だとする本章冒頭の松井教授の指摘が、当たってしまうことになる。

[9] 35条の併用

　つまり、解釈論においても、公共の利害に関する真実を摘示することは適法だと考えざるを得ない。したがって、230条の２はその証明があった場合には処罰されないとする当然の結論を確認した規定にすぎず、同条に基づく真実性の証明がなかった場合でも、被告人が事実を真実だと信じていた場合には、少なくとも違法性阻却事由に関する事実の錯誤を理由に名誉毀損罪の故意は否定されると解したほうがよい。もちろん、その前提として、摘示した公共の利害に関する事実については、その虚偽性の挙証責任は訴追側にあると考えるべきである[26]。

　もっとも、被告人が虚偽である可能性もあると考えていた場合には、虚偽性についての**未必の故意**が認められうる。したがって、「確実な資料・根拠[27]」の存在は、被告人にそのような未必の故意がないことの、強力な状況

24）西田・各論131頁以下。

25）もっとも、前掲注１）で述べたように、1947年改正までは、刑の上限は１年の懲役であった。

26）「公共の利害に関する事実」については、民事訴訟においても虚偽性の挙証責任は原告側にあると考えたほうがよい。そうでないと、これから解明が進む可能性がある事実でも、「スラップ訴訟」によってその解明を阻止することができてしまうからである。

27）そこにいう「確実性」とは、「間違いがない」という意味ではない。今後の解明を正当とするほどに真実性の可能性が高いという程度の意味である。

証拠とみるべきであろう。

　以上のような違法性阻却事由（およびその錯誤）の根拠規定は、35条に求めるべきであろう。230条の2だけでは、その手掛かりとはなっても、そこまでは明記していないからである。以前から、名誉毀損や侮辱には、学問や芸術活動に対する**「公正な評論」**や、訴訟における——真犯人は別人のAであるといった——弁論のように、それが評論や訴訟戦術として通常のものである限り、その構成要件該当性が否定されたり、違法性が阻却されたりすることが認められてきた。これらは、刑法35条の「正当業務行為」ないし「正当行為」といった慣習法的違法性阻却事由の一種である。ゆえに、公共の利害に関する事実の摘示にも、35条の適用は可能であろう。その際の虚偽性の危険は**「許された危険」**である。

　さて、このような解釈が現行法において可能であり、今の最高裁がこれに乗る可能性があれば、松井教授の批判もかわせるのではないかと思うのだが。

2 ｜ 信用・業務に対する罪

[1] 本罪の立法趣旨

　信用・業務に対する罪は、旧刑法第2編第8章にあった「商業および農工の業を妨害する罪」を改正したものである[28]。その際、注目すべきは、233条については、そして、おそらく234条についても、**もっぱら実業家を保護する精神に出たもの**であるとされていたことである[29]。それは、威力・偽計・虚偽の風説の流布等によって脅かされやすい**民間業務の経営基盤を保護するもの**であったと考えられる[30]。ゆえに、そこにいう**「信用」は、一定の人が有する支払い能力および支払意思に対する信用**をいうものとされ[31]、また、

---

28) ただし、「信用及び業務に対する罪」は、明治39年「刑法改正案」に初めて入ったものであり、それまでの諸草案には見当たらない。また、立案に当たって参照されたと思われる外国刑法も、フランス、ベルギー、オーストリア、ロシア、スイスに限られており、しかも、それは主に当時の労働運動を狙いとしたものである。田中・釋義下1196頁以下参照。

29) 田中・釋義下1208頁参照。

30) 威力業務妨害罪は、当時の労働運動の興隆によるストライキからの実業家の保護を狙ったものであることが、泉二新熊や牧野英一の見解からうかがわれる。なお、大場・各論上536頁以下参照。

公務員の業務執行に対する妨害は別種の犯罪を構成するものにして、ここにいう「業務」には含まれないと解されていた[32]。

　加えて、現行法制定当時 1 年の懲役であった名誉毀損罪の刑の上限よりも重い 3 年の懲役が規定された理由については、信用の毀損、業務の妨害という結果のある場合を想定したからであり、実際に信用の毀損または業務の妨害があったことが証明されなければならないと説明されている[33]。

　もっとも、その後、信用・業務に対する罪については、「自由に対する罪」の性格をもつものとする考えが増えてきた。そのため、今日では、信用毀損については、経済的信用に限らず、商品の品質に対する信頼等も含むとする見解が登場するとともに[34]、業務妨害については、現場で仕事をする自由そのものの妨害という理解から、公務員の仕事であっても、業務妨害罪の対象となりうるとする見解が増えてきている。

　ただし、他方では、虚偽の風説を流布して店から客足を遠ざける場合、店の販売活動そのものは妨害されていないにもかかわらず業務妨害罪の成立は否定できないことから、業務妨害罪を自由に対する罪として把握することには限界があり、信用毀損罪とともに、経済活動に対する罪として把握すべきだとする見解が出てきている[35]。

　また、通説によれば、本罪もまた危険犯と解されており、現実に信用が低下したことを要しないとされている[36]。しかし、立法時の説明はそうではなく、かつ、その根拠は懲役 3 年という刑の上限の重さにあった。

---

31) 大判明治44・4・13刑録17輯557頁、大判大正 5・6・1 刑録22輯854頁等。

32) 例えば、大場・各論上536頁。なお、支払能力に関わらない業務に対する信用の侵害は、「業務妨害」に当たると解されていた。大場・各論上533頁以下。

33) 明治40年草案に関する倉富勇三郎の説明である。倉富ほか1983頁参照。

34) 商品の品質に対する信頼も含むとするものに、**最判平成15・3・11刑集57巻 3 号293頁**がある。しかし、それは民間の資金調達に際しての「信用」の重要性に対する無理解の露呈である。

35) 山口・各論153頁。

36) 前掲注31）大判明治44・4・13。もっとも、本判決は、信用毀損は人の支払意思とその能力に対する他人の信用を毀損するものであって、民法709条にいう財産権上の損害をいうものではないと述べるにとどまる。

[2]「業務」とは？

　一般に、業務妨害罪にいう**「業務」**とは、人がその**社会生活上の地位**に基づいて**反復または継続**して行う事務と解されている。「社会生活」というのは、それによって収入を得るか否かは問わないが、「私生活」ではなく、社会におけるその人の地位を意味する。大審院の裁判例には、233条にいう業務とは、公務を除くほか、精神的か経済的かを問わず、広く職業その他継続して従事することを要すべき事務または事業をいうと定義したものがある[37]。たとえば、労働組合の大会の開催や[38]、政党の結党大会も[39]、ここにいう「業務」である。また、その業務の基盤となっている契約の有効・無効あるいは免許の有無等は、必ずしも「業務」であることを左右しない。

[3]「公務」を含むか？

　問題は、このようにして、公務員の**公務**は本罪にいう「業務」に含まれないとされていたにもかかわらず、戦後は一転して、これが部分的に認められるようになってきたことにある。公務については、別途、95条に**公務執行妨害罪**があるが、そこでは、妨害の手段は「暴行または脅迫」に限られているので、「偽計」や「威力」による公務の妨害を本罪で処罰するというのである。

　大審院や戦後直後の最高裁は、業務妨害罪の対象から公務を除外していた[40]。しかし、その後、最高裁は、旧国鉄業務や郵便業務に対する威力業務

---

37) 大判大正10・10・24刑録27輯643頁。
38) 東京高判昭和35・6・9高集13巻5号403頁。
39) ただし、東京高判昭和37・10・23高刑集15巻8号621頁は、政党の結党大会の開催を結党大会準備委員会の「業務」としている。
40) 大判大正4・5・21刑録21輯663頁、前掲注37）大判大正10・10・24。最大判昭和26・7・18刑集5巻8号1491頁は、「業務妨害罪にいわゆる業務の中には、公務員の職務は含まれないものと解するを相当とするから、公務員の公務の執行に対し、かりに、暴行又は脅迫に達しない程度の威力を用いたからといつて、業務妨害罪が成立すると解することはできない。」として、公務一般を234条の対象外としていた。大判明治42・2・19刑録15輯120頁は、偽計を用いて裁判所の競売を妨害した事案に233条の適用を認め、大判大正8・4・2刑録25輯375頁は、戦前の郵便集配人のように、公務員でない者が公務に従事する限りでは「業務」に当たるとした。しかし、競売妨害は、旧刑法では「商業および農工の業を妨害する罪」に含まれており、私権の保護という側面がある。

妨害罪の成立を認め[41]、さらに、近年では、都道府県議会の委員会活動や消防署の事務等についても、妨害を実力で排除し得る「自力執行力」を備えた**「権力的公務」**ではないとして同罪の成立を認め[42]、加えて、旧国鉄の業務については、それが暴行または脅迫によって妨害された場合には公務執行妨害罪の適用を認めるといった**競合**を認めている[43]。

　さらに、近年の下級審判例には、警察による強制捜査についても、偽計業務妨害罪（233条）の対象になりうるとするものが出てきた[44]。偽計に対しては、権力的公務でも妨害を排除することはできないというのである。もっとも、これはあくまで傍論なので、**現在の「判例」は、公務を「権力的公務」と「非権力的公務」とに分け、自力執行力ないし妨害排除力のない「非権力的公務」のみを、偽計や威力で妨害されたときに業務妨害罪の対象にしている**と解するのが適切であろう。

　しかし、前述のように、旧刑法以来の本章の罪は、本来、民間経営基盤の特別の脆弱性を考慮したものである。実際、税金ではなく売上によって経営を維持している民間業務では、直接的な暴力が排除できても、偽計や威力、虚偽の風説の流布によって客足が落ちれば、国営企業と異なり、経営基盤は大きな打撃を受ける。したがって、経営基盤の脆弱性の問題を棚上げにして、表面上の「民業類似性」や「自力執行力の有無」といった基準で「公務」にも「業務」と対等の保護を要求するのは、適当でないように思われる。

　問題は、「公務」が民間業務に比べて、威力・偽計・虚偽の風説の流布から守られていないことではなく、民間業務が威力・偽計・虚偽の風説の流布から特別に保護されていることの合理性にある。この点では、民間業務は風評被害によってその経営基盤を脅かされ得るのであるから「公務」との間には本質的な相違があるとして、公務はすべて「業務」に含まれないとする消極

41）最判昭和35・11・18刑集14巻13号1713頁等。その理由は、国鉄の「事業ないし業務遂行の実態は、まさに民営鉄道のそれと同様である」という「民業類似論」であった。

42）最決昭和62・3・12刑集41巻2号140頁、最決平成4・11・27刑集46巻8号623頁、最決平成14・9・30刑集56巻7号395頁、最判平成23・7・7刑集65巻5号619頁。

43）業務妨害罪に関する事案であるが、最大判昭和41・11・30刑集20巻9号1076頁。

44）JRの駅で無差別殺人を行う旨の虚偽の犯行予告をネット上の掲示板に書き込んだ行為に関し、東京高判平成21・3・12高刑集62巻1号21頁。しかし、本件はJRに対する偽計業務妨害と解すべきであった。

説[45]が妥当と思われる。

[4] 犯人蔵匿・証拠隠滅の罪と虚偽犯罪等申告罪

　この点は、犯人蔵匿・証拠隠滅の罪と虚偽犯罪等申告罪（軽犯罪法1条16号）などの存在を考慮すると、より明らかになる。前述のように、近年の下級審判例には、警察による強制捜査についても、偽計業務妨害罪の対象になりうるとするものがあった。しかし、それでは、それより法定刑の軽い犯人蔵匿罪（103条）や証拠隠滅罪（104条）、および、軽犯罪法1条16号の虚偽犯罪等申告罪などがすべて不要となってしまう。とくに、103条および104条の法定刑は「3年以下の懲役又は30万円以下の罰金」であり、業務妨害の罪の法定刑である「3年以下の懲役又は50万円以下の罰金」よりも選択刑である罰金の上限が軽く、また、2016（平成28）年までは刑の上限も軽かった。加えて、消防への虚偽の火災通報も、30万円以下の罰金または科料にすぎず（消防法44条10号）、単なる虚偽の犯罪申告は拘留または科料にすぎない。また、任意捜査において真犯人を庇うために虚偽の供述をした参考人[46]や犯人を含めて、104条から除外される虚偽情報の提供を業務妨害罪で処罰するのも矛盾であり、現行刑法がそのような趣旨のものであるとは、到底考えられない。

　虚偽の風説等で経営基盤を脅かされることのない警察や消防などの公共サービスについては、その妨害の深刻さも民間より小さいがゆえに、このように軽い法定刑になっているものと思われる。外見的な仕事の類似性に囚われては、この相違は説明できない。

　もっとも、この点では、近年、国鉄やタバコ、郵政などの民営化が進み、公務と業務の重畳関係を生み出してきた部門が民間企業に近い経営基盤をもたされるようになりつつある。このような時代の変化に鑑みれば、「民業類似論」から始まったこの論点は、あらためて考え直すべき時期に来ているように思われる。

45）吉川・各論116頁。

46）千葉地判平成7・6・2判時1535号144頁、最決平成28・3・31刑集70巻3号58頁参照。

第8章

財産犯の体系

1 │ 財産犯の意味

[1] 刑法上の財産犯の分類

　刑法典には、「財産犯」として、窃盗罪（235条）から信書隠匿罪（263条）まで、予備罪や未遂罪を別にして、10種類以上の罪が規定されている。これらは、他人の財産から財産的利益を得ることを動機・目的ないし犯罪内容とする**「利欲犯」**と、何らかの理由でではあるが、他人に財産上の損害を加えることを動機・目的ないし犯罪内容とする**「加害犯」**に大別される。後者には、加害目的での背任罪（247条）と、公用文書等毀棄罪（258条）以下の「毀棄及び隠匿の罪」が属する。

　「利欲犯」は、他人の物（＝財物）を不法に自己の物とすることを動機・目的ないし犯罪内容とする**「領得罪」**と、他人から財産上不法の利益を得ることを内容とする**「利得罪」**に分けられる。後者には、詐欺（利得）罪（246条2項）や恐喝（利得）罪（249条2項）、強盗利得罪（236条2項）、電子計算機使用詐欺罪（246条の2）、一部の図利目的背任罪（247条）等が含まれる。

　「領得罪」は、さらに、**「直接領得罪」**と、他の領得罪の介在を不可欠の前提とする**「間接領得罪」**ないしは「領得補助罪」に分けられる。後者には、盗品等に関する罪（256条）が属する。

　「直接領得罪」は、さらに、物を奪う**「奪取罪」**と物を交付させる**「交付罪」**、**「物の移転を伴わない領得罪」**に分けられる。

　「奪取罪」とは、文字通り「物を奪う罪」、つまり、占有者の意思に反して財物の占有を取得する罪をいう[1]。刑法典では、窃盗罪（235条）および強盗罪（236条1項）などが、これに当たる。「財物の移転」を伴う犯罪をすべて

[図] 財産犯の分類

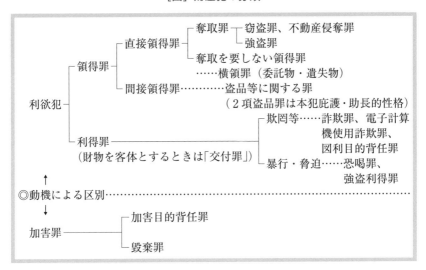

「奪取罪」とし、財物詐欺罪（246条1項）や財物恐喝罪（249条1項）なども
これに当たるとする見解があるが[2]、これらの罪は被害者側が自己の意思で
財物を交付することを要件とする「交付罪」であり、「物を奪う」罪ではな
い。なお、不動産については、「奪取」に代わり、「侵奪」という形態での不
動産侵奪罪（235条の2）がある。

「交付罪」には、上記のように、詐欺罪や恐喝罪が属する。もっとも、両
罪は、財産一般に対する「利得罪」に属し、「財物」を客体とする点で、そ
の特別類型であるにすぎない。「物の移転を伴わない領得罪」には、（委託物、
業務上、遺失物等）横領罪（252〜254条まで）が属する。

[2] 「獲（採）る権利」

もっとも、特別法では、これ以外の財産犯もある。「漁業権」といった
「獲（採）る権利」の侵害がこれであり、漁業権侵害には最高3年の懲役が

---

1) 平野・概説200頁。
2) 代表して、大塚・各論160頁、西田・各論150頁。古くは、牧野英一『日本刑法下巻各論
〔重訂版〕』（有斐閣、1938年）325頁も、騙取罪を含めていた。

科されている（漁業法138条）。このような「獲（採）る権利」もまた財産権の一種であり、したがって、これを侵害する**「密猟」**は、生態系や環境に対する侵害という側面と並んで、財産犯としての側面を有する。したがって、「密猟」によって得られた物は、文理上は、盗品等に関する罪の客体である「財産に対する罪に当たる行為によって領得された物」（256条1項）に当たる。

　しかし、「獲（採）る権利」は、獲（採）る客体に対する所有権を意味するものではない。したがって、256条の「物」を「他人の所有物」と解して初めて、「密猟」の獲物は本罪の客体となり得ないという結論が得られるのである。裁判例には、他人が専用漁業権を有する漁場において岩石に付着した生真於胡（海藻の一種）を不法に採取領得しても、窃盗罪を構成しないがゆえに、盗品等有償譲受罪も成立しないとしたものがある[3]。これによって初めて、盗品等に関する罪の保護法益は物の所有権から派生する**「追求権」**だとする見解が、判例となったのである。

2 ｜ 刑法による財産権保護と「法秩序の統一性」

[1]「刑法上の所有権」？

　財産犯は、所有権を含む個人の財産権を保護法益とするものであるため、その成立要件を理解するためには、財産権に関するルールである私法（civil law）ないしその一般法である民法の理解が必要である。ところが、わが国の裁判例には、民法のルールと矛盾するのではないかと思われる判断を示したものが散見される。ここでは、**「所有権の帰属」**と**「不法原因給付」**に関するものをみてみよう。

　建造物等損壊罪（260条）は、「他人の建造物……を損壊した者」を5年以下の懲役に処している。ここにいう「他人の」とは、「差押えを受け、物権を負担し、賃貸し」た（262条）自己所有物以外では、他人が所有するという意味である。

　ところが、**最決昭和61・7・18刑集40巻5号438頁**は、家屋に対する根抵当権の設定に関して詐欺取消を主張していた被告人（＝元の所有者）が、旧競

---

3)　大判大正11・11・3刑集1巻622頁。

売法に基づいてそれが落札された後、引き渡しを求める執行官の面前でこれを壊しにかかった事案について、将来の民事訴訟等で民法96条1項に基づく詐欺取消が認められる可能性が否定できなくても、本件家屋は「他人の」建造物に当たるとして本罪（260条）の成立を認めた。

旧競売法では、競売の根拠となる担保権の設定が詐欺を理由に取り消された場合、当該担保権の設定は遡及的に無効となり、その瑕疵は落札後の所有権にも引き継がれるため、落札者の所有権は認められないことになる[4]。したがって、詐欺取消が成立すれば、執行官の面前で家屋を壊した被告人は「他人の」建造物を損壊したことにならないのである。そのため、建造物損壊罪が成立するためには、被告人による詐欺取消が認められないことを認定しなければならない。それにもかかわらず、最決昭和61・7・18は、将来の民事訴訟等で詐欺取消が認められる可能性が否定できなくても本罪が成立すると述べてしまった。つまり、本権家屋が「他人の」建造物でなかったとしても、建造物等損壊罪が成立するとしてしまったのである。とりわけ、補足意見を書いた長島敦裁判官は、「民事法上他人の所有に属さないと判断されるときは、刑法上も、その物は常に他人の所有に属さないものと解されなければならないということを意味するものではない。」とまで述べてしまった。

しかし、長島裁判官も、「物に対する所有権の帰属は、いうまでもなく民事実体法によって決せられる。」（上記長島意見）ことを認めている。また、いうまでもなく、私人間での所有権の帰属を決めるルールは私法に属する[5]。したがって、私法の一般法である（実質的意味での）民法を離れて、「刑法上の所有権」なるものは存在しない。

もっとも、このことは、詐欺取消の成否に関する民事裁判所の結論が出るまで、刑事裁判所が判決を待たなければならないことを意味しない。**刑事裁判所は、その独自の判断において、当該建造物が「他人の」ものであることが、**

---

4) 現在の民事執行法184条は「担保不動産競売における代金の納付による買受人の不動産の取得は、担保権の不存在又は消滅により妨げられない。」と定め、落札後の代金納付後は、担保権の瑕疵は引き継がれないとしている。競落人が抵当権者自身であるときには本条は適用されないとするのが民事の多数説のようであるが、それでは、競落人からの転得者の地位を危うくすることになろう。

5) 代表して、内田貴『民法Ⅰ 総則・物権総論〔第4版〕』（東京大学出版会、2008年）13頁以下参照。

合理的な疑いを容れない程度に証明されたと認めれば、本罪の成立を認めてよいのである[6]。事実、前掲最決昭和61・7・18の原判決（福岡高判昭和58・7・12刑集40巻5号465頁）は、証拠調べに基づき、本件建物等についての根抵当権設定契約は県漁連側の詐欺による被告人の意思表示に基くものではなかったと認めている。上告審はこの判断をそのまま認めれば足りたのである。その点で、将来の民事訴訟等で詐欺取消が認められる可能性が否定できなくても本罪が成立するという判示は「傍論」であったといえよう。

[2] 「不法原因給付」？

「不法原因給付」（民法708条）として返還請求を免れる財物をわが物としても、「横領罪」（252条）が成立するのであろうか。**最判昭和23・6・5刑集2巻7号641頁**は、一見そのように思われる判断を示した。賄賂として公務員に渡すように託された金員を自己のモルヒネ購入代金等として費消した被告人に対し、「不法原因の為め給付をした者はその給付したものの返還を請求することができないことは民法第708条の規定するところであるが刑法第252条第1項の横領罪の目的物は単に犯人の占有する他人の物であることを要件としているのであって必ずしも物の給付者において民法上その返還を請求し得べきものであることを要件としていない」と述べて、本罪の成立を認めたからである。

しかし、本件では、民法708条にいう「不法な原因」のための「給付」は、まだ完了していない（**「給付の終局性がない」**）。というのも、本件における「不法な原因」のための「給付」とは、金員を賄賂として公務員に贈与することだからである。なぜなら、贈賄が未完成の場合、委託者に贈賄を中止する意向があれば、その返還請求を認めないと、却って法が贈賄の実現に手を貸すことになってしまうからである[7]。たしかに、贈賄資金の被告人への「寄託」という「給付」は完了している。しかし、それ自体は「不法な原因」のための「給付」ではない（「寄託」は「給付」に当たらないというのは、誤解を招く表現である[8]）。したがって、贈賄資金の横領では、民法と刑法との間に矛盾は生じない。

---

6) 仮に、後に詐欺取消を認める民事判決が出たとすれば、刑事事件は上訴または再審で決着をつければよい。

また、**民法では現金の所有と占有が通常一致することを理由に、刑法独自の金銭所有権があると考える必要性はない。**そもそも現金の所有と占有の一致には例外が多く、当事者間に価値の移転について合意がない場合には、占有が移転しても所有の移転は認められない場合が多い[9]。加えて、最高裁が金銭の所有と占有が一致するとしたリーディングケースである最判昭和29・11・5刑集8巻11号1675頁は、刑事の背任罪に関する判例である。

3 │ 財産犯の客体

[1]「財物」ないし「物」

　財産犯の客体である「財物」ないし「物」は、「奪取罪」（235条、236条1項）では動産を意味し、「利得罪」の一種である「交付罪」（246条1項、249条1項）では不動産も含まれる。また、一般に、横領の罪（252～254条）の客体である「物」もまた、動産ばかりでなく不動産も含むとされる。しかし、**電気**を「財物」とみなす245条や251条は、横領の罪には準用されない。

　この245条について、かつては、電気も当然「財物」や「物」に含まれるとする趣旨の注意規定にすぎず、「財物」ないし「物」とは、財産的価値をもつもので「可動性および管理可能性のあるもの」を意味するとする**「管理**

---

7) 松岡久和＝中田邦博編『新・コンメンタール民法（財産法）〔第2版〕』（日本評論社、2020年）1198頁は、「給付が未完了の場合に本条を適用して返還請求権を否定すれば、不法な結果の実現に法が手を貸すことになって好ましくないので、給付は完了している必要がある。」と述べている。同旨、我妻栄ほか編『我妻・有泉コンメンタール民法〔第7版〕』（日本評論社、2021年）1469頁、林・各論152頁。もっとも、法政策的に考えれば、返還請求を認めるべきか否かは、「給付」概念自体の限定だけでは無理で、両者の不法性の比較や返還請求に至った経緯、請求の目的も考慮して、請求時点で総合的に判断したほうがよい（松宮孝明「刑事法学の動き」法律時報74巻4号〔2002年〕96頁）。つまり、「給付の終局性」は民法708条適用の必要条件に過ぎず、これを充たしているにもかかわらず総合判断により返還請求が認められることはあり得るのである。しかし、不法原因給付の完了前に同条が適用されることはない。

8) 林・各論152頁は、「委託」を「給付」から排除しているのではなく、給付の「終局性」がないとする趣旨のようである。それにもかかわらず、大谷・各論317頁以下は、「不法原因給付物」と「不法原因寄託物」とを区別する。

9)「お使い」、つまり使途を定めての現金の寄託では、民事・刑事を問わず、委託者に所有権が留保されるのが通常である（最判昭和26・5・25刑集5巻6号1186頁）。

可能性説」が有力であった。しかし、今日では、実務・判例において、財産的価値をもつ「情報」は、書類やフロッピーディスク等その媒体である有体物として窃盗罪等の客体とされており、「情報」そのものは「財物」とされていないことから、「財物とは有体物である」とする**「有体性説」**が通説化している。

　245条の提案理由書では、「通説によれば電気は物に非ず。故に電気を窃取したる場合を罰する為に本案を設くるの必要あるなり。」と説明されており[10]、また、「管理可能性説」は、旧刑法下の大審院判決[11]で電気窃盗に限って主張されたものであるから、現行刑法下では、立法者もその後の実務も採るところではなかったものと思われる。

　しかし、問題は、判例も通説も、詐欺罪、恐喝罪、横領罪に限って、**預金債権**を「財物」と考えていることにある。それも、「債権」を「有体物」とみることはできず、また、「債権」について「所有者のようにふるまう」という「不法領得の意思」を認めることはできないにもかかわらず、である。これについては、後で検討する。

[2]「財産上不法の利益」

　236条2項、246条2項、246条の2、247条、249条2項にある**「財産上不法の利益」**とは、あらゆる財産上の利益（権利取得、債務免除、履行期の延期、所有権移転、労務の提供等）であって、**その利益を得ることが不法なもの**をいう。利益を得る手段が不法なのではない。

　この場合、債権譲渡を考えればわかるように、財物以外の財産権が現実に移転するためには、動産と異なって、ほとんどの場合[12]、被害者による譲渡の意思表示（＝**「処分行為」**）が必要である。したがって、被害者の意思を完全に制圧する強盗罪（236条1項）と異なり、強盗利得罪（236条2項）では、被害者の意思は著しく制約されている必要はあるが、完全に抑圧されることを要しない。その意味で、**強盗利得罪は、実は、加重恐喝罪なのである。**

10）倉富ほか2211頁。

11）大判明治36・5・21刑録9輯874頁。

12）例外的に、最判昭和32・9・13刑集11巻9号2263頁のように、処分行為を経ずに、債権者を殺害して事実上債務の支払いを免れる場合もあるが。

なお、行為客体が「財物」であっても、その本質は「利得罪」だという場合がある。物の所有権を害する意思のない**「使用窃盗」**が、これに当たる。つまり、「使用窃盗」が窃盗罪に当たらないのは、利益窃盗の処罰規定がないからである[13]。ゆえに、たとえば、レンタル料を後で支払うと嘘をついてレンタサイクルを乗り回したうえ放置するような一時使用目的の場合でも、詐欺罪（246条2項）などの利得罪は成立し得る[14]。

13）したがって、本書第1章では、「使用窃盗」の一種である自動車の無権限使用の立法を検討すべきであると述べた。

14）団藤・各論564、610頁参照。

第9章

奪取罪の保護法益

1 │ 「本権説」と「所持説」

[1] 理論的対立点

　「奪取罪」の保護法益をめぐって、「本権説」と「所持説（＝占有説）」の対立がある。「本権説」は、保護法益は所有権その他の本権（民法202条）であり、仮の権利である「占有権」（民法180条以下）を含まないとするのに対し、「所持説」は、財物の事実上の占有を保護法益とするのである。

　両説の争いは、242条の「他人の占有等に係る自己の財物」によって「他人の財物とみなす」ものとされる「他人の占有」を、所有権その他の本権の保護に資する占有に限るか、それとも、そのような保護に役立たない占有もすべて含まれると解するかにある[1]。

[2] 「他人の財物」

　この点につき、一部には、この争いは、242条の有無にかかわらず、235条にいう「他人の財物」を「他人の所有する財物」と解するか「他人の占有する財物」と解するかの争いだとするものがある[2]。しかし、条文をそのように読むと、242条は「自己の占有する財物であっても、他人が占有……するものであるときは、この章の罪については、他人の占有する財物とみなす。」

---

1) 「平穏占有説」などと呼ばれる中間説も、結局は、本権保護に役立たなかったことが明らかになった事案でも「奪取罪」の構成要件該当性を認める以上、「所持説」であることに変わりはない。
2) 代表して、大塚・各論179頁。

という共同占有に関する特則になってしまう。しかし、このような特則がなくても、共同占有の場合に他人の占有を排除して財物を単独占有すれば、それは当然に「窃取」（235条）に当たるのだから、242条をこのように無意味にしてしまう理解は誤りである。

2 ｜ 問題となる場面

[1] 窃盗罪と遺失物等横領罪とにまたがる錯誤

　ところで、『先端刑法 総論』では、**窃盗罪と遺失物等横領罪（254条）とにまたがる錯誤**について、「窃盗罪も遺失物等横領罪も物の所有権（ないしその他の本権）を保護法益とするものであり、その中で、占有というプロテクターを破るものが窃盗罪となる──ただし、不法領得（＝横領）は、その意思だけでも窃盗罪の既遂となる[3]」と述べている。なぜなら、遺失物等横領罪が窃盗罪に対して**「受け皿構成要件」**となり、他人の占有下にある財物を遺失物だと誤信した場合に前者が成立する[4]ためには、両罪の保護法益に共通部分がなければならないからである。しかし、「財物」そのものは行為客体であって法益ではない。

　したがって、明らかに所有権を法益とする遺失物等横領罪に対して、窃盗罪の法益を「財物の事実上の占有」だとしながら[5]、両罪の保護法益の共通性を認めることはできない。また、判例は「所持説（占有説）」に位置づけられるとしながら[6]、「窃盗罪の保護法益は（判例によれば）所有権と占有であるから[7]」と述べるのは、読者を混乱させるだけである。

　したがって、判例・学説がこの種の錯誤において軽い遺失物等横領罪の成

---

3) 松宮・先端総論118頁。つまり、厳密には、窃盗罪の構成要件と遺失物等横領罪の構成要件とは、「他人所有の財物を不法領得しようとする意思」の限度でしか重なっていないのである。

4) 東京高判昭和35・7・15下刑集2巻7・8号989頁は、このような場合に遺失物等横領罪を認めている。

5) 大塚裕史ほか『基本刑法Ⅱ 各論〔第2版〕』（日本評論社、2018年）135頁［大塚裕史］。

6) にもかかわらず、大谷・総論174頁以下や前田・総論204頁は、窃盗罪と遺失物等横領罪とは重なり合うという。

7) 大塚裕史ほか『基本刑法Ⅰ 総論〔第3版〕』（日本評論社、2019年）125頁［大塚裕史］。

立を認める以上、これを「所持説」で説明することはできないと言わなければならない。

[2] 不可罰的事後行為

窃盗犯人が窃取した財物を第三者に売却したり気に入らないので破壊したりしても、通常、窃盗罪のほかに遺失物等横領罪や器物損壊罪（261条）が成立することはない。これらの売却ないし破壊は、**「不可罰的事後行為」**または**「共罰的事後行為」**と呼ばれる[8]。

問題は、これらの事後行為がなぜ不可罰なのかにある。「その違法性は窃盗罪という重い犯罪の中で共に評価されている[9]」ことを理由とするのであれば、その違法性の内容をなす不法領得や損壊、つまり所有権攻撃が「窃盗罪という重い犯罪の中で共に評価されている」のでなければならない。つまり、窃盗罪の違法性の内容をなすものに所有権攻撃が含まれていなければならないのである。

したがって、判例・学説がこの事後行為を「不可罰的事後行為」または「共罰的事後行為」とする以上、これを「所持説」で説明することはできないと言わなければならない。

[3] 不法領得の意思

窃盗罪や詐欺罪（246条1項）、そしておそらく強盗罪（236条1項）にも必要とされる**「不法領得の意思」**は、一般に、「権利者を排除し他人の物を自己の所有物として（または、自己の所有物と同様に）その経済的用法に従いこれを利用し又は処分する意思」と定義される[10]。これは、文字通り、他人の財物をわが物とする意思である。そして、ここにいう「権利者」とは、占有者のことではない。なぜなら、占有者を排除する意思は、窃取の故意そのものだからである。つまり、窃取の故意とは別に「権利者を排除する意思」を要求する以上、そこにいう「権利者」は、占有権ではなく本権を有する者なのである[11]。そのような「権利者」を排除し「他人の物を自己の所有物と」

---

8) 松宮・先端総論249頁以下参照。
9) 大塚（裕）ほか・前掲注7）424頁［大塚裕史］。
10) 大判大正4・5・21刑録21輯663頁、最判昭和26・7・13刑集5巻8号1437頁参照。

する意思を要件とすることで、「奪取罪」は所有権その他の本権侵害を志向する罪であることが明らかとなる。

したがって、「所持説」は、その本来の形態がそうであったように[12]、「不法領得の意思」不要説に向かわなければならない。言い換えれば、判例・学説が「奪取罪」にこのような「不法領得の意思」が必要だとする以上、これを「所持説」で説明することはできないと言わなければならない。

[4] 行き過ぎた取戻し行為

「所持説」、とりわけ**「純粋所持説」**と言われる見解は、泥棒から所有者等が財物を取り戻す行為も「奪取罪」の構成要件には該当し、ただ、取戻し行為がその必要性、緊急性、手段の相当性を総合的に考慮して、**違法性を阻却される自救行為**（手掛かりは238条）に当たる場合に正当化されるにすぎないとする[13]。また、取戻し行為においては、問題を違法性の段階ではなく構成要件該当性の段階で処理する「本権説」は「自力救済放任論」であるとする見解も見られる[14]。

しかし、この見方は失当である。なぜなら、**問題は、「取戻し行為がどこまで許されるか」ではなくて、「行き過ぎた取戻し行為はどの罪で処罰されるか」**だからである。「本権説」は、単に権利者による取戻しは「奪取罪」の構成要件に該当しないとするだけであって、取戻しの手段としての暴行や住居侵入を放任するものではない。それらが違法性を阻却される自救行為の限度を

11）したがって、横領罪（252条）における「不法領得の意思」から「権利者排除意思」を除外する理由はない。それどころか、同罪の「不法領得の意思」に「委託の任務」を入れると、遺失物等横領罪における「横領」の定義ができないという難点を抱えることになる。詳しくは、本書第10章で説明する。

12）牧野英一『日本刑法各論〔重訂版〕』（有斐閣、1938年）343頁、大塚・各論197頁。したがって、かつて「平穏な占有」を保護法益とする「中間説」を支持していた平野・概説207頁は、「物の用法に従って利用する意思」のみを「不法領得の意思」としている。しかし、「自己の所有物とする意思」を除外すると、「使用窃盗」全般が窃盗罪になってしまう。「所有権者が許容しない程度の占有侵害」を要件としても、無断使用は許容されないであろう。仮に、許容される程度の占有侵害があり得るとしても、窃盗罪にはそれを超える占有侵害をする意思が必要となる。

13）前田・各論159頁。

14）山口・各論193頁。

超えていれば、暴行罪や住居等侵入罪は成立するのである。

　むしろ深刻なのは、**問題をすべて違法性の段階で解決しようとすると、権利者による行き過ぎた取戻し行為が「奪取罪」に当たることとなり、その手段が——反抗を抑圧するに足りる程度の——暴行または脅迫であれば強盗罪に、泥棒に怪我でもさせれば強盗致傷罪（240条前段）になるという過酷な結論になってしまうことである。**したがって、行為対象である「占有」に絞りをかけず、「違法阻却の面から妥当な結論を導く[15]」ことはできない。

　したがって、<u>判例・学説がこのような過酷な結論を回避したいと考える以上、これを「所持説」で説明することはできない</u>と言わなければならない。

[5]「泥棒からの泥棒」

　世の中には、「本権説」では**「泥棒からの泥棒」**は、泥棒に保護すべき本権がないので窃盗罪は成立せず、遺失物等横領罪にしか当たらないとする見解がある[16]。しかし、これは、「本権説」の誤解である。本章冒頭に述べたように、「本権説」とは、保護法益は所有権その他の本権（民法202条）であり、その中で、占有というプロテクターを破るものが窃盗罪となると解する見解である[17]。つまり、財物の「占有」は、一方において窃盗罪と横領罪ないし遺失物等横領罪とを区別するメルクマールであり、他方において窃盗罪固有の所有権侵害の重大性を根拠づけるものでしかない[18]。その限りにおいて、「泥棒の占有」も、「権利者ないしこれを助けようとする者」以外の者に対する関係においては、本権のプロテクターとなるのである。

　このような説明に対しては、「一度侵害された所有権をさらに侵害するのは盗品等の罪のはずで、直接領得罪と間接領得罪の区別を曖昧にすることに

15）前田・各論152頁。同旨、木村光江『財産犯論の研究』（日本評論社、1987年）507頁以下、香城敏麿「判解」最判解刑事篇平成元年度（1991年）227頁。

16）代表して、松原・各論195頁。

17）松原・各論185頁も、窃盗罪においては、所有権は「所有権に基づく占有」という有機的な結び付きのもとに保護されるとしており、「占有」それ自体が保護に値することを要求していない。

18）「本権説」（より正確には「所有権説」）が一致した見解であるドイツでも、「占有」を「所有権」と並ぶ法益と解する見解が多数であるが、それは窃盗罪固有の所有権侵害の形でしかないのである。Vgl. *Schönke / Schröder / Bosch*, StGB Kommentar 30. Aufl. 2019, §242 Rn. 1/2.

なる。[19]」とする批判がある。その趣旨は、「盗品等に関する罪」（256条）の保護法益である——所有権から派生する——「追求権」は、窃盗罪の保護法益にはなり得ないという理解である。しかし、これは**「間接領得罪」**に対する誤解である。

　仮に、「他者が一度領得した物をさらに領得する行為[20]」がすべて「間接領得罪」であるなら、「泥棒からの泥棒」を窃盗罪とする論者は、すべて、「間接領得行為」を窃盗罪とするがゆえに、「直接領得罪と間接領得罪の区別を曖昧にすることになる」とする批判を免れないであろう。そうではなくて、**「間接領得罪」とは、「領得罪（本犯）の存在を前提とした[21]」領得罪、つまり他の領得罪を必要条件とする領得罪を意味するにすぎない。これに対して、窃盗罪その他の「奪取罪」は、他の領得罪を必要条件とはしないが、それが存在する場合にその成立を否定される罪ではない。**

[6]　「中間説」の難点——「占有」の相対化？

　他方、前述の**「泥棒からの取戻し」**の場合には、所有権者ないしそれを助けようとする者には「権利者を排除してその物を自己の所有物として」利用・処分する意思はない。所有権者にとってはその財物をあらためて「自己の所有物と」する必要はないし、所有権者のために取り戻す人物にもそのような意思はないからである。したがって、「泥棒からの取戻し」は「不法領得の意思」を要する「奪取罪」の構成要件に該当しない。

　この点で、「平穏な占有」ないし「一応理由のある占有」を保護法益とする「中間説」は、窮地に立たされる。なぜなら、同じ「泥棒の占有」が、第三者との関係では保護され権利者との関係では保護されないことを説明できないからである。ゆえに、ここでは、**「占有」そのものではなく、その「占有」の背後にある本権と奪取行為との関係を考慮しなければならない。その意味で、「窃盗犯人の占有も、第三者との関係では平穏である[22]」という見方は、すでに「本権説」なのである。**

19）　前田・各論152頁注13）。

20）　前田・各論146頁。

21）　中山・各論339頁参照。

22）　松原・各論190頁以下参照。

[7] 自己所有物の特例における「不法領得の意思」の修正

　ただし、この点で、**自己所有物の特例**（242、251、252条1項、262条）の意味を考えておかなければならない。結論を言えば、ほかならぬ所有権者が所有権以外の本権のプロテクターである「占有」を害した場合が、242条、251条にいう「他人の占有」に当たると解すべきことになる。

　これを裏付けるのが、242条の「他人の占有」する物の前身が旧刑法371条の「典物」つまり質物ないし質草であったことと、現行法がこれを拡大したものであることである[23]。すなわち、そこで想定されているのは、担保権や用益物権、賃借権が設定されたことによって所有権の行使が制限されている財物に対し制限を超えた利用・処分をすること、つまり「権利者を排除し制約を受けない所有者として」その物を経済的に利用・処分することである。その限りで、「不法領得の意思」の定義もこのように修正される[24]。

3 ｜ 「判例」は「所持説」か？

　一般には、**最決平成1・7・7刑集43巻7号607頁**が、出資法違反の脱法行為としての所有権移転型の担保権を有する被告人が担保物（自動車）を窃取した事案につき、「被告人が自動車を引き揚げた時点においては、自動車は借主の事実上の支配内にあったことが明らかであるから、かりに被告人にその所有権があったとしても、被告人の引揚行為は、刑法242条にいう他人の占有に属する物を窃取したものとして窃盗罪を構成するというべきであり、かつ、その行為は、社会通念上借主に受忍を求める限度を超えた違法なものというほかはない。」と述べて窃盗罪を認めたことをして、判例は窃盗罪の構成要件該当性を占有侵害だけで認めており、行為者が所有権者その他の本権者であったという事情は違法性で考慮するという「純粋所持説」を採用し

---

23) 倉富ほか2211頁。田中・釋義下1301頁は、242条に当たる場合を、「単に所有権を有するに止まり処分権は全く停止せられたるものは、一定の期間占有を解かるるとか看守を解かるるまでは、全く他人の財物と異なる所なきを以て、これを横領せんとするの行為は即ち権利なくして物を占領し自己の所持に移すものなれば、すなわち窃盗罪に該当するを持ってなり。」と述べている（表記は現代風に改めた）。

24) 松宮・各論220頁参照。しかし、立法論としては、「自己所有物の特例」ではなく、担保権や利用権に対する罪を設けたほうがよい。

たと解されている。

　しかし、本件の原判決（大阪高判昭和59・7・3刑集43巻7号631頁）は、本件所有権移転型融資契約には「無効ないしは取消の可能性も大いに考えられ、所有権が被告人側に移転しているかどうかにつき法律上紛争の余地を十分に残していること」や、「買戻権喪失事由が発生しているかは疑問であ」ることなどから「担保提供者の占有はいまだ法律上の保護に値する利益を有していたものと認められるので、被告人らの行為が窃盗罪を構成するものであることは明らかというべきである。」と述べている。つまり、本件は、担保提供者の側にまだ所有権ないし法律上の保護に値する利益があったがゆえに「本権説」でも窃盗罪が認められる事案について、同罪が認められたものにすぎない[25]。

　このように、どちらの見解でも同じ結論になる場合には、一方の見解が裁判の理由中で示されても、それは「傍論」である[26]。加えて、**窃盗罪と遺失物等横領罪とにまたがる錯誤や不可罰的事後行為、不法領得の意思の定義からみれば、「判例」は「所持説」だとは、到底断言できないのである**[27]。

25）所有権譲渡型の担保権については、設定者の側に、物と債務の差額の支払いがあるまで担保物を自己の下に置く**「設定者留保権」**がある。

26）「判例」と「傍論」の意味については、松宮・先端総論4頁以下を参照されたい。

27）「本権説」と「所持説」との間でのその他の論点に関しては、松宮・各論198頁以下を参照されたい。

第10章

窃盗・横領の罪（領得罪）

1 | 領得罪の意味

[1]「領得罪」の種類

「**領得罪**」とは、他人の（所有）物（＝財物）を不法に自己の物とすることを動機・目的ないし犯罪内容とするものである。ここには、窃盗罪（235条）、強盗罪（236条1項）、横領罪（252～254条）が属する。このほか、他人の領得罪の介在を必要とする「間接領得罪」としての有償および無償の盗品譲受け罪（256条）などが、ここに含まれる。しかし、本章では、窃盗罪と横領罪に限定して検討する。

[2]「領得罪」を認めない見解

もっとも、学説には、「領得罪」というカテゴリーを認めない見解もある。「財産秩序において重要な意味を有する所持の侵害があれば、窃盗罪の成立を認めるべきであって、行為者の主観面をとくに考慮する必要はない[1]」し、「越権行為説によれば、横領罪の成立にとって不法領得の意思は必要ではなく、横領行為とは、占有物に対して権限を超える処分行為をおこなうことを意味する[2]」ことが、その理由である。ここから分かるように、これは、牧野英一博士以来の、窃盗罪における「**所持説**」、（委託物）横領罪における「**越権行為説**」からの必然的帰結である。

---

1) 川端・各論286頁。
2) 川端・各論406頁以下。その結果として、「自己占有の他人の財物を権限を超えて一時的に使用する行為も、これを損壊する行為も横領行為に当たる」ことになる（川端・各論407頁）。

しかし、現行刑法の提案理由書には、受寄の財物を「自己の物と為したる場合」一般が横領行為に含まれる旨の説明がなされている上[3]、我々はすでに、窃盗罪においては「本権説」しかありえないことを確認した。したがって、以下では、「領得罪」の存在を前提にして考察を進めよう。

2 │ 「不法領得」および「不法領得の意思」

[1] 窃盗罪と横領罪における「不法領得の意思」の異同

　問題は、同じ「領得罪」なのに、窃盗罪における**「不法領得の意思」**と（委託物）横領罪（252条）におけるそれとでは、判例上、定義が異なっていることである。窃盗罪では、一般に「権利者を排除して他人の物を自己の所有物として（または自己の所有物と同様に）その経済的用法に従いこれを利用もしくは処分する意思」という公式が用いられる[4]。これに対して、（委託物）横領罪では、「他人の物の占有者が委託の任務に背いて、その物につき権限がないのに所有者でなければできないような処分をする意思」と定義される。これは、同じ「領得罪」なのに、両罪の間で、意思の内容である**「不法領得」**が異なることを意味する。

[2]「不法領得」と「越権行為」

　この相違は、（委託物）横領罪における「不法領得」が、実際には、「越権行為」とほとんど同じものになっていることを理由とする[5]。なぜなら、たとえば質屋の従業員が雇主に無断で質物を所有者に返した事例のように、委託された物を「自己の所有物として」扱わなくても、「委託の任務に背いて、その物につき権限がないのに」処分することはあり得るし、自己に権限がない処分は「所有者でなければできないような処分」に属するからである。そのため、先の（委託物）横領罪における「不法領得の意思」を定式化した**最判昭和24・3・8刑集3巻3号276頁**は、まさに、窃盗罪における「不法領得

---

3) 倉富ほか2213頁、田中・釋義下1257頁参照。つまり、現行法は、「横領」を「不法領得」と同じ意味で用いているのである。

4) 大判大正4・5・21刑録21輯663頁、最判昭和26・7・13刑集5巻8号1437頁参照。

5) 詳細については、松宮孝明「『横領』概念について」産大法学34巻3号（2000年）299頁を参照されたい。

の意思」であればそれが否定されるはずの、補填意思のある不特定物の一時流用の事案において、横領を認めている。

　しかし、判例は、まさにこの定義だと横領が認められるはずの質物売却代金の無断貸付や[6]、村の公金の村長による無断貸付[7]事例において、これが本人の名義ないし計算、とくに本人の計算で行われていることを理由に、横領ではなく背任であるとしている[8]。

　先の最判昭和24・3・8の後も、**最判昭和33・9・19刑集12巻13号3047頁**や**最判昭和33・9・19刑集12巻13号3127頁**は、「納金スト」に関して、「他人の金員を保管する者が、所有者の意思を排除して、これをほしいままに自己の名義をもって他に預金するが如き行為は、また、所有者でなければできないような処分をするに帰するのであって、場合により、横領罪を構成することがある」と述べつつも、「右の如き保管者の処分であっても、それが専ら所有者自身のためになされたものと認められるときは、不法領得の意思を欠くものとして、横領罪を構成しない」と述べている[9]。

　さらに、**最決平成13・11・5刑集55巻6号546頁**は、「その行為が商法その他の法令に違反するという一事から、直ちに行為者の不法領得の意思を認めることはできない」と述べ、「保管方法と使途が限定され、転貸資金以外他のいかなる用途にも絶対流用支出することができない性質の金員であること」を理由のひとつに挙げて、業務上横領罪に当たるとした**最判昭和34・2・13刑集13巻2号101頁**の判示を事実上否定している[10]。

---

6)　大判大正3・6・13刑録20輯1174頁。

7)　大判昭和9・7・19刑集13巻983頁。

8)　この点では、講堂設計図の単なる隠匿にも業務上横領罪を認めた大判大正2・12・16刑録19輯1440頁も、「委託の任務」に背いたことではなく、「右隠匿ノ行爲ハ所有者タル市ヲシテ其公文書ヲ保存使用スルノ利益ヲ喪失セシメ被告等ニ於テ自由ニ之ヲ處分シ得ヘキ状態ニ措キタルモノ即チ自己領得ノ意思ヲ外形ニ表示シタルモノ」にほかならないと述べて、外形的にではあるが、「自己の物」にしたことを理由に横領を認めていることが注目される。

9)　その先例として、最判昭和28・12・25刑集7巻13号2721頁が挙げられている。そこでは、農業協同組合の組合長である被告人が組合の事業に属さない疑いのある貨物自動車営業に組合資金を支出したことにつき、「右支出が専ら本人たる組合自身のためになされたものと認められる場合には、被告人は不法領得の意思を欠くものであつて、業務上横領罪を構成しないと解するのが相当である。」と述べられている。

つまり、本来であれば委託物の「不法領得」があれば横領罪が成立するはずなのに、「不法領得の意思」が実質的には「越権行為の意思」になっているために、この「不法領得の意思」の定義では横領罪と背任罪とを適切に区別することができないのである。

もっとも、この矛盾を、「専ら所有者自身のためになされた」という補充的基準で解決できるかどうかは、なお疑わしい。というのも、背任罪であっても、「自己若しくは第三者の利益を図」る場合があるのであって、村長が貸付相手の利益のために村の公金を議会に無断で貸し付けたとしても、村の計算で行った場合には背任であって横領にはならない[11]。したがって、「横領」の要件としては、「本人の計算でない」ことを挙げるべきであろう。

加えて、「委託の任務に背き……」という定義では、遺失物等横領罪における横領行為を定義することは、初めから不可能である[12]。また、窃盗罪での定義に用いられる「権利者排除」は、「窃取」で表現されている占有者の排除という意味ではなく、所有者その他の本権者の排除であることは、本書第9章で指摘している。

[3] あらためて「不法領得」とは

以上のことから、「不法領得」とは「権利者を排除して他人の物を自己の所有物としてその経済的用法に従いこれを利用もしくは処分する」ことであるとする理解に統一することが望ましい。窃盗罪は、「窃取」を伴えば、この「不法領得」をする意思だけで既遂に達するのに対し、横領罪（252〜254条）では、「不法領得」行為が必要だというだけのことである。したがって、

---

10) 同旨、最判平成14・3・15集刑281号213頁。「覚醒剤を買ってきて」と頼まれて委託された金員で覚醒剤を買った者に横領罪が成立しないことを考えれば、これは当たり前のことなのであるが。

11) 学校建設資金を酒食等の買い入れのために費消した場合は、さすがに横領となる。ただし、業務上横領の身分を有するのは収入役のみであるが。最判昭和32・11・19刑集11巻12号3073頁。

12) そもそも、「横領の罪」は、遺失物等横領罪に委託物ないし業務上横領罪を付け足す形で作られたものであり（倉富ほか2213頁参照）、したがって、遺失物等横領罪は、団藤・各論626頁と異なり、「本来の横領罪」である。これに対し、委託物の横領罪は、客体が委託物であることを理由とする加重類型である。

委託物の横領罪においても、その「不法領得の意思」は、これに合わせることが望ましい[13]。

[4] 「不法領得」の意味と機能

　もっとも、窃盗罪においても、「不法領得」の意味を十分に踏まえた解釈・適用が行われているかどうか、疑わしい事例は存在する。

　一般に、窃盗罪における「不法領得の意思」は、可罰的な窃盗を、①一時的な無断使用つまり使用窃盗と区別する機能と、②単なる毀棄・隠匿の目的での持出しと区別する機能を有するとされている[14]。

　①に関しては、たとえば、**大判大正9・2・4刑録26輯26頁**は、他人の自転車を無断使用しその一部を損壊して乗り捨てた行為につき、無断使用を始めた時点で単に一時使用の意思があるにとどまる場合には不法領得の意思は認められないとしている。

　しかし、戦後の下級審判例では、自動車の無断使用に関するものであるが、持出しの時点で被告人らに物を所有者に返還する意思があったことを強調して、「不法領得の意思」を否定している。たとえば**名古屋高判昭和37・5・31判時311号33頁**は、従業員が返還する意思で店の自動車を無断で乗り出したところ途中でガソリンが無くなったので同車を放置したという事案に関し、所有者である権利者を排除する積極的意図はなかったとして、不法領得の意思を否定し、また、**大阪高判昭和50・10・17高刑集28巻4号424頁**は、「使用窃盗が不可罰とされるのは、使用後返還の意思があり、かつ、その使用が一時的であって所有権ないしこれに準ずる本権の権利者を完全に排除する意思によらない場合に限り、不法領得の意思がないとされることによると解する

---

13) 現に、東京地判昭和60・2・13刑月17巻1・2号22頁は、情報媒体の横領に関し、「所有権者を排除し、自己の所有物と同様にその経済的用法に従ってこれを利用し又は処分をする意図がある限り、不法領得の意思を認めることができる」と述べて、窃盗罪型の定義を用いている。

14) 平野・概説206頁以下参照。これに対して、情報媒体のコピー目的での無断持ち出しに関しては、「経済的用法に従いこれを利用もしくは処分する意思」が強調され、権利者排除の側面は軽視される。これに関しては、松宮孝明「情報横領と不法領得の意思」三原憲三先生古稀祝賀論文集編集委員会編『三原憲三先生古稀祝賀論文集』（成文堂、2002年）535頁を参照されたい。

のが相当である」と述べた上で、労働組合の争議行為の一環として示威のため会社の自動車を連らねて親会社に乗り付けようとした行為につき、「不法領得の意思を欠くため窃盗罪を構成しない」と判示している。

　その背後にあったのは、逃走のための船舶の一時使用に関し「不法領得の意思」を認めた**最判昭和26・7・13刑集5巻8号1437頁**である。そこでは、「当然その場にこれを乗り捨てる意思」が重視されている。さらに、**最決昭和55・10・30刑集34巻5号357頁**は、**最決昭和43・9・17集刑168号691頁**を引用して、自動車の無断使用につき、「たとえ、使用後に、これを元の場所に戻しておくつもりであったとしても、被告人には右自動車に対する不正領得の意思があったというべきである」と判示した。そこでは、時価約250万円相当の自動車を数時間にわたって完全に自己の支配下に置く意図のもとに所有者に無断で乗り出し、その後実際に4時間余りの間これを乗り廻していたことが強調されている。

　そこで重視されているのは、所有者らの被る当該財物の利用が妨げられるという迷惑である[15]。そのため、自動車の「乗り捨て」の場合は当然に、また、返還の意思があったとしても高価なものを長時間無断使用する場合には、所有者らの被る迷惑は大きいので、「不法領得」に当たるというわけである。

　しかし、所有者らの利用を妨げるという点では、窃盗よりも完全な器物損壊のほうが大きいかもしれない。それにもかかわらず刑法は前者の法定刑を後者より重くしているのであるから、窃盗罪の成否を専ら所有者らの被る迷惑に委ねるのは疑問である。窃盗罪重罰の根拠には、「他者の所有権をないがしろにして経済的利益を得るという、まさに所有権秩序に対する正面からの挑戦[16]」に対する、刑法による断固たる否定があると考えるべきであろう。したがって、本書第1章で述べたように、窃盗罪より法定刑の軽い**自動車等の無断使用罪**を設けたほうがよい。

　この点は、②の機能に関しても、問題となる。先の大判大正9・2・4は、傍論で、当初から損壊するつもりで自転車を持ち出したときは、所有権者の被る経済的損害が大きいので、不法領得の意思が認められるかのような判示

15）平野・概説207頁が「所有権者が許容しないであろう程度の実質的な利用」というのも、所有権者らが被る迷惑に着目したものであろう。

16）松宮・各論224頁。

をしている。単なる公文書の隠匿に業務上横領罪を認めた**大判大正 2 ・12・16刑録19輯1440頁**も、所有者の「公文書ヲ保存使用スルノ利益ヲ喪失セシメ」たことを重視していた。ここでも、「所有者が物の利用を妨げられたこと」と「行為者が物を自分のものにしたこと」が混同されている[17]。これでは、「領得罪」の「利欲犯」としての性格および毀棄・隠匿の罪より重い法定刑の意味が無視されてしまう。窃盗罪における「不法領得の意思」を定式化した**大判大正 4 ・ 5 ・21刑録21輯663頁**は、被告人が隠匿した教育勅語を短時間で返還する意思であったことは認定せずに「不法領得の意思」を否定したのであるから、ここでも、「所有者が物の利用を妨げられたこと」を重視すべきではなかろう[18]。

　なお、「これを利用もしくは処分する」とは、目的物それ自体を利用もしくは処分することを意味するので、**最決平成16・11・30刑集58巻 8 号1005頁**は、詐欺罪に関して、騙し取った支払督促正本等自体から直接に経済的利益を得るつもりでない場合には、「不法領得の意思」を否定している[19]。

3 │ 「物の占有」

[1] 窃盗罪と横領罪との区別基準

　物についての「他人の占有（＝所持）」を害したかどうかは、窃盗罪（ない

---

17) 加えて、広島高松江支判平成21・ 4 ・17高刑速（平21）号205頁は、被告人が犯行後に自首して服役すること自体が目的で、奪った金銭は自首の際にそのまま提出するつもりであったとしても、「不法領得の意思」にいう「経済的用法に従いこれを利用し又は処分する意思」とは、単純な毀棄又は隠匿の意思をもってする場合を排除するという消極的な意義を有するに過ぎず、「奪った現金を自首の際にそのまま提出するつもりであったというのは、要するに他人の財物を奪って所有者として振る舞う意思であったことに何ら変わりはな」いとして、強盗未遂罪における「不法領得の意思」を認めてしまった。しかし、被告人が奪った金銭は自首の際にそのまま提出するつもりである以上、奪った現金に対する他人の所有権はないがしろにされていない。

18) 大判昭和 9 ・12・22刑集13巻1789頁も、競売を妨害する目的で裁判所から記録を持ち出し隠匿した事案に関し、短時間で返還する意思であったか否かを問題とはせずに、「不法領得の意思」を否定している。

19) 前掲注18）大判昭和 9 ・12・22も、記録の隠匿によって競売が妨げられるという間接的な利益があるにもかかわらず、「不法領得の意思」を否定している。

し「奪取罪」）と（委託物ないし遺失物等）横領罪とを区別する基準である。その際、自己に「占有」があることは重要ではない。なぜなら、他人にも「占有」があったのにそれを排除すれば、「窃取」になるからである。大事なのは「他人の占有」の有無である。

　問題は、この「占有」もまた、窃盗罪と横領罪とで異なって定義されていることにある。**窃盗罪では、「占有」は物に対する事実上の支配**である。これに対して**横領罪では、物に対する法律上の支配も「占有」に当たる**とされる。しかも、その客体も、窃盗罪では不動産を含まないのに対し、横領罪では、不動産どころか[20]、本書第8章で述べたように、債権には有体性がないにもかかわらず「法律上の支配」があるという理由から、「預金債権」をも含むとする見解が多い[21]。

　これでは、「物」の事実上の支配は相手方にあるが法律上の支配は行為者の側にあるという場合、この「物」を不法に処分すれば窃盗罪と横領罪とが同時に成立することになりかねない。たとえば、他人から預かった現金を相手方の承諾を得て自己名義の銀行普通預金口座に入金した後、金策に窮してこの金額を自己の借金の返済のためにATMで引き出し、債権者に送金した場合、他人の事実上の支配下にあるATM内の現金を持ち出したのだから窃盗罪が成立し、同時に、自己の法律上の支配下にある預金債権をわが物としたのだから横領罪も成立するということになりかねない。実務では、一般に、この場合には横領罪のみで処理しているが[22]、なぜ、より重い窃盗罪は問題とならないのかが疑問となる。預金として自己のみが「占有」しているという主張は、ATM内の現金に関し、「窃盗罪」にいう「他人の占有」の侵害を否定するものにはならないからである。

---

20) 不動産については、真の所有者と登記簿上のそれとが一致しない場合が多いという日本の登記制度の不備、および、そもそも意思表示のみで物の所有権が移転してしまうという制度それ自体から、登記名義のある者に「他人の物の占有」を認めざるを得ない。

21) 代表して、大谷・各論311頁。なお、このように、「法律上の支配」があるという理由から「預金債権」をも「物」とする解釈は、詐欺罪（246条1項）および恐喝罪（249条1項）でも認められる。その結果、特殊詐欺の事例において、被害者を騙し、自己の支配する他人名義の預金口座に送金させた場合には、その入金処理が完了した時点で詐欺罪（246条1項）は既遂とされる。

22) 大判大正1・10・8刑録18輯1231頁以来、判例は横領罪のみで処理している。

そこで、ATM 内の現金に関しては、預金者には、いつでも銀行に対して預金を払い戻すよう請求する権利があるので、ATM での引き出しは銀行に対するその権利の行使にすぎなから、「窃盗罪」は成立しないと説明するほかはないであろう。しかし、そうなると、ATM からの引き出し行為それ自体を犯罪とする理由はなくなる。せいぜい、引き出された現金の所有権は預けた人物との合意によってその人物に帰属するので、その現金を横領したとするしかないであろう[23]。

　そうなると、他人から預かって入金していた金員を現金化せずに、ATM を操作して直ちに債権者の口座に振込送金した場合には、横領にはならないことになる[24]。しかし、この場合でも、預金者にはいつでも銀行に対して預金を払い戻すよう請求する権利がある以上、預金口座からの振込送金自体は電子計算機使用詐欺罪（246条の２）などの犯罪にはならないのであるから、せいぜい、預かった金員に関する事務処理の任務に違背して損害を与えたことを理由に、背任罪（247条）を認めるしかないであろう。

　そもそも、「債権」を「所有物として（または所有物のように）利用又は処分」することはできないのだから、預金「債権」の「横領」を認めるのは論理矛盾なのである。

[2] 窃盗罪における「占有」

　「窃盗罪」の客体である「財物」は、他人の占有下になければならない。この要件は、窃盗行為である**「窃取」**から明らかになる。「窃取」とは、他人の占有下にある物を、その占有を排除して（あるいは占有者の意思に拠らずに）、自己（または自己と利害関係を同じくする第三者）の占有下に移すことを意味するからである[25]。所有関係を表す「他人の財物」から出てくる要件でないことは、本書第９章ですでに述べた。「他人の占有」が認められない物の不法領得は、預かった物（ないし民法上の事務管理として占有している物）については委託物の横領罪（252〜253条）に、それにも当たらない場合には

　23）そのような構成を採用したものに、大判大正９・３・12刑録26輯165頁がある。

　24）このような理由で前掲大判大正９・３・12の考え方を批判し、「越権行為説」の妥当性を主張したのが、牧野英一『刑法研究 第３巻』（有斐閣、1927年）397頁以下である。

　25）以上の事情は、強盗罪（236条１項）の「強取」、昏酔強盗罪（239条）の「盗取」でも同じである。

遺失物等横領罪（254条）に当たる。

　裁判例では、置き忘れた物でも占有者がすぐに気付いて取りに戻ってきた場合には、なお「他人の占有」が認められる。バス待合所に一時的に置き忘れたカメラ[26]や公園のベンチに置き忘れたことにすぐに気付いたポシェット[27]などにつき、これを奪った者に「窃盗罪」が認められている。そこでは、物のあった場所（一般に人がその物を意識して置く場所か）、物自体の特性（忘れやすい物か、高価な物か、その大きさ、動物であれば帰巣性）、占有者の位置などが考慮されている。もっとも、旅館・ホテル内での客の忘れ物のように、本来の占有者の占有が失われても、その場所の管理者の占有が認められる場合には、なお「窃盗罪」が成立し得る。

　問題は、**「死者の占有」**と**「封緘物」**にある。前者では、被害者を殺害した後にその所持していた物を奪う意思を生じ、これを奪った場合が問題となる[28]。これに関して、**最判昭和41・4・8刑集20巻4号207頁**は、「被害者が生前有していた財物の所持はその死亡直後においてもなお継続して保護するのが法の目的にかなう」と述べて「窃盗罪」の成立を認めた。死者に占有の主体性を認めたのではなく、あくまで「被害者が生前有していた」占有が死亡直後においても保護されるという理由であることに注意が必要である。あわせて、被害者の死亡は被告人が引き起こしたことも、暗黙の要件である。

　しかし、なぜ、「生前有していた」占有が、すでに消滅しているのに、死後も保護されることになるのかは、依然謎である。加えて、「死亡直後」という線引きの不明確性という問題もある[29]。法的安定性のためには、「死亡」そのもので切ったほうがよいであろう。

　入れ物の中身には手を付けるなという趣旨で預けられた「封緘物」については、判例は受託者が中身をとった場合、一貫して「窃盗罪」を認めている。

26）最判昭和32・11・8刑集11巻12号3061頁。もっとも、被告人が遺失物だと誤信していた場合には遺失物等横領罪が成立することは、本書第9章で述べた。東京高判昭和35・7・15下刑集2巻7・8号989頁。

27）最決平成16・8・25刑集58巻6号515頁。しかし、大規模スーパーマーケットの6階で置き忘れた財布に被害者が地下1階で10分後に気づいて取りに戻ってきた場合には、「窃盗罪」は否定されている（東京高判平成3・4・1判時1400号128頁）。

28）最初から殺害して財物を奪う計画であったときには、強盗殺人罪（240条）の一形態であることに争いはない。

それも、入れ物に鍵をかけていなかったとしても、である[30]。物理的には入れ物の中身は受託者単独の事実的支配下にあるように思われるが、ここでは「窃盗罪」における「他人の占有」も、委託の趣旨から少し観念化して理解されているように思われる。もっとも、封緘物が第三者に盗まれた場合には、受託者も占有回収のための（違法性阻却事由としての）自救行為がなしうると考えるべきであろう。その意味で、受託者にも共同占有はあると思われる[31]。

---

4 │ 窃盗罪の既遂と未遂

[1] 窃盗罪の既遂＝「取得」

　「窃盗罪」の既遂は「窃取した」とき、つまり「他人の財物」を自己（または自己と利害関係を同じくする第三者）の占有下に移したときである。これを**「取得」**と呼ぶ。スーパーマーケットでの万引きを例に取れば、カバンの中に入るような小物であれば店内で商品をカバン等に入れたとき、スリットのあるスーパーの買い物かごに入れた商品であればサッカー台で商品を自己のカバン等に入れたとき、あるいは商品を持って店外に出たときに、「取得」が認められる。

　ところが、**東京高判平成4・10・28判夕823号252頁**は、被告人がスリットのあるスーパーの買い物かごに商品を入れたままレジを通らずにサッカー台に商品を置いた時点で、「犯人が最終的に商品を取得する蓋然性が飛躍的に増大すると考えられる」という理由によって「窃盗罪」の既遂を認めてしまった。「取得する蓋然性」では、まだ「取得」に至っていない。いくら「商品の占有は被告人に帰属し」たと述べても、店側の占有がまだ排除されてい

29）東京高判昭和39・6・8高刑集17巻5号446頁は、死体搬出後の3時間ないし86時間経過後に室内にあった被害者の財物を持ち出したという事案について「窃盗罪」を認めているが、前述の最判昭和41・4・8は、「死亡直後」と述べて、これに歯止めをかけたものと思われる。その後の新潟地判昭和60・7・2刑月17巻7・8号663頁は、殺害1日後の財物持出しのみを「窃盗罪」とし、死体搬出後の5〜10日後の行為を遺失物等横領罪としている。

30）東京高判昭和59・10・30刑月16巻9・10号679頁。

31）もっとも、郵便集配人が紙幣在中の普通郵便物を領得したケースは、業務上横領とされている（大判大正7・11・19刑録24輯1365頁）。配達中は、「封緘物」についても、発信人の占有も受取人のそれも認められないという趣旨であろう。

ないのであれば、「取得した」とはいえない。この時点での既遂はないであろう[32]。

[2] 窃盗罪の未遂

「窃盗罪」の未遂すなわち「実行の着手」は、「他人の財物に対する事実上の支配を侵すに付き密接なる行為」に認められる。裁判例では、窃盗の目的で家宅に侵入し屋内において金品を物色するため箪笥に近寄ったときや[33]、現金を盗りたいと思ってそれがあると思われるタバコ売場に行きかけたときに[34]認められている。窃取の目的物が特定されているときは「行きかけたとき」に、不特定のときは目的物がありそうな場所を物色するために「近寄ったとき」にという相違はあるが、最終の「窃取」結果に至る時間差を考慮すれば、いずれも、<u>「窃取した」という「窃盗罪」の既遂要件発生の直前行為</u><u>である</u>。

これに対して、**最判平成30・3・22刑集72巻1号82頁**が警官に成りすました「受け子」が被害者に財物交付を求める前に詐欺罪の実行の着手を認めたことと、**京都地判令和1・5・7LEX/DB25563868**が被害者のキャッシュカードをすり替える手口の場合には「詐欺罪」ではなく「窃盗罪」が成立するとしたことから、「窃盗罪」の「実行の着手」も被告人が被害者宅に到着する前に認めるべきだとする見解が出てきている[35]。

しかし、<u>「詐欺罪」と異なり、「窃盗罪」の既遂は原則として客体である財</u>

---

32) これに対して、大型家電売場から持ち出したテレビをトイレの洗面台下にある収納柵に隠した場合は、店員が把握困難な場所なので、「取得した」と解してよいであろう（東京高判平成21・12・22判タ1333号282頁）。

33) 大判昭和9・10・19刑集13巻1473頁。これは、箪笥に近寄った時点で家人に発見され逮捕を免れるために傷害を加えたという事後強盗致傷罪に関するものである。

34) 最決昭和40・3・9刑集19巻2号69頁。これは、タバコ売場に行きかけたときに家人に発見され逮捕を免れるために殺害したという事後強盗致死罪に関するものである。

35) たとえば、十河太朗「小特集 特殊詐欺と刑法理論 解題」法律時報91巻11号（2019年）58頁以下、冨川雅満「小特集 特殊詐欺と刑法理論 特殊詐欺における実行の着手」法律時報91巻11号（2019年）78頁以下。そこでは、財物があることが確実な倉庫への侵入着手時に窃盗罪の実行の着手を認める考え方を応用して、被害者への嘘の架電時に同罪の実行の着手を認めることができると主張されている。なお、大阪地判令和1・10・10LEX/DB25566238は、被告人が被害者方玄関付近で待機していた時点で窃盗未遂を認めた。

物の行為者自身による占有移転を要するのであり、その「実行の着手」には客体への行為者の物理的接近と行為者側の物理的支配領域への近さが必要である。この点に、銀行送金という方法によって遠隔操作で「預金口座」という法律的な支配領域への「交付」を認めることが可能な「詐欺罪」と、そうでない「窃盗罪」とでは、本質的な相違があるといえよう。

第11章

強盗の罪

1 | 強盗の罪の構成と沿革

[1] 強盗の罪の構成

強盗の罪は、刑法第 2 編第36章「窃盗及び強盗の罪」として、窃盗の罪と同じ章に定められている。そこには、強盗罪（236条）、強盗予備罪（237条）、事後強盗罪（238条）、昏酔強盗罪（239条）、強盗致死傷罪（240条）および強盗・強制性交等罪・同致死罪（241条）が含まれている。旧刑法では窃盗の罪と強盗の罪は別の節に置かれていたが、現行法では、「二種の罪は元来その性質を同じくする」という理由で、1 つの章にまとめられた[1]。なお、これら強盗の罪には、親族相盗例（244条）の適用はない。

[2] 強盗の罪の沿革

強盗の罪の沿革は、少し複雑である。1877（明治10）年の**日本刑法草案**に至る議論では、当初、強盗は窃盗とあわせて「盗罪」とされ、「盗罪を行う為め又は其罪を免れんが為めに人を殺さんと脅迫し又は人を殺すに堪ゆべき兇器を使用せんと脅迫したる者」という案が示された[2]。しかし、「其罪を免れんが為めに」はその性質を異にするという理由で、これを 2 項にして、「盗犯已に財を得て臨時暴行脅迫を用ひ其罪を免れ若しくは逃亡せんとする者は、自己の為めにし共犯者の為めにするを分たず強盗を持って論ず」とい

---

1) 倉富ほか2209頁参照。

2) 西原春夫ほか編著『旧刑法〔明治13年〕(3)-Ⅳ 日本立法資料全集本巻35』（信山社、2010年）113頁以下参照（旧仮名遣いは現代風に改めた）。

う案が示される。ところが、この案に対しては、財物を持主に取り返されないようにする目的で持主に暴行脅迫を用いた罪を本旨とせざるを得ず、「其罪を免れ云々」を置くのは甚だ不都合であるとする反対意見が述べられた。そうでなければ、本罪の財産犯としての性格が失われるからである。その結果、最終的に、旧刑法382条の「窃盗財を得て其取還を拒ぐ為め臨時暴行脅迫を為したる者は強盗を持って論ず」となったのである[3]。その後、現行法に至る過程で[4]、238条に「逮捕を免れ、又は罪跡を隠滅するため」が加えられるが、その提案理由では、規定の趣旨は同じであるとされた。

実は、フランス刑法は強盗罪を窃盗罪とあわせて「盗罪」としており、暴行・脅迫は盗罪の際の加重事由であって、強取の手段とは明記されていなかった[5]。「日本刑法草案」に至る第1案は、強盗と事後強盗が未分化な状態である点で、これに近似していた。しかし、出来上がった「日本刑法草案」および旧刑法では、結果的に、ドイツ刑法252条の事後強盗罪（Räuberischer Diebstahl）に近いものとなったのである。これによって、事後強盗罪は、強盗とは別に規定されつつ、盗んだ物の占有を確保する点で財産犯としての性格も保持することとなった。しかし、この点は、現行刑法への改正に至る過程で、再度曖昧にされた。

そのほか、現行法に至る過程で、236条2項の強盗利得罪、237条の強盗予備罪が新設され、241条に強盗強姦罪・同致死罪が加えられた。

2 │ 強盗罪と強盗利得罪

[1] 強盗罪の手段としての暴行・脅迫

強盗の罪にいう暴行・脅迫は、**他人の財物を奪取する手段として用いられるもので（奪取目的）、相手方の反抗を抑圧するのに十分な程度のものでなけ**

---

3) 西原ほか・前掲注2）130頁参照。それは、鶴田皓ら日本人委員が、ドイツおよびベルギーの刑法を参照して、ボアソナードを説得した結果である。

4) その動きは、すでに1882（明治15）年の司法省改正案において逮捕を免れる目的が追加されたときから始まっている。内田文昭ほか編著『刑法〔明治40年〕(1)-1 日本立法資料全集本巻20』（信山社、1999年）151頁参照。

5) 旧刑法の立法作業では、当時のフランス刑法380条が参照されている。フランス現行刑法311-5条も同様である。

ればならない（最判昭和24・2・8刑集3巻2号75頁）。しかし、被害者の反抗が現に抑圧されたかどうかは、少なくとも未遂罪の成立に関しては、重要でない。

その判定の基準は、実務では、**被害者と同様の具体的事情に置かれた一般人がその暴行・脅迫によって反抗を抑圧されることがありうるか否か**にある（前掲最判昭和24・2・8）。被害者と同様の具体的な事情の中には、被害者の年齢や性別、体力・知力、利用できた防衛手段等、各種の具体的事情が含まれる。

さらに、裁判例には、そのような手段と財物の取得との間に因果関係さえあれば、**現に被害者の反抗を抑圧しなくても強盗罪の既遂になる**としたものがある（最判昭和23・11・18刑集2巻12号1614頁[6]）。既遂とするには現に反抗を抑圧したことが必要であり、その証明がない限り、強盗罪は未遂にとどまるとする批判も有力であるが、その証明は、実際には困難な場合が多いであろう。相手方の反抗を抑圧するに足りる暴行・脅迫が加えられた場合には、反証がない限り、被害者の反抗は抑圧されたと推定してよいと思われる。しかし、抑圧されていないことが反証されれば、本罪は未遂にとどまるべきである。

近年問題となっているものに、暴行・脅迫を受けた被害者が一旦解放されて強要された財物持参または財産処分を行った場合にも強盗罪が成立するかというものがある。**福岡高判平成29・9・19判タ1455号92頁**は、被告人らの暴行・脅迫が被害者の反抗を抑圧するに足りる程度のものであるというためには、現場で直ちに財物の交付を求める場合よりも強度な暴行・脅迫でなければならないと述べて、強盗罪を否定した。他方、**大阪高判平成27・6・11公刊物未登載**は、暴力団員を装い呼び出した女性を強姦するなどした後、金員を持参させた事案につき、反抗を抑圧するに足りる程度の脅迫があったとして、強盗罪を認めている。前者と異なり被害者が若い女性であったという事情はあろうが、一旦解放されているのに強盗とした点は、従来の裁判例[7]

---

6) 実際には、被告人らは複数人で草刈鎌やナイフを用いて被害者を脅し財物を得ており、「反抗抑圧」が十分に推認できる事案であった。

7) 詳細については、松宮孝明「強盗と恐喝の区別について」法学新報121号（2015年）341頁を参照されたい。

からみても、疑問である。

　なお、**東京高判平成20・3・19判タ1274号342頁**は、強制わいせつ目的で被害者を緊縛した後、新たに財物取得の意思を生じた場合において、被害者が緊縛された状態にあり、実質的には暴行・脅迫が継続していると認められる場合には、新たな暴行・脅迫がなくとも、これに乗じて財物を取得すれば、強盗罪が成立すると述べた。もっとも、暴行・脅迫が実質的に継続しているというのであれば、「新たな暴行・脅迫」があったというべきであろう。しかし、それは、暴行・脅迫によって反抗抑圧状態を作り出した者に、先行行為に基づく不作為の暴行・脅迫を認める論理であり、239条の昏酔強盗罪が、178条の準強制わいせつ罪と異なり、抗拒不能状態に乗じる場合を含んでいないことと矛盾する。

　なお、**最決昭和45・12・22刑集24巻13号1882頁**は、被害者がひったくられそうになったカバンを掴んでいたため引きずられて死亡した場合に、強盗致死罪を認めている。これは、被害者の生命・身体に重大な危険が認められるほどに引きずりが継続したためであって、ひったくり一般を強盗としたものではない。

[2] 強盗罪の刑の下限

　問題は、強盗の罪の法定刑である。236条は5年以上の有期懲役を定めているが、実際には、強盗での有罪判決の大部分は5年以下の懲役である。司法統計によれば、たとえば2018（平成30）年度は、通常第1審の283人の有罪判決中、5年以下は250人、うち3年以下は164人である。強盗致死傷罪（240条）においても、225人中、7年以下の懲役が151人、うち5年以下の懲役が88人である。いずれの罪においても、法定刑の下限を下回る量刑が多数あり、236条においては過半数をはるかに超えている。つまり、強盗の罪では酌量減軽が常態化しており、2004（平成16）年の強盗致傷罪（240条前段）の刑の下限引下げを経ても、現行法の法定刑は量刑実務に適していないのである。

　実は、1902（明治35）年の改正草案では、強盗罪の刑の下限は3年の懲役、強盗致傷罪のそれは5年の懲役とされていた。それが、貴族院特別委員会での議論の中で、強盗は「最も面白く無い罪」という理由からそれぞれ5年、7年に引き上げられたのである[8]。量刑実務の実態を見ない観念的な議論の

弊害はその後も除去されず、殺人罪や強制性交等の罪の刑の下限引上げに連動してしまった。

　強盗の罪の刑の下限は、事後強盗罪やそれを経由しての強盗致死傷罪にも連動するのであるから、実態を踏まえて早急に引き下げるべきである。

[3] 強盗利得罪の性格

　強盗利得罪（236条2項）は「財物」を対象としないので、その占有を奪う「奪取罪」ではない。むしろ、その性格は、**強盗に匹敵する手段による「加重恐喝罪」**であることは、本書第8章で述べた。この場合、債権譲渡を考えればわかるように、財物以外の財産権が現実に移転するためには、被害者による譲渡の意思表示（＝**「処分行為」**）が必要である。したがって、大審院は、本罪の成立には「他人ニ対シ財産上ノ処分ヲ強制スルコトヲ要ス」と述べた（大判明治43・6・17刑録16輯1210頁[9]）。

　もっとも、その後大審院は、運転手の首を絞めて乗車賃金の支払いを免れた事案に対して「現ニ債務ノ支拂ヲ免ルル目的ヲ以テ暴行又ハ脅迫ノ手段ニ因リ被害者ヲシテ債務ノ支拂ヲ請求セサル旨ヲ表示セシメテ支拂ヲ免レタルト右手段ヲ用ヰ被害者ヲシテ精神上又ハ肉體上支拂ノ請求ヲ為スコト能ハサル状態ニ陥ラシメ以テ支拂ヲ免レタルトヲ問ハス共ニ暴行脅迫ヲ以テ財産上不法ノ利益ヲ得タルモノニシテ強盗罪ヲ構成スルモノト謂ハサルヘカラス」と述べて、強盗罪の成立を認めてしまった（大判昭和6・5・8刑集10巻205頁）。これが、**最判昭和32・9・13刑集11巻9号2263頁**に引き継がれ、債権者を殺害すれば事実上債務の支払いを免れる事案に関し、強盗利得罪を経由した強盗殺人の未遂を認めるところとなったのである。

　しかし、このような**「事実上の利得」**も強盗利得罪に含まれるとすることは、処分行為を強要する場合を本罪から排除するものではない。ゆえに、本罪の暴行・脅迫は、相手方の意思表示が不可能な「絶対的強制」（vis absolu-

---

8)　倉富ほか1192頁以下参照。「最も面白く無い罪」というのは、富井政章の言葉である。そこでは、政府委員石渡敏一が強盗といっても窃盗より軽い事案も随分あると述べたにもかかわらず、賛成多数で引上げが決められている。強盗予備罪に情状による刑の免除が入らなかったのも、同様の理由による。

9)　したがって、債務の履行を免れるために債権者を殺害することは強盗殺人には当たらないとしたのである。

ta）ではなく、反抗を抑圧するに足りる程度ではあるが意思表示の余地を残した「心理的強制」(vis compulsiva) である[10]。

　問題は、本罪が、「事実上の利得」も対象とすることにより、その成立範囲が広範に過ぎるものとなってしまったことにある。とくに、それによって行為者の財産が増加したわけではないにもかかわらず、銀行キャッシュカードを確保した上でのその暗証番号の聞き出し（東京高判平成21・11・16判時2103号158頁）などに本罪を認めることには、問題が多い。それによる預金の払戻し自体に窃盗罪や詐欺罪等の財産犯が成立するのであるから、暗証番号の聞き出し自体は強要罪にとどまると解すべきである。相続人による債権行使が予想される事案において債権者殺害に本罪を経由した強盗殺人を認めることも（大阪高判昭和59・11・28高刑集37巻3号438頁）、疑問である[11]。

　このような中でかろうじて、**東京高判平成1・2・27高刑集42巻1号87頁**は、相続の開始による財産の承継は、本罪にいう財産上の利益に当たらないとした。これは、本罪がもともと「加重恐喝罪」であったことを踏まえた判断である。また、その殺害行為自体によって、被害者から「財産上の利益」を強取したといえる関係を要求して強盗殺人を否定した**神戸地判平成17・4・26判時1904号152頁**も、詐欺罪や恐喝罪における「処分行為と利得の直接性」に準じた関係を要求したものといえよう[12]。

　以上の限りでは、強盗利得罪は、「加重恐喝罪」のほかに、とりわけ債権者殺害の事案では、利己的動機での謀殺罪としての性格を持つようにされたというべきであろう。

　あわせて、窃取ないし詐取した財物の返還を免れることが、本罪にいう「財産上の利益」に当たるか否かが、事後強盗罪との関係で問題となる。これは、後で検討する。

---

10) その限りでは、ドイツ刑法255条の「強盗的恐喝罪」(Räuberische Erpressung) と同じである。

11) そのほか、**最判昭和35・8・30刑集14巻10号1418頁**は、被告人らが、被害者らから麻薬売買資金名下に金員の保管を託され、保管中に被害者らを殺害し、右保管に係る金員を得たという事案について、いやしくも被告人らが該金員を領得するため被害者らを殺害し、同人らから事実上その返還請求を受けることのない結果を生ぜしめて返還を免れた以上は、利得目的での強盗殺人罪が成立するとした。これは、横領のための殺人を強盗殺人としたものである。

3 │ 事後強盗罪

[1] その問題性

　238条の事後強盗罪は、旧刑法382条に由来する。もっとも、前述のように、旧刑法では、財物の取返しを防ぐ目的しか規定されていなかった。そのため、窃盗犯人が、盗んだ物を放棄して、逮捕や追跡を免れるために暴行または脅迫をした場合は、事後強盗罪に当たらなかった。ところが、<u>逮捕免脱と罪跡隠滅の目的が追加されたために、この規定は純粋な財産犯とは異なる性格を有することになった</u>¹³⁾。

　しかし、逮捕免脱と罪跡隠滅の目的は削除するべきである。なぜなら、他の犯罪では、逮捕を免れたり罪跡を隠滅したりする目的で暴行・脅迫をしても、とりたてて重く処罰されることはないのに、なにゆえ、窃盗（未遂）犯人のみが、そのような──暴行・脅迫で5年以上の懲役、傷害で無期又は6年以上、致死で死刑又は無期懲役という──扱いを受けなければならないのか、説明ができないからである。たとえば、痴漢が逮捕されそうになったので暴行を加えた場合、迷惑行為としてのわいせつ行為に暴行が後からついてきたのだから強制わいせつとして論ずるという話は、立法論としても聞いたことがない。窃盗犯人だけを不利益に扱うのは、憲法14条1項の法の下の平等に反するとさえいえよう。

　また、その結果、窃盗犯人が逮捕免脱または罪跡隠滅の目的で人を殺害すれば、窃盗が未遂であっても、強盗殺人罪（240条後段）として死刑又は無期懲役となる（大判昭和9・3・15刑集13巻286頁、最判昭和24・7・9刑集3巻

---

12) 古くは、**東京高判昭和37・8・7東高刑時報13巻8号207頁**が、「債務免除の場合の如く単に意思表示のみで事実上も債務免除の効果の発生するが如き場合は別とし、山林上の権利の取得の如き場合にあっては、単に意思表示のみでは足りず、法律上又は事実上財産上不法の利益の取得があったと認め得る場合であることを要する」と述べて、単に「山林を伐採することを承諾させたのみでは未だ法律上は勿論、事実上も山林上の立木につき財産上の権利を取得したものとは認め難い」とし、強盗利得罪を否定している。家主夫婦を殺害した事案について、被告人には、滞納家賃を支払わないまま本件アパートに居住し続ける利益を得るという強盗の目的は認められないとした**鹿児島地判平成24・3・19判タ1374号242頁**も、貴重な消極判例である。

13) その問題性を指摘するものとして、金澤真理「財物奪取後の暴行・脅迫」岡本勝ほか編『刑事法学の現代的課題──阿部純二先生古稀祝賀論文集』（第一法規、2004年）295頁。

8 号1188頁等）。これは、本罪が、旧刑法にあった謀殺罪の機能を一部肩代わりしていることを意味する[14]。

[2] 事後強盗罪の性格

　本罪が**不真正身分犯**であることは、すでに述べた[15]。すなわち、身分犯とは「主体について、一定の属性を要求し、その範囲を限定している[16]」犯罪をいうのであり、かつ、「本罪の主体として規定されている『**窃盗**』とは、窃盗罪の犯人を意味する[17]」から、本罪は窃盗行為と暴行・脅迫との結合犯ではなく、窃盗犯人を主体とする身分犯である[18]。加えて、暴行・脅迫は、窃盗犯人たる身分があることで初めて犯罪となる行為、つまり「犯人の身分によって構成すべき犯罪行為」（65条1項）ではなく、窃盗犯人たる身分を有する者が、刑法238条所定の目的をもって、人の反抗を抑圧するに足りる暴行、脅迫を行うことによって暴行罪、脅迫罪よりも刑が加重されるもの、つまり「身分によって特に刑の軽重があるとき」（65条2項）だから、本罪は真正身分犯でもない。その結果、暴行・脅迫のみに関与した共犯者には、65条2項が適用されるのである[19]。

14）現に、旧刑法成立過程において逮捕免脱目的が除外されたのは、謀殺罪での処理が考えられたからであった。西原ほか編著・前掲注2）130頁参照。

15）松宮・先端総論223頁。

16）山口・総論36頁。

17）山口・各論227頁。

18）なお、主体に窃盗未遂犯を含める解釈でも、窃盗自体が未遂に終わった場合に未遂減軽が可能なのは、「強盗として論ずる」という法効果から生じる。**最判昭和24・7・9刑集3巻8号1188頁**が述べるように、「強盗未遂の場合には刑法第243条の適用があるにかゝわらず、これと同一態様の窃盗未遂の準強盗を、強盗の既遂をもって論ずるときは、右刑法第243条の適用は排除せられることゝなり彼此極めて不合理の結果を生ずるに至るから」である。

19）東京地判昭和60・3・19判時1172号155頁等。真正身分犯説に立つ大阪高判昭和62・7・17判時1253号141頁が傍論にすぎず、かつ、それが65条1項を誤解していることは、すでに示した（松宮・先端総論223頁）。また、財産犯である事後強盗罪と暴行罪ないし脅迫罪とで「罪質を異にする」ことも、65条2項の適用を否定する理由にはならない。なぜなら、国家的法益に対する罪である特別公務員職権濫用罪（194条）は、個人的法益に対する罪である逮捕・監禁罪（220条）に対して不真正身分犯の関係に立つからである（前田・各論497頁）。

そこで、事後強盗罪を財産犯として純化するなら、その目的は「財物を得てこれを取り返されることを防」ぐものに限られるため、その主体は必然的に、窃盗既遂犯に限定される。裁判所がこの解釈に従わないのであれば、明文改正をして、旧刑法制定関係者の努力に報いるべきであろう。

[3] 強盗利得罪との関係

問題は、窃取または詐取した財物の返還を免れることが、強盗利得罪にいう「財産上の利益」に当たるか否かである。この問いが肯定されるなら、事後強盗罪はその存在意義をほとんど失ってしまう。せいぜい、238条は、反抗を抑圧するに足りる暴行・脅迫をしたのに財物確保に失敗した窃盗犯人を強盗既遂の刑で処断する場合に適用されるにすぎない[20]。なぜなら、財物確保に成功すれば、条文の順序から、236条2項が優先的に適用できるからである。しかし、その場合には、財物確保ができなかった窃盗犯人に未遂減軽を認めない判例・通説の不均衡が、クローズアップされる[21]。また、詐取した財物の返還を免れる目的での強盗を認めることは、238条が明文で先行犯罪を窃盗に限定したことと矛盾する。

ところが、窃取ないし詐取した財物の返還を免れることを端的に236条2項にいう「利益」と解した裁判例を、筆者は寡聞にして知らない。むしろ、この議論の端緒となった**最決昭和61・11・18刑集40巻7号523頁**[22]は、被告人らの殺人未遂行為を、被害者に対する「本件覚せい剤の返還ないし買主が支払うべきものとされていたその代金の支払を免れるという財産上不法の利益を得るためになされたことが明らかであるから、右行為はいわゆる二項強盗による強盗殺人未遂罪に当たる」と述べていたことに、注意が必要である。

---

20) 窃盗未遂でも238条が適用できるとする解釈を採るなら、ここにもその存在意義が認められる。しかし、この解釈の問題性は、すでに述べた。

21) 現に、曽根・各論235頁は、この場合に未遂を認める。

22) その事案は、甲において、覚せい剤取引の斡旋にかこつけて被害者丙をホテルの一室に呼び出し、別室に買主が待機しているかのように装って、覚せい剤の売買の話をまとめるためには現物を買主に見せる必要がある旨申し向けて丙から覚せい剤を受け取り、これを持って同ホテルから逃走した後、間もなく、乙が丙のいる部屋に赴き丙を拳銃で狙撃したが殺害の目的を遂げなかったというものである。被害者の占有がまだ及ぶ別室を越えて、無断でホテル外に持ち出した点で、先行犯罪は窃盗であったと思われる。

つまり、ここでは、単なる返還ではなく、代金支払債務の事実上の免脱という利益が狙いとされていたのである。また、これより古く、**札幌高判昭和32・6・25高刑集10巻5号423頁**は、欺罔者が財物を騙取した後被欺罔者からそれに相当する金員の請求を受けてその支払いを免れるため同人に傷害を与えた事案につき、強盗傷人罪（傷害の故意のある強盗致傷罪）の成立を認めている。ここでも、代金の支払いを事実上免れるという利益が狙いとされている。

　したがって、現在の判例では、窃取または詐取した財物の返還を免れることそれ自体は、236条2項にいう「利益」に含まれておらず、かつ、そう解するほうが妥当であると考えてよい。もちろん、そのような利益を狙った犯行が、量刑上悪質と評価される場合があることは別次元の問題である。

［4］事後強盗の予備・未遂

　なお、**最決昭和54・11・19刑集33巻7号710頁**は、兇器を所持して侵入窃盗先を探していた被告人に関し、237条の「強盗の目的」には238条所定の事後強盗目的も含まれるとした。

　しかし、そうなると、兇器を携えていない空き巣でも、家人に逮捕されそうになったときに暴行を加えずおとなしく捕まるということは考えにくいので、実質的には、侵入窃盗の予備を237条で処罰することになってしまう。窃盗犯人が「強盗として論」じられるためには、「財物を得てこれを取り返されることを防ぎ、逮捕を免れ、又は罪跡を隠滅するために、暴行又は脅迫をした」（238条）ことを要するのであるから、この条件が成就しないうちに「強盗として論ずる」のは、罪刑法定の原則に反するであろう。

　また、軽犯罪法1条3号に侵入具携帯罪がある上、2003（平成15）年に「特殊開錠用具の所持の禁止等に関する法律」が制定され特殊開錠用具の所持に1年以下の懲役が科されて以降は、あえて実務において強盗予備罪を用いる必要もなくなったので、最決昭和54・11・19は、事実上、その先例的意義を失った。

　付言すれば、事後強盗罪の未遂は、手段たる暴行・脅迫が開始されたが、それがまだ相手方の反抗を抑圧するに足りる程度に至らなかった場合に（も）認められる。主体を窃盗既遂犯に限定し、かつ財物確保を既遂要件としなくても、未遂の余地はあるのである。

4 ｜ 昏酔強盗罪と「傷害」

　本書第３章で述べたように、最高裁は、**最決平成６・３・４集刑263号101頁**において、「軽微な傷でも、人の健康状態に不良の変更を加えたものである以上、刑法にいわゆる傷害と認めるべき」だとしながら、**最決平成24・1・30刑集66巻１号36頁**では、睡眠薬による２〜６時間程度の意識障害でも傷害罪（204条）の成立を認めてしまった。そうなると、睡眠薬を手段とする昏酔強盗罪は、事実上、すべて強盗傷人罪になってしまう。刑法240条は、238条および239条によって強盗として論じられる場合も含むからである（大判昭和６・７・８刑集10巻319頁）。そこで、最決平成24・1・30は、「昏酔強盗罪等と強盗致傷罪等との関係についての解釈が傷害罪の成否が問題となっている本件の帰すうに影響を及ぼすものではな」いとして、回答を避けた。

　しかし、その後の長崎地判令和１・５・23LEX/DB25563562でも、催眠鎮静薬等を用いた財物盗取には昏酔強盗罪のみが適用されているので、この種の薬物による昏酔は、240条にいう「負傷」には当たらないとするのが実務であろう。

5 ｜ 強盗致死傷罪の刑の下限

[1] 強盗殺人と致死の分離

　「強盗が、人を負傷させたときは無期又は６年以上の懲役に処し、死亡させたときは死刑又は無期懲役に処する。」という強盗致死傷罪（240条）は、死傷結果について故意のない場合でも致傷なら６年以上、致死なら無期の懲役という重罰を科す点で、問題のあるものである。したがって、1974（昭和49）年の改正刑法草案は、故意のない致死の場合は無期又は10年以上の懲役を（草案327条）、故意のある殺人には死刑又は無期懲役を（草案328条）、それぞれ規定していた。また、致傷罪に関しても、前述した量刑傾向からみて（⇒2 [2]）、刑の下限を５年の懲役ないしそれ以下に下げることが望ましい。

[2]「致傷」における傷害の程度

　法定刑の下限の重さは、2004年の改正後も、前述のように昏酔強盗罪の存在と相俟って、本罪における**「負傷させたとき」**に、傷害罪の「傷害」より

重いものを要求すべき根拠となっている（⇒4）。実際、加療5日程度の傷害の場合には、強盗罪の量刑で評価されていることが多い[23]。

[3] 強盗の「機会」

　本罪の死傷結果は、強盗の「機会に」生ずれば足りるとされている[24]。もっとも、そこにいう「機会」は、実際には、強盗の際に逮捕を免れたり罪跡を隠滅したりする目的で故意に行われた暴行・脅迫を原因としており、たとえば、強盗犯人が逃走の際に誤って赤ん坊を踏み殺したような、単に強盗の「際に」生じた死傷結果を含んでいない。その意味で、実務では、財物強取のほか、「これを取り返されることを防ぎ、逮捕を免れ、又は罪跡を隠滅するため」（238条）といった拡大された目的で、強盗終了前に加えられた暴行・脅迫によって生じた死傷結果を、強盗の「機会」に生じたものとしていると考えてよい（**「拡大された手段説」**）[25]。

　もっとも、ここでも、逮捕免脱ないし罪跡隠滅目的での暴行・脅迫が同時に財物確保の意味を持たない場合には、そこから生じた死傷結果は除外したほうがよい。

---

6 ｜ 強盗・強制性交等罪 および同致死罪と未遂の特則

[1] その性格

　刑法は、241条に、もともと強盗が強姦をした場合のみを規定していた。強盗の機会に反抗を抑圧された状態の女子を強姦する例が多いことから、特に重い法定刑を定めたのである。その後、強姦犯人が強姦後に強盗の故意を生じて財物を強取した場合には、本罪には当たらず、強姦罪と強盗罪の併合罪とされる[26]こととの不均衡が問題となり、2017（平成29）年の改正によっ

23）名古屋高金沢支判昭和40・10・14高刑集18巻6号691頁、大阪地判昭和54・6・21判時948号128頁等。

24）最判昭和25・12・14刑集4巻12号2548頁、最判昭和32・8・1刑集11巻8号2065頁。

25）前掲最判昭和32・8・1は、その判決理由のみからは、このような限定を付していないように見えるが、その事案は、被害者を殺害して金員を得ようとしながらこれを遂げなかった典型的な強盗殺人未遂である。

て強姦罪が強制性交等罪に改められると同時に、強制性交等の犯人が強盗をした場合が加えられた（241条1項後段）。つまり、**強盗・強制性交等罪**は、「強盗に伴う強姦」から「強制性交等に伴う財物奪取」も含むものへと拡大されたのである。

[2] 未遂減軽の特則

その際、あわせて、未遂減軽は双方の罪が未遂となる場合に限定する特則（241条2項本文）、および中止未遂による刑の減免もまた双方の罪が未遂となった場合に自己の意思によりいずれかの犯罪を中止したときに限定する特則（241条2項但書）が加えられた。その限りで、未遂に関する総則43条の適用は排除されたのである。その結果、43条の適用は、殺人の未遂の場合に限定された（243条、241条3項）。

しかし、片方の罪が未遂でも、刑の下限が酌量減軽をしても執行猶予が不可能な7年の懲役であることは、事案に即した量刑裁量の幅を狭めるものである。しかも、これでは、強盗既遂犯が強制性交を中止しても刑の必要的減免がないので、中止を奨励して強制性交の被害者を保護するという刑事政策的効果がなくなってしまう。つまり、強盗犯人に「今やめても刑の減免はないのだから、強制性交をやめる旨味はない」と思わせる点で、立法的には失敗ではないかということである。未遂軽刑は可能としつつ既遂となった罪の刑の下限を下回ることはできないとすべきように思われる。

26）最判昭和24・12・24刑集3巻12号2114頁。

第12章

詐欺・恐喝の罪

1 | 詐欺・恐喝の罪の本質と沿革

[1] 詐欺・恐喝の罪の本質

詐欺罪は、「人を欺いて財物を交付させた者は、10年以下の懲役に処する。」（246条1項）という**財物詐欺罪**と、「前項の方法により、財産上不法の利益を得、又は他人にこれを得させた者も、同項と同様とする。」（同条2項）という**利益詐欺罪**から成る「利得罪」である。**恐喝罪**も、「人を恐喝して財物を交付させた者は、10年以下の懲役に処する。」（249条1項）とする**財物恐喝罪**と、「前項の方法により、財産上不法の利益を得、又は他人にこれを得させた者も、同項と同様とする。」（同条2項）という**利益恐喝罪**から成る「利得罪」である。

これらの罪は、取引における財産処分の自由を害するものであって、単に財物を所有しているといった状態を害するものではない。風邪薬が欲しくて金銭を支払う人は、払った金銭ではなく、風邪の症状を和らげる医薬品を欲しているのであるから、代金と引き換えにそのような医薬品が交付されることを期待する。したがって詐欺罪では、金銭所有権ではなく、財産を処分する動機において期待したものが裏切られない権利が大事なのである。言い換えれば、この期待を最初から裏切って取引することが、「欺く行為」すなわち「欺罔」なのである。他方、恐喝罪においては、財産を処分する動機において脅されない権利が大事である。両者をまとめれば、**これらの罪は財産一般**（Vermögen überhaupt）**を行為客体とし、その「保護法益」は、財産処分の動機において、欺罔や脅迫から自由でいられる権利である**[1]。

したがって、各々の罪において行為客体が「財物」と「財産上の利益」に

書き分けられていることには、本質的な相違はない。財物詐欺罪や財物恐喝罪は、財物の所有権その他の本権を害する罪ではなく、ましてや、被害者自らが交付するのだから、その占有を害する罪ではなく、財産を構成する財物を処分する上記の権利を害する罪なのである。

[2] 詐欺・恐喝の罪の沿革[2]

では、なぜ現行法は、財物に対する罪と利益に対する罪を分けているのであろうか。それは、旧刑法（詐欺取財の罪）がフランス法の影響を受け、行為客体を「財物」および「証書類」という有体物に限定したことに起因する。しかも、それは、同一条文に詐欺罪と恐喝罪をまとめたものであった[3]。しかし、客体が証書類を含めて「物体」（≒財物）に限られており、証書類に化体されない無形的利益は対象外のため、ドイツのオットー・ルードルフから「狭隘」と評されている[4]。

その後、明治23年「改正刑法草案」の372条（詐欺取財）では、詐欺罪と恐喝罪は分離されるとともに、その客体は「不正の利益」に統一された。同時に、「詐欺取財」は「背信」（今日の横領を含む）とともに「利得目的」を要件としていた。これは、「財産損害」を明文の要件としていない点を除いて、当時のドイツ刑法に近似している[5]。しかし、明治23年「司法省改正案」404条およびその改訂390条では、再び旧刑法と同じく、詐欺と恐喝が統合さ

---

1) 「自由」であるから、厳密には、法的な「財」（Gut）という意味での「法益」ではない。「財産権」は、このような「自由」を意味する**「動的な財産権」**を含む。

2) 日本の詐欺罪規定の沿革については、佐竹宏章『詐欺罪と財産損害』（成文堂、2020年）43頁以下が詳しい。

3) 旧刑法390条1項は、「人ヲ欺罔シ又ハ恐喝シテ財物若クハ証書類ヲ騙取シタル者ハ詐欺取財ノ罪ト為シ2月以上4年以下ノ重禁錮ニ処シ4円以上40円以下ノ罰金ヲ附加ス」と規定していた。ボアソナードの作った「日本刑法草案」の当初案は、もっとフランス旧刑法（1810）405条に近かった。

4) 「西欧刑法学者の論評」内田文昭ほか編『刑法〔明治40年〕(1)-Ⅰ 日本立法資料集20』（信山社、1999年）520頁、佐竹・前掲注2）67頁参照。

5) 同条は、「自己又ハ他人ヲ利スルノ意ヲ以テ虚偽ノ事ヲ構造シ又ハ真実ノ事ヲ変更、隠蔽シ其他詐欺ノ方略ヲ用イテ人ヲ錯誤ニ陥レ以テ不正ノ利益ヲ得タル者ハ詐欺取財ノ罪ト為シ2月以上4年以下ノ有役禁錮及ヒ10円以上100円以下ノ罰金ニ処ス」と規定する（表記は現代風に改めた）。これは、ドイツ刑法263条1項にある「他人の財産に損害を与えた」を「不正の利益を得たる」に置き換えただけで、あとは同じである。

れ、「利得目的」が消えるとともに、客体は「財物」と「証書類」に分けられている[6]。

　ようやく、明治28年・30年「刑法草案」に至り、今日のように行為客体に「財産上の利益」が加えられ、別条文に書き分けられることとなった[7]。もっとも、ここでは、「財物」の代わりに「動産」の語が用いられており[8]、また、「財産上不法の利益を得」の代わりに「不法ニ財産上ノ利益ヲ得」とされていた。同一条文の別項にされた以外は、明治33年「刑法改正案」から明治39年「刑法改正案」（当初案）まで、この基調は続いているが、明治35年「刑法改正案」からは「動産」が「財物」に置き換えられた。また、明治39年案では、条文本文は明治35年刑法改正案と同じだが、「賊盗の罪」は解体され「窃盗及び強盗の罪」と「詐欺の罪」に分けられた[9]。

　ところが、法律取調委員会委員総会日誌第27回（明治39年12月26日）では、岡松委員（京都大学教授・岡松参太郎と思われる）から、詐欺罪と恐喝罪の2項を「前項ノ方法ヲ以テ財産上不法ノ利益ヲ得」に修正したいという意見が出され、異議なしとして了承されたとの記録がある[10]。これが、明治39年

---

6)　以上、内田文昭ほか編『刑法〔明治40年〕(1)-Ⅲ 日本立法資料集20-3』（信山社、2009年）338、340頁参照。

7)　内田文昭ほか編『刑法〔明治40年〕(2) 日本立法資料集21』（信山社、1993年）179頁参照。そこでは、「詐欺盗ノ罪」というタイトルで、304条（明治28年）ないし308条（明治30年）に、「人ヲ欺罔シテ動産ヲ騙取シタル者ハ詐欺盗ノ罪ト為シ10年以下ノ懲役ニ処ス」という規定が置かれ、同305条（明治28年）ないし309条（明治30年）に、「前条ノ方法ヲ以テ不法ニ財産上ノ利益ヲ得又ハ他人ヲシテ之ヲ得セシメタル者ハ詐欺盗ヲ以テ論ス」という規定が置かれた。また、明治33年「刑法改正案」からしばらくは、詐欺罪が窃盗罪などと同じ「賊盗の罪」とされている。その提案理由書では、窃盗、強盗、詐欺の三種の罪は元来性質を同じくし、これを一節に集めることが便利だとされている（内田ほか編・前掲『刑法〔明治40年〕(2)』581頁参照）。さらに、1項の客体が「動産」と記されたことについて提案理由書は、旧刑法が「財物若クハ証書類」と規定したのは、その意義が不明確で狭きに失すること強窃盗の場合と同一であるとして、1項は「動産」、2項は「財産上の利益」に関する規定を設けたとしている（内田ほか編・前掲『刑法〔明治40年〕(2)』583頁参照）。「盗罪」であれば、その客体には不動産は含まれない。

8)　「動産」が「財物」に変更された理由は、「植物窃盗の場合の如きは本条の規定中に包含せられざるものと思考す。従って山林立木又は庭園の木石等を窃取したる者は窃盗罪を以て処罰し得ざるの結果を生ぜん。故に現行法の如く財物とするを可なりと思料す。」と記されている（内田文昭ほか編『刑法〔明治40年〕(3)-Ⅱ 日本立法資料集23』〔信山社、1994年〕47頁参照。なお、表記は現代風に改めた）。

「刑法改正案」（第2編265条）を経て、明治40年刑法改正案247条に受け継がれ、現行法246条となる[11]。

このようにして、旧刑法がフランス刑法から受け継いだ「財物」と「証書類」の二分が、「行為客体の狭隘性」のゆえに明治23年「改正刑法草案」によって一旦は「利益」一般へと統合されたにもかかわらず、その後再度、「財物」と「利益」に書き分けられるという複雑な改正経過を辿ったことが、今日の1項と2項の書き分けの原因である。

---

2 │ 「財産上の損害」の要否

[1]「不法の利益」の意味

ところで、「不法」を、行為態様の不法性ではなく、得た利益の不法性とする明治39年の修正の意義は、見過ごしてはならない。なぜなら、これは、得た利益が行為者側に、それを得る正当な理由のないものであることを意味するからである[12]。もっとも、他人に損害を与えなければ、通常、利得が「得る権利のないもの」ないし「得る正当な理由のないもの」となることはない。したがって、「不法の利益を得」るためには、少なくとも、他人に——与えることが許されない——**「財産上の損害」**を与えることが必要となろう。その点では、この「不法な利益を得」は、ドイツ刑法の影響の強い明治23年「改正刑法草案」372条の「不正の利益を得たる」を受け継いだものと考えられる。

また、この点は、「不法の利益」という明文のない財物詐欺罪および財物

---

9) 内田文昭ほか編『刑法〔明治40年〕(6) 日本立法資料集26』（信山社、1995年）147頁参照。詐欺罪を窃盗などと同じ「盗罪」とするのは、フランス法の伝統による。ドイツ法は、詐欺と窃盗を分離している。

10) 内田ほか編・前掲注9）『刑法〔明治40年〕(6)』247頁参照。

11) 岡松が修正を求めた理由は明らかではないが、明治34年出版の岡松参太郎『刑法改正案批評 刑法の私法観 全』（有斐閣書房、1901年）35頁によれば、（明治34年草案の）274条2項（利益強盗）の「不法に」につき、「その利益を得るの行為が権利なきことを要するのみならず、なお犯罪者はその権利なきことを知るを要するものか」と問い、「もしこれを意思に繋がらしむるものならば、改正案の用語は不当なり」と断じている。つまり、「不法に」が行為者に違法性の意識を要求するものであるなら、これは不当だというのである。

12) 曽根・各論131頁、松宮・各論194頁。

恐喝罪にも当てはまる。なぜなら、詐欺や恐喝は「利欲犯」であって財産的利益の獲得を動機とする犯行であり、その利益は被害者が期待に反して害された財産的権利の裏返しとして生じるものだからである（**素材同一性**）。そのため、被害者による財物交付に、被害者が期待した利益が伴わないことが必要である。

[2]「財産」概念

ここにいう**「財産上の損害」**は、単に、100万円の貸付金が80万円しか回収できなかったというだけで認められるものではない。もちろん、借主に十分な弁済の見込みや担保がある場合には、100万円の貸付けは「財産」の損害を生じない。しかし、貸主が完全な弁済を受けられないリスクを承知で貸し付けた場合にも、想定したリスクの範囲内での損失は、詐欺罪にいう「財産上の損害」ではない。

借主が嘘をついており、実際には十分な見込みや担保がなかった場合、あるいは想定したリスク以上の損害が予期される場合に初めて、詐欺罪にいう「財産上の損害」が生じるのであり、この借金の申込み自体が詐欺罪にいう「人を欺いて」（＝「欺罔」）に当たるのである。この場合、債権者による100万円の貸付けは、その額面100万円の債権自体が、貸主の想定以下の市場価値しか持たないがゆえに[13]、すでにその時点で「財産上の損害」となる。その裏返しとして、貸主の想定以上のリスクの故に本来借りられるはずのなかった100万円を借りられた借主は、この時点で「利益」を得る。

ここで、「財産」を市場価値において評価する考え方を**「経済的財産概念」**と呼ぶ[14]。これに対して、100万円の現金と100万円の債権は、法的には同価

---

13) 想定内の債務不履行のリスクであれば、借主は詐欺罪にはならない。したがって、厳密に言えば、債務不履行一般が財産犯にならないのではなく、貸付の時点で貸主に実際よりもリスクは低いと思い込ませて貸し付けをさせる場合には、借主は詐欺罪になるのである。

14) 最高裁は、背任罪（247条）においては、「経済的財産概念」の採用を明言している（最決昭和58・5・24刑集37巻4号437頁）。もっとも、それは、法が承認しない経済的価値を「財産」から排除する**法的・経済的財産概念**を排除する趣旨ではない（最決昭和58・5・24における団藤重光裁判官の補足意見参照）。詐欺罪に関しても、判例は、設例のような不良債権を掴ませる事案を詐欺から排除するわけではないので、純粋な「法律的財産概念」は採用されていない。

値であって、損害はないとする考え方を**「法律的財産概念」**という。「法律的財産概念」は、債務者が嘘をついて不良貸付をさせたケースを詐欺にしない点で採用できないとされるのが一般である。しかし、純粋な「経済的財産概念」も、貸主がリスクを承知で貸し付け、当該債権の額面以下の市場価値も想定内であった場合に、それをも「財産上の損害」とする点で物足りない。また、寄付では、そもそも出捐に見合った反対給付はないのであるから、寄付自体に「財産上の損害」を認めかねない点で、やはり不満足なものである。

したがって、ここでは、給付と反対給付の差額を問題にするのではなく、たとえば特定の効能を有する商品の引渡しであるとか少なくとも元本の半分は返済されるような債権の獲得であるとか、後述するように寄付の趣旨に見合った寄付金使用の期待であるとかいった、「給付者が給付に伴って持つ権利」（＝**「動的な財産権」**）が害されたか否かを重視する**「動的・人格的財産概念」を採用すべきことになろう**[15]。

[3]「直接性」と「素材同一性」

この文脈においては、現金100万円という財物が交付されたことにより、同時に、借主は「財産上の利益」を得、貸主は「財産上の損害」を被る。ゆえに、財物詐欺罪では、このような文脈における「財物交付」が、同時に、借主には「利得」を、貸主には「損害」を意味するのである。詐欺罪では、この意味において、「財物交付」という**処分行為**は「利得」と「損害」を直接に生み出すものであり（処分行為と利得・損害の**直接性**）[16]、「利得」は「損害」の裏返しという関係に立つ（利得と損害の**素材同一性**）のでなければならない（同じことは、恐喝罪でも妥当する）。つまり、詐欺罪は、以下のような

---

15) これは、佐竹・前掲注2）188頁以下が紹介するパヴリークの「自由理論的・人格的財産概念」に近いものである。Vgl. *M. Pawlik*, Das unerlaubte Verhalten beim Betrug, 1999, S. 284. もっとも、寄付金詐欺のように、「被害者に提供された給付」のない場合もあるので、「被害者が給付に際して得た権利」の侵害を基準とする。これにより、**「取引における被害者の役割」**が重要となる。つまり、商人の利潤追求では、購入者による購入目的の偽りは原則として詐欺にならないが、国家を含む一般市民が農業振興のために農地として開墾する目的の者に土地を売却（しかも特別に安く）する場合には、売り手に「寄付金詐欺」に類似した権利侵害があるので、転売目的を秘してこれを購入した者に詐欺罪を認めてよい（**最決昭和51・4・1刑集30巻3号425頁**。市民としての売却もあり得る以上、農業振興は純粋な「国家的目的」ではない）。

構造を持つのである。ここでの矢印は、因果関係のみでなく、手段→目的の関係にも立つ。

> 欺罔（「人を欺く」）→動機の錯誤→処分行為（「財物の交付」または「財産上の利益の処分」）＝利得（その裏返しとしての「財産上の損害」）

[4]「相当対価」のある場合

このように、たいていの財物詐欺罪では、「財物交付」が同時に「財産上の損害」を意味する。ゆえに、答案では、「財物交付」を論証した上で、あらためて「財産上の損害」を論じる必要はない。

問題は、「相当対価」のある場合でも詐欺罪（ついでに恐喝罪）は成立すると信じられていることである。この信仰を生んだのは、**「ドル・バイブレーター事件」**最高裁決定（最決昭和34・9・28刑集13巻11号2993頁）である。この決定は、たしかに、カッコ書きでではあるが、「たとえ価格相当の商品を提供したとしても、事実を告知するときは相手方が金員を交付しないような場合において、ことさら商品の効能などにつき真実に反する誇大な事実を告知して相手方を誤信させ、金員の交付を受けた場合は、詐欺罪が成立する」と述べている。しかし、その原審（福岡高判昭和34・4・27刑集13巻11号3032頁）が認定した事実では、被告人の売値と商品の市場価格との間に700円程度の差があった。つまり、「相当対価提供の場合でも」というのは、この裁判例では傍論にすぎないのである。

他方、対価以上の金銭を払っても詐欺罪になりうると述べた裁判例として引用される**「払下げ国有林転売事件」**大審院判決（大判大正2・11・25刑録19輯1299頁）は、被告人らは国有林の払下げに関して60円の補償金を納付し574円で払下げを受けたのに、被害者には、補償金の弁償として160円、払下

---

16)「直接性」の必要は、たとえば「キセル乗車」に利益詐欺罪を認めた大阪高判昭和44・8・7刑月1巻8号795頁も、「その利益は処分行為から直接に生ずるものでなくてはならないことはいうまでもない」と述べることで、これを認めている。また、本書第1章で言及した最決平成16・11・30刑集58巻8号1005頁が、被告人らが受領した支払督促正本に対する**不法領得の意思**を否定したのも、債務名義という「財産上の利益」を獲得する手段としての「直接性」がなかったからである。

げ代金として1,414円その他の支払いが必要だったという虚偽を述べ、被害者がその事実を知っていたら現に支払ったような高値では買わなかったという事案に関するものであった。ここでは、国有林の市場価値が買受代金を上回っていようがいまいが、払下げに要した費用が売買代金の決定にとって重要であったのだから、その点を偽って高値で転売した被告人に詐欺罪が認められたのである[17]。

その他の判例も含めて、「相当対価」のある場合に詐欺罪が認められたという事案の傾向を大別すれば、①配給物資などのように、公定価格を支払うだけでは入手できない事例や、②一般的な宣伝ないし被害者との個別交渉において特定の品質や効能、つまり使用価値があると偽ってわざわざ買わせた事例、ないし特定の価格で入手したことが売買価格決定において重要であった事例に分けることができる。①については、闇で高値が付いているのであれば、純粋経済的財産概念から見ても、欺罔手段を用いた公定価格での入手は「財産上不法の利得」である。②については、商品につき価格交渉の余地がある以上、特定の品質や効能といった使用価値が価格決定において重視される場合、これを偽って商品を販売して得た利潤は、やはり「財産上不法の利益」であろう。そして、その裏返しとして、被害者は、もっと安く買えた、またはそもそも買わなかったことと差引勘定して、「財産上の損害」を受けたと解することができるのである[18]。

したがって、嘘はついていても、商品の入手価格や使用価値を偽っていな

---

17) 相当対価提供事例で詐欺罪を認めたリーディングケースとされる大判明治43・5・17刑録16輯879頁の事案は、被告人が偽造した委任状で連帯保証人がいるかのごとく欺き被害者から金員を借りた際に十分な価値の抵当権を設定したとしても詐欺罪が成立するとしたものであって、貸主にとって信用ある連帯保証人の存在という意味での十分な人的担保の存在が重要であった事案に関するものであった。

18) 取引相手が当該取引で任意に期待した目的が達成できないことを「損害」とみる単純な**「目的不達成説」**と異なって、**金の斧を鉄の斧と偽って販売するように、買主に嘘をついて交換価値より安値で当該商品を販売した場合には、たとえ使用価値を偽っていたとしても、詐欺罪にはならないであろう。**もっとも、これは「経済的財産概念」によって「財産上の損害」が否定されるというより、現代の自由主義社会では、金の斧は市場において支払った貨幣より多額の貨幣に交換できることにより、買主が当初目的とした鉄の斧（により木を切ること）もそれ以上の商品も入手できる自由が手に入ったからである。そのような自由のない社会では、木こりにとって、鉄の斧は金の斧より貴重である。

い事案では、詐欺罪は認められない。ゆえに、他方で**大決昭和 3・12・21刑集 7 巻772頁**が「**偽医師による売薬事件**」において詐欺罪を否定したのは、その入手価格にも、買い手が求める商品の品質・効能ないし使用価値にも偽りはなく、また、購入者は売り手が医師であることを請求する権利をこの取引では有していなかったからであり、この点において当時の判例には矛盾はなかったと思われる。言い換えれば、詐欺罪が認められた事案では、実は、被害者が期待した「相当対価」は給付されなかったのである。

[5]「寄付金詐欺」の場合

　募金などでの**寄付金**では、被害者は何の対価も期待していないように見える。それにもかかわらず、インチキ募金に詐欺罪が成立するという結論を疑う見解はない。そこで、表面だけを見れば、「財産上の損害」がなくても詐欺罪が成立し得るように思える。

　しかし、寄付は、無条件で相手に利益を与える場合を除き、単なる贈与ではなく、特定の目的のための使用という**負担付きの贈与**ないし**信託的譲渡**と解される[19]。したがって、受寄者は現金の場合、その所有権は取得するが、寄付の趣旨通りにそれを使用する義務を負い、寄付者は寄付の趣旨通りにそれを使わせる権利を持つ。この権利もまた、財産を処分する動機において騙されない権利という意味での財産権に属するのである。ゆえに、この権利を害された点で、寄付者は「財産上の損害」を負う。

[6]　疑問判例

　ところが、21世紀に入って、このような意味での「財産上の損害」が認められないにもかかわらず詐欺罪を認める疑問判例が続出してきた。まず、他人名義で預金口座を開設しその**通帳**の交付を受けた事案に関する**最決平成14・10・21刑集56巻 8 号670頁**は、「他人名義で預金口座を開設し、それに伴って銀行から交付される場合であっても、刑法246条 1 項の財物に当たると

---

19)　寄付者が使用目的を指定した場合を負担付贈与とするのは、我妻榮『債権各論 中巻 1 （民法講義 V₂）』（岩波書店、1957年）238頁。難民に対する寄付のような公共的な目的の場合を信託的譲渡とするのは、我妻・前掲238頁、藤岡康宏ほか『民法4 債権各論〔第 3 版補訂〕』（有斐閣、2009年）62頁。

解するのが相当である。」という理由で、口座開設のために出捐した被告人すなわち預金者には当然交付されるはずの預金通帳につき、これを詐取したとして、詐欺罪の成立を認める判示がなされた[20]（ただし、傍論）。それも、その原判決（福岡高判平成13・6・25刑集56巻8号686頁）が、「預金通帳は預金口座開設に伴い当然に交付される証明書類似の書類にすぎず、<u>銀行との関係においては独立して財産的価値を問題にすべきものとはいえない[21]</u>」（下線筆者）などの理由を付して、つまり、通帳交付につき銀行には「財産上の損害」はないとして詐欺罪の成立を否定していたにもかかわらずである。

　同様の問題は、**通帳**を含む口座の売却目的を秘して預金口座を開設した被告人に対する通帳交付をして財物詐欺罪を認めた**最決平成19・7・17刑集61巻5号521頁**にも認められる。口座開設契約における通帳の譲渡禁止は、本来、銀行側が預金者を確定することに資するものであって、寄付金詐欺と異なり、通帳が預金者に負担付贈与ないし信託または信託的譲渡されるものではない。したがって、第三者への通帳の譲渡自体は「財産上の損害」とはならない。たしかに、譲渡された口座が振り込め詐欺等の目的に利用されているという風評が立てば当該銀行の業績が悪化する可能性があるという理由で、その財産犯性を根拠づけることができるかもしれない。しかし、この構成では、処分行為と損害との間の「直接性」の要請は充たせない（単なる**「遠隔損害」**）。

　同じような「遠隔損害」の指摘は、他人を搭乗させる目的を秘して空港カウンターで**搭乗券**を受け取った事案に財物詐欺罪を認めた**最決平成22・7・29刑集64巻5号829頁**にも見受けられた。そこでは、「このように厳重な本人確認が行われていたのは、航空券に氏名が記載されている乗客以外の者の航空機への搭乗が航空機の運航の安全上重大な弊害をもたらす危険性を含むものであったことや、本件航空会社がカナダ政府から同国への不法入国を防止するために搭乗券の発券を適切に行うことを義務付けられていたこと等の点において、当該乗客以外の者を航空機に搭乗させないことが<u>本件航空会社の</u>

---

20) 当時の預金者の定義に関しては、野村豊弘「預金者の認定について」金融法務研究会編『預金の帰属』（金融法務研究会事務局、2003年）4頁以下参照。

21) 最高裁は、この下線部分を、通帳の「財物性」を否定するものではなく、預金者への通帳交付は銀行にとって「財産上の損害」にはならないことを示唆するものと解するべきであった。

航空運送事業の経営上重要性を有していたから」（下線筆者）であるとされた。しかし、この「経営上重要性を有していた」ことも、単なる「遠隔損害」の可能性の指摘にすぎない。

　同様に、暴力団関係者であることを告知せずに**ゴルフプレー**をした者に詐欺罪を認めた**最決平成26・3・28刑集68巻3号646頁**が挙げる「利用客の中に暴力団関係者が混在することにより、一般利用客が畏怖するなどして安全、快適なプレー環境が確保できなくなり、利用客の減少につながることや、ゴルフ倶楽部としての信用、格付け等が損なわれること」も、ゴルフ場利用サービスの提供という処分行為から直接生じる損害ではなく、ゴルフクラブ側も、その利用者に対して施設を適切に利用することを求める財産上の権利はあっても、利用者が暴力団関係者でないことを「サービスの提供という処分行為に伴って持つ権利」とすることはできないであろう。ゴルフクラブに暴力団関係者の利用を拒否する権利があったとしても、それは「処分行為」とは無関係な権利なのである。

　さらに、**誤振込み**に関して詐欺罪を認めた**最決平成15・3・12刑集57巻3号322頁**も、最判平成8・4・26民集50巻5号1267頁が誤振込みによっても預金債権の成立を認め、最判平成20・10・10民集62巻9号2361頁が仕向銀行側の誤発信の場合でも払戻請求権を認めた以上、<u>銀行側に預金者に対する誤振込み・誤発信・誤記帳等の申告を求める権利はないのであるから</u>[22]、見直されるべきであろう。ましてや、自己名義の預金口座に身に覚えのない入金があった場合に、「犯罪利用預金口座等に係る資金による被害回復分配金の支払等に関する法律」（＝「救済法」）3条1項にある金融機関の取引停止措置を根拠に預金者に告知義務を認める**東京高判平成25・9・4判時2218号134頁**は、疑問である。なぜなら、この条項は、金融機関側の預金払戻しという「処分行為に伴って持つ権利」とは関係がないからである。

　加えて、これらの裁判例が言うように、「自己の口座に誤った振込みがあることを知った場合には、銀行に上記の措置を講じさせるため、<u>誤った振込みがあった旨を銀行に告知すべき信義則上の義務があ</u>」り、かつ、「普通預

22）誤発信・誤記帳のような銀行側の過誤による場合は、預金契約上、銀行側に一方的取消権が認められる。しかし、それは、取消前から当該入金が無効であることを意味しない。これは、取消と無効に関する基本的了解事項である。

金規定上、預金契約者は、自己の口座が詐欺等の犯罪行為に利用されている
ことを知った場合には、銀行に口座凍結等の措置を講じる機会を与えるため、
その旨を銀行に告知すべき信義則上の義務があり、そのような事実を秘して
預金の払戻しを受ける権限はない」（下線筆者）のであれば、そのような
「誤った振込み」の可能性ないし「詐欺等の犯罪行為に利用されている」可
能性のある「身に覚えのない振込み」があるにもかかわらず、自己の口座か
ら預金を払い戻す者は、みな詐欺罪——ATMであれば窃盗罪——になって
しまうであろう[23]。一時期問題になった**「押し貸し[24]」**による振込みを受け
た者や、出版社からの印税の振込みを忘れる筆者などは、「救済法」3条1
項にある取引停止措置[25]を金融機関に求めないで払戻しをしていると、詐
欺・窃盗の常習犯になる。ゆえに、このような告知義務の承認は、取引を混
乱させる。

　以上から明らかなように、ここに列挙した疑問判例の結論は、それまでの
「相当対価」事例や寄付金詐欺について詐欺罪を認めてきた判例の延長では
説明できないものである。

3 ｜詐欺罪における「欺罔」と「不法利得の意思」

[1]「不法利得の意思」
　「利得罪」である**詐欺罪における「欺罔」**は、相手方の錯誤とそれに基づく

---

23) 現に「身に覚えのない振込み」レベルの認識で預金者に詐欺罪を認めたものに、大阪高判
　平成25・6・12公刊物未登載がある。

24) 「押し貸し」とは、闇金業者が貸付の合意なく勝手に貸付金を振り込むことをいう。これ
　を無視しても、法外な利息を請求し、法に疎い被害者から暴利を得る悪徳商法である。

25) もっとも、救済法3条1項にいう「捜査機関等」には、全国銀行協会の「犯罪利用預金口
　座等に係る資金による被害回復分配金の支払等に係る事務取扱手続」（http://www.caa.go.
　jp/planning/pdf/1115siryou1.pdf）によれば、振込金員の受取人は含まれていない。その
　ため、銀行実務では、仮に受取人から情報提供があったとしても、これについて捜査機関等
　に問合せをし、それが事実であれば捜査機関等から改めて情報提供を受けて、救済法3条
　1項の取引停止措置を執るようである。干場力「振り込め詐欺救済法の概要と同法に係る
　全銀協の事務取扱規定の概要」金融2008年7月号33頁参照。松宮孝明「振込め詐欺に利用
　された口座からの払戻しと財産犯」井田良ほか編『浅田和茂先生古稀祝賀論文集［上巻］』
　（成文堂、2016年）765頁も参照されたい。

処分行為、それによって発生する**利得**を目的とするものである。この目的を「**不法利得の意思**」という。ここにいう「不法利得の意思」は、他人の財物を不法に領得する目的（＝「**不法領得の意思**」）を含むが、それより広い。領得の意思がなくても、賃借料を払う意思があるように装ってレンタサイクルを借り出す行為には「不法利得の意思」が認められるので、利益窃盗と同質の利益詐欺（246条2項）になる。単に、利益窃盗は刑法上の財産犯ではないだけである[26]。同時に、「不法利得の意思」の裏返しとしての「財産上の損害の認識」も、これに必然的に伴うことになる（「確定的認識」）[27]。

このような「不法利得の意思」のない嘘は、相手方に「財産上の損害」を発生させるものであっても、詐欺罪における「欺罔」には当たらない。ゆえに、「不法利得の意思」のない加害目的での「嘘」は、詐欺罪の未遂にもならない。

たとえば、他人が商人より狩野探幽の書の偽物を買おうとするのを見て、後日嘲笑の材料にしようと考え、これを本物に相違ないと述べて購入の決意をさせることが、これに当たる[28]。この場合は、行為者本人の「利得」も、またこれと利害関係を同じくする他人の「利得」も、目的とされていないので、本罪にいう「欺罔」に当たらないからである。

この関係で、246条2項にいう「**他人**」は、行為者と何らかの点で利害関係を共通にする人物に限られる。なぜなら、純粋に加害目的で行われる探幽の偽書の事例でも、これを売りつける商人に利益が生じることは確実だが、そのような場合は「利欲犯」である詐欺罪にふさわしくないからである。

---

26) 団藤・各論610頁は、「領得の意思をもたないで——ことに一時使用の目的で——欺罔・恐喝の手段によって財物を交付させても、246条2項・249条2項の詐欺罪・恐喝罪にはなることが多いと解すべきである」と指摘する。また、自動車の無断使用罪を作る場合には、「不法利得の意思」が必要となろう。なお、財物詐欺罪につき「不法領得の意思」を否定した最決平成16・11・30刑集58巻8号1005頁の事案は、利得の「直接性」がないために、支払督促正本等に関しては「不法利得の意思」もない事案であった。

27) 「不法利得の意思」は「目的」（Absicht）であるから、単なる未必的な認識（つまり故意一般）では足りず、「意図」ないし「意図に必然的に付随する結果であることの認識」を要する。もっとも、共犯者は、正犯に「不法利得の意思」があることの未必的な認識でもよい。詳しくは、松宮孝明「挙動による欺罔と詐欺罪の故意」岩瀬徹ほか編『刑事法・医事法の新たな展開 上巻（町野朔先生古稀記念）』（信山社、2014年）529頁を参照されたい。

28) 大場・各論上549頁。

[2]「欺罔」でない嘘

　被害者に財物交付などの処分行為をさせるのではなく、**窃取のための隙を作るだけの嘘**は「欺罔」ではない。たとえば、ホテルの隣室で取引物の内容を確認すると嘘をついて当該物を引き渡させ、ホテルから脱出する場合は、ホテルの隣室までならまだ相手方の占有を脱しない範囲なので相手方に交付の意思はなく、ゆえにこの財物を持って逃走する行為は窃盗であって詐欺ではない[29]。

[3]「不作為による欺罔」と「挙動による欺罔」

　「不作為による欺罔」に関しては、とくに、継続的取引関係にある等の理由から、信義誠実の原則（民法 1 条 2 項）上、一定の事実の存在について告知義務がある場合の不告知が、これに当たるとされる。もっとも、無銭飲食のような場合では、支払いの意思と能力があることが飲食物注文の当然の前提であるから、注文という作為自体による**「挙動による欺罔」**（「推断的欺罔」）と解するべきであろう。また、特殊な取引条件を重視する当事者では、重視する側がそれを示して回答を求めなければ、相手方に「欺罔」はない[30]。

[4] 惹起する「錯誤」の重要性と嘘の一般的可能性の「容認」

　「欺罔」によって惹起する相手方の「錯誤」は、財産権行使の判断にとって重要となる動機に関する「錯誤」でなければならない。たとえば、未成年者が成人であると嘘をついてコンビニでタバコを買う場合、——ごく一部に反対説はあるが——詐欺罪にはならない。年齢確認は、未成年者を喫煙の害から守り、販売者側が未成年者喫煙禁止法 5 条によって処罰されないためには重要であるが、商人としての利潤追求という財産権行使にとっては重要でないからである。この事例からも明らかなように、重要性は、処分行為者の取引において果たす役割に左右される[31]。

　最高裁もまた、先に紹介した搭乗券の詐取に関する**最決平成22・7・29刑**

29）東京高判平成20・3・11東高刑時報59巻1～12号12頁。

30）マンションの賃貸借契約に関して、貸主側が暴力団排除を契約書等で明示しており、さらに借主側が契約書の上記条項を具体的に説明されて、分かりましたと答えた場合ではないとして、暴力団員である被告人の詐欺罪を否定したものとして、札幌地判平成19・3・1 LEX/DB28135165。

集64巻 5 号829頁において「航空運送事業の経営上重要性を有していた」（下線筆者）といった言葉を用いて、この重要性を表現しようとしている[32]。

　問題は、相手方に、申込者が嘘をついてくる一般的可能性の認識がある場合である。この問題につき、**大阪高判平成25・12・25LEX/DB25502763**は、被告人らが国からの補助金によって国産牛肉を買い上げることとしていた「全国食肉事業協同組合連合会」の会長Ａに対し、買上対象外の輸入牛肉を国産牛肉と偽って買い上げさせたという事案に関し、Ａらは「買上申込みに係る牛肉の中に対象外牛肉が混入される可能性を認識していたことについては間違いがないと認められる」としつつ、「詐欺罪が成立しないといい得るためには、Ａにおいて、対象外牛肉が混入されていることを認識しながら、<u>その分だけ不正に多額になっている買上代金等を支払うことまで一般的に容認・認容していたか</u>、あるいは、被告人らによる……買上申込みに係る牛肉の中に対象外牛肉が混入されていることを認識しながら、<u>その分だけ不正に多額になっている買上代金等を支払うことまで個別的に容認・認容していたか、そのいずれかであると疑うべき合理的な理由がなければならない。</u>」と述べて、詐欺罪の成立を認めてしまった[33]。

　このように、相手方が不正な申込みをしてくる一般的な可能性を認識しつつ処分行為をした者にも、嘘の「容認・認容」がないとして、詐欺罪にいう「錯誤」が認められるであろうか。これについては、被欺罔者が嘘を「容認」しようがしまいが、嘘と知りつつ処分行為をしたなら、それは「錯誤」に基づく処分行為とはいえないように思われる。

　これは、ちょうど、**未必の故意**における**「認識」**と**「認容」**との関係に似ている。そこでは、そもそも実務において被告人が「認容した」という心理

---

31) したがって、筆者は、阪神タイガースが優勝した場合にタイガースファンにだけ値引きをする飲み屋をファンでない者が欺いて安く酒を飲んだとしても、「飲食業の経営上重要性を有していた」事実に関し欺罔したとは考えない。そのような差別は「飲食業の経営」倫理に反し、法が尊重してはならないものと考えるからである。

32) もっとも、この言葉だけでは、「遠隔損害」の事案を除去することはできないが。

33) この判決に対する上告は、最決平成27・4・8LEX/DB25540609が「三下り半」で棄却し、更にこれに対する再審請求も、大阪地裁の平成28・3・29、平成28・3・31および平成28・4・18、大阪高裁の平成29・6・6の一連の決定（いずれも公刊物未登載）によって棄却された。しかも、上記Ａが自ら経営する食肉会社も同様の偽装をしていたにもかかわらず、棄却されたのである。

的事実の証明は要求されておらず、むしろ、盗品等有償譲受罪に関する**最判昭和23・3・16刑集 2 巻 3 号227頁**によれば、「*諸般の事情から『或は贓物ではないか』との疑を持ちながらこれを買受けた事実が認められれば贓物故買罪が成立するものと見て差支ない*」とすら述べられているのである[34]。詐欺罪における被欺罔者についても、偽装のしかるべき可能性を認識しながら取引に応じた場合、この可能性を「容認・認容」しなかったなどということは、法の評価としてはあり得ないことといわなければならない。すなわち、詐欺罪においても、「偽装された取引はしたくない」と思っている一般的な規範意識の持ち主なら「取引の反対動機となるべき可能性の認識」があるのに、あえて処分行為に出た者には、「騙された」、「錯誤だ」などと語る資格はないのである。

[5] 目指す「処分行為」

「欺罔」が目的とする「処分行為」は、被欺罔者が「錯誤」に陥って行うものでなければならない。したがって、被欺罔者と処分行為者は同一でなければならない。この「被欺罔者」とは、受付や窓口の係、メッセンジャーをいうのではなく、彼らを介して処分行為を行うべき人物をいう。「処分行為者」も同様であって、「被欺罔者」の指示を受けて財物を交付する履行補助者や使者は「処分行為者」ではない。

他方、財産上の損害を蒙る被害者は、処分行為者と同一である必要はない。処分行為者には、被害者の財産権を行使できる権限さえあればよいのである（「**三角詐欺**」）。

もっとも、一部の見解は、裁判所を騙して（虚偽の）債務の支払いを命ずる勝訴判決を得、これを債務名義にして被告人の財産を手に入れる「**訴訟詐欺**」では、「被欺罔者」と「処分行為者」が異なる場合があるとする[35]。しかし、「訴訟詐欺」では、虚偽の債務の支払いを命ずる勝訴判決などの「**債務名義**」の獲得によって、欺罔者の側は被害者の財産から強制執行可能な支

---

34) この盗品譲受人を、同時に詐欺の被害者とは考えないであろう。未必の故意における「認容」の意味については、松宮・先端総論113頁以下を参照されたい。

35) 団藤・各論614頁、大塚・各論252頁以下。「被欺罔者」を裁判所としつつ、「処分行為者」は被告とされた者とするのである。

払いを受ける地位という「財産上の利益」をすでに得ている。そして、被害者には、これに対応する財産減少の具体的危険状態という意味での損害が生じている。したがって、この場合の「処分行為者」は、被告とされた者ではなく、裁判所である。すなわち、「被欺罔者」と「処分行為者」は同一なのである。

また、他人名義のクレジット・カードを自己名義のものと誤信させて加盟店での支払いに用いる**「クレジット・カード詐欺」**では、被害者はクレジット・カードの加盟店であり、被欺罔者と処分行為者は加盟店の従業員である。他人名義でのクレジット決済は本来無効であるから、立替払い請求可能な売上債権を獲得できない点で加盟店が被害者なのであり、カード会社が被害者なのではない。もっとも、カードの有効性と会員資格の確認に落ち度がない限りで、加盟店契約の特約によって支払い義務を負うカード会社が最終的な財産損害を引き受けることにはなる。

有効なクレジット・カードの濫用では、様相を異にする。後日の決済における支払意思も支払能力もないカード濫用のケースでは、クレジット決済自体は有効であり、加盟店は特約とは無関係に決済代金の立替払いをカード会社に請求する権利を有する。したがって、被害者はカード会社であり、そしてその被害はカード会員の背信的カード濫用を原因とするものであって、詐欺罪に問擬すべきものではない[36]。加盟店はカード会員の支払能力や支払意思を詮索してはならず、また、詮索しなくても当然に立替払いを受けられるのである。ここでは、某カード会社のCMが人を騙すたぬきや架空の生き物であるカッパをキャラクターとしていることの意味を考えるべきであろう。

他方、不良品をそれと知らずにクレジット決済で購入した被害者の場合、その代金がカード会社によって立替払いされる前であっても、「同時履行の抗弁権」（民法533条）を失うなどしてすでに確定的に代金債権を負担した時点で、相手方に詐欺利得罪（246条2項）が成立する。

この点については、「釜焚き」というインチキ祈祷事件に関する**最決平成15・12・9刑集57巻11号1088頁**について述べたように（本書第1章）、月末の「つけ払い」契約でインチキな商品を販売した詐欺の既遂は月末の支払期日

---

36) にもかかわらず、福岡高判昭和56・9・21刑月13巻8・9号527頁や東京高判昭和59・11・19判タ544号251頁等は、加盟店を被害者とする詐欺罪を認めた。

まで待たなくてよく、前掲最決平成15・12・9の事案においても、立替払い前のその段階で同罪の既遂を認めてよいのである。この場合のカード会社の立替払いは、カード会社自身の処分行為である。

4 ｜「処分行為」

[1] 処分行為としての「財物交付」

財物詐欺（246条1項）においては、被欺罔者に財物を交付させなければならない。したがって、相手方の占有下で財物を移動させることを目的とする嘘は「欺罔」ではないのである。

しかし、これを裏返せば、相手方の占有を脱するところまで財物を移動させることを目的とする嘘は、すでに「財物交付」を目的とする「欺罔」になり得るということである。**東京高判平成12・8・29判時1741号160頁**は、被告人が店員から差し出されたテレホンカードを、代金を支払う前に店外で待っている者に先に渡してくるなどと述べて店員を誤信させ、テレホンカードを店外に持ち出して逃走した事案に関して詐欺罪の成立を認めた。それは、店外ではすでに相手方の占有を脱しているという判断を前提にする。また、**最判昭和26・12・14刑集5巻13号2518頁**は、被害者が玄関からの現金の持ち出しを容認していたという認定事実を前提に詐欺を認めている[37]。

もっとも、財物詐欺罪の保護法益は占有そのものではないのであるから、この場合でも、占有移転に伴って、当該財物に関する何らかの財産権が処分される必要があろう。

[2]「処分意思」──「無意識の処分行為」？

学説の一部には、「無意識の処分行為」なるものを認めるものがある。本の中に1万円札が挟まれていることを忘れている所有者にその本を貸してほしいと申し向けて、中の1万円札を抜き取り本だけを返すような場合を詐欺罪だとするのである[38]。**大判昭和9・3・29刑集13巻335頁**も、電気料金をごまかすために電気計量器の針を逆回転させたという、電力会社側の逆回転分

---

37) 他方、ホテルの隣室でお金を検品したいと嘘をついて現金を持って逃走した事案については、前掲注29）東京高判平成20・3・11が、窃盗罪で処断している。

の債務の意識がない事案について、詐欺罪を認めている。

しかし、法律行為として「無意識の処分行為」を認めることは形容矛盾である。そうではなくて、真の問題は、処分行為者に処分の客体につきどの程度の具体的認識を要求するかにある。その成否に争いのある**「キセル乗車」**について詐欺罪を認めた**大阪高判昭和44・8・7刑月1巻8号795頁**も、改札係員が「乗車券に入鋏して改札口を通過させ、京都駅行列車に乗車させ、国鉄の職員が被告人を京都駅まで輸送したことは、被告人に対し輸送の有償的役務を提供するという処分行為をしたもの」と述べて、被告人に改札口を通過させ列車に乗車させるという改札係員の意識的行為を「処分行為」としている[39]。

また、「被害者」を保険料等の還付金が戻ってくると騙して ATM の「振込み」パネルにタッチさせ送金させる**「還付金詐欺」**では、「被害者」に「振込送金」の意思がないため、**岐阜地判平成24・4・12LEX/DB25481190**は、詐欺罪ではなく、電子計算機使用詐欺罪（246条の2）の間接正犯を認めている。つまり、実務は「無意識の処分行為」を認めていない。それも、「振込み」パネルへの意識的タッチでは足りないのである。

もっとも、「処分行為」は、具体的な状況や行動の脈絡からみて、処分の意思が読み取れるものであってもよい。したがって、**「黙示の処分行為」**はありうる[40]。

なお、電子計算機使用詐欺罪が問題となる**自動改札機を利用した「キセル乗車」**の場合、**東京地判平成24・6・25判タ1384号363頁**は、真の乗車駅とは異なる乗車駅で入手した乗車券を下車駅の自動改札機ないし自動精算機に投入することによって、これらの機器の電子計算機に虚偽の乗車駅情報を与えたことを、「虚偽の情報」（246条の2）等を与えた等と解して本罪の成立を認めた。他方、控訴審で破棄されたが、**名古屋地判令和2・3・19LEX/**

---

38) 西田・各論212頁。しかし、この1万円札の事例は、窃盗罪の、典型的な「被害者利用の間接正犯」である。

39) もっとも、それでも、駅員らは被告人が運賃を支払わずに遠方の駅まで乗車することを意識していたわけではない。その点では、「キセル乗車」は列車の屋根にタダ乗りする「利益窃盗」と同じである。

40) 脅迫による支払請求の断念につき支払い猶予の黙示の処分行為を認めたものとして、最決昭和43・12・11刑集22巻13号1469頁。

DB25565380は、このような乗車駅情報を読み取る機能のない自動改札機を利用した「キセル乗車」につき、本罪の成立を否定している。

[3] 目的とする「利得」

詐欺罪の目的となる**「利得」**もまた、財産権上の重要性を持っていなければならない。

この点につき、**最判平成13・7・19刑集55巻5号371頁**は、「詐欺罪が成立するというためには、欺罔手段を用いなかった場合に得られたであろう請負代金の支払とは社会通念上別個の支払に当たるといい得る程度の期間支払時期を早めたものであることを要する」として、財産上不法の利益の獲得やそれを目指した欺罔行為の存在を否定した[41]。

財産権を表象する**「証拠証券」**の詐取と、それを用いた権利行使との罪数関係という問題もある[42]。たとえば、被保険者の重大な疾病を秘匿して生命保険に加入する、ないしさせる場合には、生命保険証書を騙し取った財物詐欺とするのが、従来の判例である[43]。しかし、それは、同時に、保険事故が起きた場合に保険金を受け取る権利をも騙し取ったものであり、被保険者が死亡した後の保険金の受け取りは、この権利の実現にすぎないので、別罪を構成しない[44]。

したがって、消費者金融を欺いて一定金額まで金銭の消費貸借が可能となるローンカードを交付させた後、そのカードを自動契約機に挿入して実際に現金を借りた行為についても、後の借入行為は当初の詐欺罪によって騙し取

---

41) その事案は、公共工事の完成を証明するためのものとして、不実の記載のある「汚泥処理券」を提出したが、交付される代金の対象となった工事は現に完成させていたというものである。予算消化の年度末までに必要な書類が整わない中で行われた「些細でありふれた」不正の事案と思われる。これに対して、前掲の「誤振込み」決定（最決平成15・3・12刑集57巻3号322頁）の調査官解説（宮崎英一「判解」最判解刑事篇平成15年度〔2007年〕112頁）が、「当該振込みの過誤の有無に関する照会を行うなどの措置」を行うわずかな期間を捉えて「別個の支払に当たる」と述べるのは、不可解である。

42) この場合、重点は証券という有体物にではなく、そこに示された権利にある。中森喜彦「二項犯罪小論——その由来を中心に」法学論叢94巻5・6号（1974年）217頁参照。

43) 大判昭和10・4・1刑集14巻368頁、大判昭和11・4・2刑集15巻439頁、大判昭和13・10・8刑集17巻708頁、最決平成12・3・27刑集54巻3号402頁等。

44) 前掲注43）の大判昭和10・4・1は、後の保険金騙取との包括一罪と解している。

った権利の実現にすぎないのであるから、詐欺罪の包括一罪とすべきであろう。行為者はローンカードそのものがほしいわけではないのであるから、これを詐欺罪と窃盗罪との併合罪とする**最決平成14・2・8刑集56巻2号71頁**は疑問である[45)]。

5 | 詐欺罪の「包括一罪」？

[1]「街頭募金詐欺」決定

　詐欺罪は、個人の財産権を害する罪であり、かつ、常習累犯窃盗罪（盗犯等防止法3条）などと異なり、複数の行為でも一罪で処理する「集合犯」ではないので、被害者が異なれば別個の詐欺罪が成立するというのが、通説であり判例である。

　もっとも、**最決平成22・3・17刑集64巻2号111頁**は、不特定多数の被害者が少額の金銭を提供する「**街頭募金詐欺**」につき、募金全額を被害金額とする詐欺罪の包括一罪を認めた。これは、個々の被害金額が少額で被害者および被害法益は特定性が希薄である場合に限った例外的な判断である[46)]。

[2] 包括できる範囲

　したがって、個々の被害者の被害金額が多い場合には、「包括一罪」にはできないと考えるべきである。つまり、上記最決平成22・3・17を前提としても、「一定程度の被害者を特定して捜査することがさして困難を伴うことなく可能であるのに、全く供述を得ていないか、又はそれが不自然に少ないという場合は、被告人が領得した金員が錯誤によって交付されたものであるとの事実の証明が不十分である[47)]」として、包括一罪性を否定し、個々の詐

---

45) 類似の問題は、現金を詐取しようとしたところ被害者からキャッシュカードを渡されたので被害者に代わって銀行のATMから当該金額を引き出したという事案について、カードの詐欺と銀行に対する窃盗の併合罪を認めた東京高判平成10・12・10東高刑時報49巻1～12号87頁にも当てはまる。

46) 同じく不特定かつ多数の被害者を対象とする利殖等を装った出資詐取の事例に関しては、「財経事件」に関する名古屋高判昭和34・4・22高刑集12巻6号565頁や「投資ジャーナル事件」に関する東京高判昭和63・11・17判時1295号43頁が、包括一罪構成を否定している。

47) 先の最決平成22・3・17における須藤正彦裁判官の補足意見。

欺被害を特定すべきなのである。

---

6 ｜「権利行使」と詐欺・恐喝

[1]「権利行使」？

　所有者による盗品の取戻しには本権の侵害がないので奪取罪の成立を否定すべきことは、すでに述べた（本書第9章）。この場合は、手段のみに犯罪が成立する。これと異なるのが、債権の取立てである。というのも、強制執行以外では債務の履行は任意であって、民法は、債権者に暴行・脅迫を用いた履行強制の権利まで認めているわけではないからである。

　したがって、社会通念上一般に忍容すべきものと認められる程度を超えるような脅迫、さらには暴行を用いた債権取立ては、それ自体として「権利行使」ではない。大審院には手段である脅迫罪のみを認めたものがあるが[48]、取り立てた金銭も含めて恐喝罪が成立するとしてよいであろう[49]。もっとも、実務では、恐喝罪が暴力的な借金取立てに適用されることは、あまりない[50]。

[2] 被害金額

　他方、銀行員が預金債権額を誤解して過剰な払戻しをする際に、それを知りつつその払戻金額を確認したという詐欺罪に関する**大連判大正2・12・23刑録19輯1502頁**は、過剰な金額のみについて詐欺罪の成立を認めた。可分な債権に関してその金額のみを偽ったという事案については、過剰部分にのみ詐欺罪が成立するということである。

---

48) 大判昭和5・5・26刑集9巻342頁。もっとも、「暴力行為等処罰ニ関スル法律」1条の多衆脅迫罪を適用したという事情もあったようである。

49) 最判昭和30・10・14刑集9巻11号2173頁。この判決は、「権利行使の手段として社会通念上、一般に忍容すべきものと認められる程度を逸脱した手段」を用いて取り立てた6万円全額について、恐喝罪を認めている。

50) 違法な金融業者に対する「出資の受入れ、預り金及び金利等の取締りに関する法律」の罰則が用いられることが多い。

7 │ 不法原因給付と詐欺・横領

[1] 給付の「終局性」

民法708条の**「不法原因給付」**に関連して、<u>給付者に返還請求権のないときまで詐欺罪や横領罪といった財産犯が成立するか</u>という問題がある。たとえば、贈賄（198条）の賄賂として公務員に渡すふりをしつつ金銭を騙し取ったような場合、あるいは贈賄資金を公務員に渡さずに横領した場合である。

もっとも、<u>この場合の「不法原因給付」は、公務員への当該金銭の賄賂としての供与であり</u>、したがって、当該金銭が公務員に供与されるまでは「給付をした」には当たらず（**給付の「終局性」**がない）、民法708条の適用はないことは、本書第8章で述べた。ゆえに、<u>「給付」完了前の財産状態は保護に値する</u>のであって、上記の場合には、当然に財産犯が成立する[51]。

[2] 盗品等の詐欺・横領

窃盗犯人から盗品を詐取した場合、および預かった盗品を横領した場合は、給付者の返還請求権が否定される「不法原因給付」とは異なる問題を生ずる。前者は、端的に言えば、**「泥棒からの泥棒」**と同じ問題である（本書第9章）。この場合も、真の被害者は当該盗品の所有者であり、その権利は財産権に含まれる。

盗品等の横領も、同様に考えられる。横領者が盗品であることを知っていれば盗品罪（256条）——それも、運搬罪、保管罪、有償処分あっせん罪——は成立するのであり、それ以外にも委託物横領罪が成立するか否かが問

---

51) 最高裁は、かかる違法な手段による行為は社会の秩序をみだす危険があるという理由で詐欺罪を認めたり（最判昭和25・7・4刑集4巻7号1168頁）、横領罪は民法上その返還を請求できることを要件としていないと述べて同罪を認めたりしているが（最判昭和23・6・5刑集2巻7号641頁）、そのように述べる必要はない。もっとも、売淫料については、性交を財産的価値のあるものと考えること自体を否定すべきであるから、「財産上の利益」には当たらないと解すべきである（札幌高判昭27・11・20高刑集5巻11号2018頁）。これを肯定する名古屋高判昭和30・12・13裁特2巻24号1276頁は、「詐欺罪の如く他人の財産権の侵害を本質とする犯罪が処罰されるのは単に被害者の財産権の保護のみにあるのではなく、斯る違法な手段による行為は社会秩序を乱す危険があるからである。」とするが、これは、売淫料も「他人の財産権」に属すると考えてよいかという問題の本質を看過したものである。

題なのである。それは、罪数の問題であって、委託者に民法上の返還請求権があるか否かは、問題でない。そもそも横領罪にとっては客体が委託物であればよいのであって、委託者が所有者その他の本権者である必要はない。

最高裁には、盗品の売却代金の横領について、盗品罪のほかに委託物横領罪を認めるものもあるが[52]、大審院にはこれを否定したものもあったし[53]、保管中の盗品を横領した事案では、いまだに否定例が「判例」である[54]。横領罪は、この場合、真の被害者の所有権から派生する、盗品の取戻権という意味での「追求権」を害するものであり、実質的には盗品罪と同じ法益を侵害するのであるから、法定刑の重い盗品罪のみで包括一罪とすべきである。もっとも、横領者に盗品性の認識がないなど、何らかの理由で盗品罪が成立しない場合には、本罪のみが成立する[55]。

---

52) 盗品等有償処分あっせん罪と委託物横領罪の併合罪としたものとして、最判昭和36・10・10刑集15巻9号1580頁。
53) 盗品等有償処分あっせん罪のみを認めたものとして、大判大正8・11・19刑録25輯1133頁。
54) 盗品等保管罪のみを認めたものとして、大判大正11・7・12刑集1巻393頁。
55) 預かった盗品をすぐさま横領した事案につき横領罪のみを認めたものとして、大判昭和13・9・1刑集17巻648頁。

第13章

背任の罪

1 │ 背任の罪の本質と沿革

[1] 背任の罪の本質

247条は、「他人のためにその事務を処理する者が、自己若しくは第三者の利益を図り又は本人に損害を加える目的で、その任務に背く行為をし、本人に財産上の損害を加えたときは、5年以下の懲役又は50万円以下の罰金に処する。」として、背任罪を規定する。この罪は刑法第2編第37章の「詐欺及び恐喝の罪」にあり、同じく財産権を保護するものである。しかし、その本質は、財産の管理を他人に委ねた本人の――いわば内部関係にある――財産権に対する侵害にある点で、財産権行使における万人の欺罔や脅迫からの自由を保護する詐欺および恐喝の罪とは異なる。

背任行為をめぐっては、「権限濫用説」と「背信説」の争いがあった。**「権限濫用説」**は、制定法や契約等によって認められた、被害者の財産に対する法的に有効な代理・代表権限の濫用を背任とするもので、事実上の信頼関係や誠実義務の違背を含まない。これに対して、**「背信説」**は、被害者の財産の処分に関する事実上の信頼関係や誠実義務に反する財産侵害をも背任とみる。この点では、現行法は、法的権限の濫用の場合を含む「背信説」を採用している[1]。

[2] 背任の罪の沿革

背任罪は、1907（明治40）年の現行刑法になって設けられた犯罪類型である。そのモデルは、1871年のドイツ刑法266条であるが[2]、そのドイツでは、古くは、委託物横領と背任は同種の犯罪とされていた。しかし、1871年のド

イツ刑法典では、横領罪は遺失物等横領罪を基本類型とする所有権に対する罪として明確化され、背任罪については、法律や委任等によって与えられた他人の財産を管理し処分する権限を加害目的で濫用した場合を列挙する規定方法が採用された。学説は、これについて、他人の財産の処分に関して与えられた法的権限を濫用することに、背任罪の本質があるとみた（「権限濫用説」）。

しかし、これだけでは、濫用によって行われた処分が法的に無効な場合や本人の財産を処分する対外的な権限を持たない者の事実的な背信行為、権限を行使しないことによってみすみす損をさせる行為等を把握することができない。そこで、ドイツでは、1933年に、一方で、この種の法的権限の濫用を把握する構成要件を置き（「濫用構成要件」）、他方で、雇用その他の契約によって他人の財産を擁護すべき義務を負う人物がその財産擁護義務に背いた場合を対象とした構成要件が追加された（「背信構成要件」）。わが国の247条は、このドイツの改正を先取りする形で、「権限濫用」を含む「背信」一般を構成要件化したものである[3]。

わが国のその後の刑法改正作業では、本罪は、その「背信性」という点で、委託物横領罪と共通の性格を持つことを理由に、「横領及び背任の罪」として扱われている[4]。しかし、横領の罪は背信性を本質とするものではなく、所有権を害する罪として遺失物等横領罪を基本類型とする犯罪であり、委託物横領罪はその加重類型にすぎない。したがって、このような位置づけは、現行法の解釈論としてはもちろん、立法論としても疑問である[5]。

---

1) 質物の単なる保管者が質権者に無断で質物を債務者に返した事例を（横領罪ではなく）背任罪に当たるとしたものに、大判明治44・10・13刑録17輯1698頁。なお、本人から委託された事務処理権限を濫用して本人の財産を害することが背任であるとする**「事務処理違反説」**もあるが（平野龍一『刑事法研究 最終巻』〔有斐閣、2005年〕34頁以下、上嶌一高『背任罪理解の再構成』〔成文堂、1997年〕240頁、山口・各論320頁）、ここにいう事務処理には事実行為も含まれることから、これは「背信説」の一種と考えられる。その要点は、背任とは、あくまで、本人の財産を処理する事務を委ねられた者がその任務に背くという形の背信に限られることを強調するところにある。

2) そのほか、当時のノルウェー刑法275条やオーストリア刑法草案284条も、類似の規定を有している。田中・釋義下1324頁以下参照。

3) 平川・各論388頁。背任罪の沿革については、上嶌・前掲注1）11頁以下参照。

4) たとえば「改正刑法草案」第2編第39章。

5) 同旨、平野・前掲注1）34頁以下。

なお、本罪の加重類型として、1938（昭和13）年改正商法旧486条以下を引き継いだ会社法960条以下に**「特別背任罪」**があることに注意が必要である。しかも、その法定刑の上限は、1997（平成9）年の商法旧486条の改正により、それ以前の7年の懲役から10年の懲役に引き上げられており、1,000万円以下の罰金との併科も可能な点では業務上横領罪（253条）より重いものとなっている。

2 ｜ 背任罪の成立要件

　背任罪は、(1)「他人のためにその事務を処理する者」すなわち**「事務処理者」**が、(2)「その任務に背く行為」すなわち**「任務違背」**を犯し、(3)よって「本人に財産上の損害」すなわち**「財産損害」**を加えたときに、(4)それが「自己若しくは第三者の利益を図り又は本人に損害を加える目的」すなわち**「図利加害目的」**で行われたことを要件とする。しかし、このうち、実務において(4)「図利加害目的」はしだいに形骸化し、反対に(2)「任務違背」と、その前提となる(3)「財産損害」が豊富化・実質化することで、背任罪の要件の重点は(2)(3)に移行してきている。

[1] 背任罪の主体――事務処理者

　背任罪の主体は、「他人のためにその事務を処理する者」（247条）であり、よって本罪は**構成的身分犯**である。「その事務」というのであるから、「他人の事務」をその他人のために処理する者が、本罪の主体である。事務処理者となる根拠は、法令、委任・請負・雇用・寄託等の契約、事務管理（民法697条以下）のいずれでもよい。不作為犯における作為義務のように、有効な契約によらない事実上の引受けでもよいであろう[6]。会社法960条および961条の「特別背任罪」は、その**加重的身分犯**である[7]。

　「他人の事務」であるか否かに争いがあるものに、抵当権設定者が有する

---

6)　大判大正3・9・22刑録20輯1620頁は、事実上の収入役代理に事務管理に基づく背任罪を認め、大判昭和13・11・21刑集17巻861頁も、事実上の収入役代理に本罪を認めている。

7)　奥島孝康ほか編『新基本法コンメンタール　会社法3〔第2版〕』（日本評論社、2015年）583、584頁〔淺木慎一〕。

「抵当権の登記に協力する任務」がある。**最判昭和31・12・7刑集10巻12号1592頁**は、この任務は「主として他人である抵当権者のために負うもの」であるから「他人の事務」に当たるとして、**「二重抵当」**の事案について背任罪を認めた。しかし、このような登記「協力」義務は、抵当権者の事務ではなく抵当権設定者本人の義務であるから、これを「他人の事務」に当たるとすることはできない[8]。また、抵当権設定者が登記に必要な書類を抵当権者に渡しているのに抵当権者の怠慢で登記が遅延し、そのために抵当権設定者が不動産の担保余力を活用して資金調達をすることができないとなれば、抵当権設定者を経済的に追い詰めることにもなりかねない。したがって、「二重抵当」一般に関して、抵当権設定者に背任罪を認めることは妥当でない。

　もっとも、担保権保全事務が具体的に引き受けられたと認められる場合には、事情は異なる。上記の最判昭和31・12・7の事案では、被告人は抵当権を登記しないよう懇願するなど、抵当権者の登記を積極的に妨げたという事情が認定されている。したがって、この事案では、抵当権者は、被告人の弁を信じて、登記をせずにその保全を被告人に委ねていたと解する余地があろう[9]。「二重抵当」に関するその後の**東京高判平成13・9・11判時1765号127頁**も、「被告人の希望で、権利証等の登記書類一式をA信金に預けるが、登記は経由しないでおく……ことで合意に達した」（下線筆者）事案に関するものであり、単なる登記協力義務を「他人の事務」としたものではない[10]。

[2] 任務違背

　「任務違背」にいう任務とは、単なる「本人との間の信任関係を破る行為」一般ではなく、自己がその事務を処理している本人の財産を擁護するという任務である[11]。それには、銀行の情実貸付や、株式会社の「蛸配当」などによって財産を減らさないことばかりでなく、利殖や経営によってそれを増や

---

8)　平野・概説229頁、同・前掲注1）45頁以下。

9)　以上につき、松宮孝明「判批」山口厚ほか編『刑法判例百選Ⅱ 各論〔第6版〕』（有斐閣、2008年）138頁以下参照。

10)　株券が発行されていた時代には、質入れした株券につき除権判決を得てこれを失効させた質権設定者に背任罪を認めた最決平成15・3・18刑集57巻3号356頁がある。この被告人もまた、「融資金の返済があるまでは、当該株式の担保価値を保全すべき任務を負」っていたと解することができよう。

すことも含まれる。背任罪は、本人に「財産損害」を加えたという結果犯であるから、本罪の「実行行為」である「任務違背」は、殺人罪における「実行行為」と同じく、この「財産損害」という結果を生じる**「許されない危険」**を創出する行為といえる。この「許されない危険」が「財産損害」という結果に実現したことにより、本罪は成立するのである（＝背任罪における客観的帰属関係）。

　とりわけ、一発逆転を狙う「冒険的取引」のように、企業経営には損害のリスクはつきものである。したがって、企業経営においては、この「許されない危険」の裏返しである**「許された危険」**が、**「経営判断の原則」**という形で認められている[12]。

　たとえば、**「北國銀行事件」**に関する**最判平成16・9・10刑集58巻6号524頁**は、担保に瑕疵があるため信用保証協会には焦げ付いた貸付金の代位弁済義務が存在しない可能性があるときでも、「協会としては、（ア）本件代位弁済に応ずることにより、北國銀行の負担金の拠出を受け、今後の基本財産増強計画を円滑に進めるべきか、それとも、（イ）北國銀行からの負担金を断念しても、本件代位弁済を拒否すべきか、両者の利害得失を慎重に総合検討して、態度を決定すべき立場にある。上記（ア）の立場を採ったとしても、負担金の拠出を受けることと切り離し、本件代位弁済をすることが、直ちに協会役員らの任務に背く行為に当たると速断することは、できないはずである。」（下線筆者）と述べ、信用保証協会への負担金拠出を受けるために争いのある代位弁済に応じるという判断が許されることを明示した。

　これを受け、「拓殖銀行特別背任事件」に関する**最決平成21・11・9刑集63巻9号1117頁**は、「銀行の取締役が負うべき注意義務については、一般の株式会社取締役と同様に、受任者の善管注意義務（民法644条）及び忠実義務

11）したがって、「任務違背」は、事務を委託する本人との契約によって任意に決定される、開かれた「白地構成要件要素」ではなく、ある程度一般化はされているが、刑法によって閉じられた「財産擁護義務の違反」である。

12）これについては、松宮孝明「経営判断と背任罪」立命館法学307号（2006年）665頁を参照されたい。ドイツにおける背任罪の「財産擁護義務違反」の判断に際しても、「経営判断（Entscheidung des Geschäftsherrn）の原則」は、「許された危険」の範囲を画するものとされている。Vgl. *B. Schünemann*, StGB Leipziger Großkommentar （= LK）, 11. Aufl. 1998, §266 Rn. 96.

（平成17年法律第87号による改正前の商法254条の3、会社法355条）を基本としつつも、いわゆる経営判断の原則が適用される余地がある。」（下線筆者）と述べている。

　さらに、民事では、最判平成22・7・15判時2091号90頁が、事業再編計画の一環としてA社の株式を1株当たり5万円の価格で参加人が買い取る旨の決定をしたことにつき取締役としての善管注意義務違反の有無が争われた「アパマンショップHD株主代表訴訟事件」において、「このような事業再編計画の策定は、完全子会社とすることのメリットの評価を含め、将来予測にわたる経営上の専門的判断にゆだねられていると解され……、この場合における株式取得の方法や価格についても、取締役において、株式の評価額のほか、取得の必要性、参加人の財務上の負担、株式の取得を円滑に進める必要性の程度等をも総合考慮して決定することができ、その決定の過程、内容に著しく不合理な点がない限り、取締役としての善管注意義務に違反するものではないと解すべきである。」と判示して、取締役の善管注意義務違反を否定している。この判決については、「本判決は、最高裁が、……民事事件として初めて、取締役の経営判断について善管注意義務違反があったか否かを裁判所が審査する際の基準として、いわゆる経営判断原則を位置づけた判決である[13]」と評価されている。

　ゆえに、「任務違背」は、本人に財産上の損害を与える「許されない危険」をもった行為でなければならないという考え方は、最高裁を中心とする判例においてすでに確立されていると考えてよい。

[3] 財産損害

　「財産損害」は、たとえば現金を貸し付けて債権を取得する場合、貸付による利息獲得の見込みと貸倒れに終わる危険とを衡量して判断しなければならず、したがって、債権の価値は、その市場価値において判断されなければならない（**「経済的財産概念」**[14]）。

　ところで、前掲の「北國銀行事件」最高裁判決が「代位弁済」と「負担金拠出」を比較衡量したように、そしてまた、**「損して得取れ」**という商格言

13）吉原和志「取締役の注意義務と経営判断原則」『会社法判例百選〔第3版〕』（有斐閣、2016年）104頁。

にあるように、損を惜しんでは商売人として成功しない。したがって、「任務違背」による「財産損害」発生の有無を判断する際には、個別取引の差引勘定のみを重視すべきではない。その取引と関連のある他の取引との関係をも考慮した、中長期的な視野で、本人の「財産損害」の有無を検討すべきことになる。

　たとえば、**最判昭和28・2・13刑集7巻2号218頁**は、食糧営団職員の生活資金として支給する目的で、同営団の理事長であった被告人Aが、銀行に預けていた国庫に納入すべき預金の払戻しを受けた上、各出張所長等に交付して右営団に損害を与えるなどしたとされた公訴事実に対して、「右金員の支給が、実質上年末賞与たる性質を有し、営団として当然支出すべき費用に属するものであるかどうかは本件背任罪の成否に影響を及ぼすこと勿論であるといわなければならない。又若し原判決は、国庫に納入すべき利益金を他の使途に流用したこと自体を以て背任罪を構成するものとする趣旨ならば、それがため国庫に対する納付不能となり国庫に損害を与えたというは格別、判示のごとく『右営団に同額の損害を与えた』とするがためには、右背任と損害との因果の関係について、審理判示するところがなければならない。」などと述べ、有罪の原判決を破棄して差し戻した。ここでは、本人が当然出捐すべき金額は差し引いて、「財産上の損害」を確定することが求められている。

　また、先の「北國銀行事件」最高裁判決は、「協会としては、（ア）本件代位弁済に応ずることにより、北國銀行の負担金の拠出を受け、今後の基本財産増強計画を円滑に進めるべきか、それとも、（イ）北國銀行からの負担金を断念しても、本件代位弁済を拒否すべきか、<u>両者の利害得失を慎重に総合検討して、態度を決定すべき立場にある。</u>」（下線筆者）と述べているように、「代位弁済」は、それと関連する可能性のある「負担金の拠出」と衡量して「利害得失を慎重に総合検討」すべきものとされている。ここでは、仮に

14）最判昭和37・2・13刑集16巻2号68頁および最判昭和38・3・28刑集17巻2号166頁は、これを「実害発生の危険を生じさせた場合」とするが、最決昭和58・5・24刑集37巻4号437頁や最決平成8・2・6刑集50巻2号129頁は、事実上回収不能であればすでに損害ありとして、債権の市場価値を重視する「経済的財産概念」に依拠する。もっとも、本書第12章における詐欺の罪に関して述べたように、売淫料のように交換価値を認めることが法に反するものは、考慮外である（**「法的・経済的財産概念」**）。

「代位弁済」をする義務が協会になかったとしても、その紛争リスクや負担金拠出を受けられなくなるリスク、県内最大の金融機関との今後の関係等を総合衡量することが認められている。つまり、この判決では、とりわけ継続的取引関係が続くことから、すでに「財産上の損害」それ自体が、それと関連する取引を総合して判断されているのである。これは、まさに、「損して得取れ」という思想の現れであろう。

　したがって、「任務違背」は、このように総合衡量された「財産損害」を発生させる「許されない危険」のある行為でなければならない[15]。

[4]　図利加害目的

　「財産損害」および「任務違背」の要件をこのように豊富化・実質化し、これについての故意[16]を要求すれば、「図利加害目的」に残される機能は、ほとんどない。そして、判例もまた、**「図利加害目的」**要件を拡大・希薄化することによって、実質的にはこの要件を有名無実化する途を進んでいるのである[17]。

　まず、判例は古くから、「図利目的」にいう「利益」は財産上の利益に限られないという立場を示してきた。たとえば、**大判大正3・10・16刑録20輯1867頁**は、「自己ノ利益ヲ図ル目的トハ身分上ノ利益其他総テ自己ノ利益ヲ図ル目的ナルヲ以テ足レリトシ必スシモ其財産上ノ利益ヲ図ル目的ナルコト

---

15) なお、「任務違背」と「財産損害」との間の因果関係においては、事務処理者による「調査・検討義務違反」の位置づけが問題となる。仮に調査・検討義務を尽くしていても同じ取引をしたであろうという場合には、調査・検討義務違反は「任務違背」を構成すると解しても、「財産上の損害」は回避できない。したがって、この場合の「財産上の損害」は「任務違背」と因果関係がない、あるいは「任務違背」の有する「許されない危険」が結果に現実化したものとはいえないと考えるべきであろう。ただし、背任罪には未遂処罰がある（250条）。

16) この場合、「任務違背」の故意には「財産損害」の「許されない危険」の認識が含まれるので、あらためて「財産損害」の故意を要求する必要はない。

17) 実は、加害目的要件を有していた1871年のドイツ刑法典266条も、すでにその当時から、判例および通説は、これを——未必の故意を含む——単なる「故意」（vorsätzlich）の意味で理解していた。オーストリア刑法の改正作業においても、類似の事情が見受けられる。これについては、松宮孝明「背任罪における『財産上の損害』、『任務違背』、『図利加害目的』の関係」立命館法学375＝376号（2018年）2166頁を参照されたい。

ヲ要セス」と判示している。また、**最決昭和63・11・21刑集42巻９号1251頁**は、「特別背任罪における図利加害目的を肯定するためには、図利加害の点につき、必ずしも所論がいう意欲ないし積極的認容までは要しない」と述べた。加えて、**最決平成17・10・７刑集59巻８号779頁**は、図利目的が認められる事例についてではあるが、加害目的は本人に損害を加えることの認識、認容で足りるとしている。

もっとも、先の大判大正３・10・16は、取締役が蛸配当をしても、その目的が会社の利益を図ることにあったとすれば、背任罪として処罰すべきではないと述べている。ただし、これには「図利加害目的」がなければ、という条件が付されており、会社の利益を図る目的であればすべて背任罪にならないとしたものではない。したがって、本人のためであっても、同時に、主として他人の利益を図る目的であったときは、なお、本罪は成立する。現に、**大判昭和７・９・12刑集11巻1317頁**は、銀行の取締役が主として株主に利益配当をするため回収不能の不良貸付金を欠損として計上せず、いわゆる蛸配当をしたときは、かたわら銀行の信用を維持するためであったとしても背任罪が成立するとし、**最判昭和29・３・30集刑93号1007頁**も同様の見解を採用して、先の大判大正３・10・16の射程を限定している。

さらに、**最決平成10・11・25刑集52巻８号570頁**は、担保不十分で銀行の内規に違反した貸付について、本人の利益を図るという動機もあったとしつつ、本件融資の問題点を知っていたのに融資を実行したのは「極めて安易かつ無責任な経営姿勢による」ということができ、本人図利目的は決定的な動機ではなかったとして、他人に利益を与えることになることの認識で特別背任罪における第三者図利目的を認めている[18]。

「図利加害目的」要件の形骸化にとどめを刺したのは、**最決平成20・５・19刑集62巻６号1623頁**である。そこでは、背任罪の共犯者の故意に必要な正犯の「図利加害目的」の認識に関して、<u>実行正犯の「図利加害目的」は自己保身目的でもよい</u>という判断が示されたのである[19]。公務員の背任に関しても、**高松高判平成17・７・12高刑集58巻３号５頁**は、「このような<u>責任追及等を回避することは</u>、被告人らにとって、県庁における幹部職員としての地位

---

18) もっとも、本決定の認定事実を見る限り、ここにいう「認識」は、「未必的」なそれではなくて「確定的」なそれである。

や役割等に影響を与えかねない要因を事前に除去しておくという意味で、自己の利益に当たることは明らかであるから、自己の利益を図る目的を有していたと認めるのが相当であ」（下線筆者）ると判示している。ここでは、「責任追及等の回避」すなわち「自己保身」が「自己図利目的」の内容とされている。

この「自己保身の目的」の影響は甚大である。というのも、人が働く際には、それが「財産上のもの」に限られなければ、純粋な滅私奉公でない限り、何らかの意味での「自己図利目的」が認められるからである。したがって、ここに至り、判例は「図利加害目的」要件をほとんど有名無実化させてしまったといえよう[20]。

もっとも、「財産損害」は中長期的な視野で総合判断され、加えて「任務違背」も、その「許されない危険」を必要とし、さらにこれらの要件について通常の故意が要求されるのであるから、これらの要件が充たされているのに「図利加害目的」がないとして背任罪の成立を否定すべき事例は、ほとんどあり得ないであろう[21]。「一文無しになることが驕った本人の今後のためである」ということはあるかもしれないが、本人の財産上の事務を処理すべき者がそのような背信行為をしてよいとは思われない。

[5] 背任罪の共犯

背任罪の共犯については、利害が相反する取引の相手方が共犯となり得るか、その要件は通常の共犯よりも厳格にならないかという問題がある。たとえば、経営難に直面し金融機関から融資を受けたい経営者が、融資担当者に

---

19) 本決定は、「本件融資の実行はEの経営破たんを当面回避させるものであり、それはDらが経営責任を追及される事態の発生を回避させるというDらの自己保身につながる状況にあったもので、被告人はDらが自己の利益を図る目的も有していたことを認識していた」ことを理由として、被告人に背任罪の共同正犯を認めたものである。

20) 学説には、「本人の利益をはかる目的」が決定的な動機であれば、他の要件が充足されていても、本罪は成立しないとするものがある。しかし、先の最決平成10・11・25が、融資の問題点を知っていたのに融資を実行したという事実から「本人図利」は決定的な動機ではなかったと述べていることを直視すれば、「本人図利」が決定的な動機か否かは、純粋心理的な判断ではなく、「財産損害」が「任務違背」から生じ、かつ、それについて故意もあるという背任罪の他の要件が揃ったか否かを裏返して言い換える意味しか持たないであろう。

無理な融資を迫るのは当然のことである。そこで、無理にでも融資してくれと頼んだら融資担当者が背任をしたとき、融資を頼んだ側は「もしかして任務違背をしてでも貸してくれないか」と期待していたとして、未必の故意で本罪の共犯となってよいのであろうか。

このような不正融資ないし不良貸付の相手方については、借手に（共謀）共同正犯を肯定するのは困難という見解もある[22]。判例は、共犯となる可能性は否定していないが、そのハードルは高めに設定している。たとえば、**最決平成15・2・18刑集57巻2号161頁**は、被告人が事務処理者の任務違背と融資側の財産損害についての高度の認識があり、かつ、融資に応じざるを得ない状況を利用したことなどを重視している。また、**最決平成20・5・19刑集62巻6号1623頁**は、不正融資の前提となる再生スキームを事務処理者らに提案するなど本件融資の実現に積極的に加担したことを重視している。

反対に、**名古屋高判平成17・10・28高刑速（平17）号285頁**は、経済取引上の交渉事として社会的に容認される限度を超えない限り背任罪の共犯は成立しないと述べている。後者は共同正犯について判示したものであるが、無罪としている以上、**「中立的行為」**として教唆犯・従犯の成立も否定するものであろう。

なお、身分犯である背任罪に対する身分のない者による共犯には65条1項が適用され、特別背任罪にはさらに65条2項も併用される。その際、判例で

---

21) 広島高岡山支判平成29・4・19LEX/DB25545815は、取締役が返済能力がない他社に会社の金を貸し付けたという事案につき、当該貸付は、その前にされた取引先から本人への借入金の返済と一体のものとして考察すべきであって本人の財務状況を悪化させたものでなく、また、「新規事業のため多額の資金を投入したのに期待した結果が得られず、事後的に被告人の判断が誤っていたと評価されるとしても、この種の事業の経営判断において、このような一応の根拠のもと努力により成功することを期待するのは不合理ではな」いなどとして、特別背任罪の成立を否定した。その際、この判決は、「本件貸付に及んだ主たる動機が、本人たるCの利益を図るためであった可能性を払拭することができず、第三者図利の目的を認定するには合理的な疑いが残る」と述べている。しかし、その判断の実質は、「財産損害」の総合判断と「経営判断の原則」の考慮による「任務違背」の否定そのものであって、「図利加害目的」の否定はその言い換えにすぎない。同旨、安田拓人「判批」法学教室447号（2017年）153頁。

22) 関哲夫「不正融資における借手の刑事責任（背任罪・特別背任罪）に関する学説の検討」国士舘法学38号（2006年）238頁。

は、非身分者については、65条1項により罪名は特別背任罪のままで、科刑のみ同条2項により247条の刑が適用される点は[23]、業務上横領罪における処理と同じであり[24]、罪名と科刑の分離という問題を残している。

3 │ 背任罪と（委託物）横領罪との関係

[1] 「不法領得の意思」と「本人の計算」

　最後に、背任罪と（委託物）横領罪（252、253条）の区別問題を検討しよう。両罪は、財物ないし財産の持主の信頼を裏切る財産犯という点で共通しており、そのため、客体が「財物」であった場合に、その区別に困難を生ずる。

　ところで、大判昭和9・7・19刑集13巻983頁は、村長が村の計算で、村会の決議を経ずに村の基本財産を貸与した場合に横領罪を否定し背任罪とした。ここでは、委託された財物が委託の任務に反して処分されたにもかかわらず、（委託物）横領罪の成立は否定されている。他方、最判昭和34・2・13刑集13巻2号101頁は、森林組合の組合長と常任理事が、使途に反して、造林資金として貸し付けられた金銭を組合の名義と計算で町に貸与した場合に業務上横領罪を認めた。しかし、後者の判断を、最決平成13・11・5刑集55巻6号546頁が、「その行為が商法その他の法令に違反するという一事から、直ちに行為者の不法領得の意思を認めることはできない」と述べて否定したことは、本書第10章で指摘した。

　ここにいう「計算」とは、当該取引の損得が特定の人物に帰属することを意味する。そこで、判例は、一般に、横領と背任の区別を、当該取引が本人の「計算」で行われたか否かに求めていることが明らかになる。判例も学説も、一般に、両罪が競合する可能性のある場合、法定刑の下限が重い（委託物）横領罪が優先して成立すると考えているが、同罪の要件である「不法領得の意思」が「委託の任務に背いて……」という定義のままでは、両罪の区別という機能も果たし得ないことが、これによって明らかになる。

23）たとえば、最決平成15・2・18刑集57巻2号161頁の第1審判決（東京地判平成11・5・28刑集57巻2号210頁）。

24）最判昭和32・11・19刑集11巻12号3073頁。

[2]「計算」か「権限濫用／逸脱」か

　そこで、両罪の関係については、委託された他人の財物を不法領得すれば横領罪、それ以外で背任罪の要件を充たせば背任罪となり得るが、背任罪は横領罪から漏れたものすべてをカバーするものではないと解される。ただし、「不法領得の意思」が窃盗罪のそれと同じ定義にならない限りでは、「本人の計算による場合はその物を不法領得したとはいえない」と補足しておくしかないであろう。

　これに対し、委託物に対する「権限濫用か逸脱か」を基準とするのは、横領についての「越権行為説」の発想である[25]。

---

25) 大塚・各論320頁。

第14章

盗品等に関する罪、毀棄および隠匿の罪

1 | 盗品等に関する罪の沿革と本質

[1] 盗品等に関する罪の沿革

　刑法第2編第39章は、**「盗品等に関する罪」**と題し、256条1項に盗品等無償譲受罪を、同条2項に盗品等運搬罪、同保管罪、同有償譲受罪、同有償処分あっせん罪を規定する。1995（平成7）年の改正までは、これらは「贓物に関する罪」と呼ばれていた。本書では、これらを総称して盗品罪と呼ぶ。

　旧刑法（399〜401条）では、強窃盗による贓物（＝賍物）とその他の罪による贓物とを区別して法定刑にも差異を設けていたが、現行法では、この区別を廃し、代わりに、無償譲受罪とその他の罪との間に法定刑の差異を設けた。

　なお、財産犯の「本犯」（以下、「本犯」と呼ぶ）に処罰条件ないし訴訟条件が欠けていても本罪は成立するが、本犯に故意が欠ける場合には、本罪は成立しない[1]。本犯助長の意味がない上、他人物をそれと知って領得すれば、少なくとも遺失物等横領罪（254条）には当たるからである。

[2] 盗品等に関する罪の本質

　本罪の本質については、**「追求権説」**（多数説）と**「違法状態維持説」**（有力説）の対立がある。前者は、盗品罪が害するのは盗品等を取り返す権利であり、盗品等に関する所有権その他の回復請求権に基づく追求権の行使を困難にするのが盗品罪であると解する[2]。これに対して、後者は、財産犯罪によ

---

1)　田中・釋義下1373頁以下。

って作られた違法状態を維持することが、盗品罪の本質であると考える。いずれも、本罪の本質を財産犯と考えるものである[3]。

　両者の差異は、所有権侵害以外の財産犯によって得られた物も「盗品等」に含まれるか否かにある。たとえば、他人の漁業権を侵害して捕まえた魚は、他人の所有物ではないので（民法239条1項の**無主物先占**）、事情を知って買い受けた者は、追求権説では、盗品等有償譲受罪に当たらないが、違法状態維持説では、これは漁業法143条に規定する「密猟」という財産犯によって得られた物として「盗品等」に当たることになる[4]。

　この点では、本条の文言は決め手にならない。というのも、漁業権のような「獲る権利」も財産権であり、その侵害は「財産に対する罪」に含まれるからである[5]。この点、違法状態維持説では、財産犯以外の罪によって得られた物も「盗品等」になるとする理解があるが、それは正しくないであろう。

　わが国の判例・通説は「追求権説」に立つと考えられている[6]。なぜなら、裁判例には、他人が専用漁業権を有する漁場において、岩石に付着した海藻の生真於胡を不法に採取領得しても、窃盗罪を構成しないがゆえに、盗品等有償譲受罪も成立しないとしたものがあるからである[7]。また、民法192条によって第三者が即時取得した場合には、その物の盗品性は失われるとした裁

---

2)　困難にするのであるから、厳密には、追求権の「侵害」ではなく「危殆化」である。

3)　「違法状態維持説」が通説であるドイツ刑法259条の「盗品等蔵匿」の罪もまた、財産犯と考えられている。*Schönke / Schröder / Hecker*, Strafgesetzbuch Kommentar, 30. Aufl. 2019, §249 Rn. 1. したがって、本罪が「犯人庇護罪」と同じ章に置かれているから「そのようなドイツの学説をそのまま日本に持ち込むことは妥当でない。」（前田・各論304頁）とする見方は、不勉強のそしりを免れない。また、本罪を「物的庇護罪」（井田・各論364頁）と見るのも、不正確である。

4)　このように、「他人の財産に対する違法な行為」による限定を前提としつつ、「獲る権利」を害して得られた物も盗品罪の対象とするのが、ドイツ刑法259条において通説とされている「違法状態維持説」の意味である。

5)　したがって、256条の「財産に対する罪に当たる行為によって領得された物」という文言を「違法状態維持説」否定の根拠とする見解（山口・各論337頁、前田・各論304頁等）は、不正確である。

6)　大判大正4・6・24刑録21輯886頁（墳墓を発掘して得た死体の臓器の買受け）、大判大正11・7・12刑集1巻393頁（保管していた盗品の横領）、最判昭和24・10・20刑集3巻10号1660頁（盗んだ車輪の他の自転車への取付け）等。

7)　大判大正11・11・3刑集1巻622頁。

判例もある[8]。もっとも、ここにいう「追求権」には、詐取された財物の持主が取消権を行使した結果として得られるものも含まれる[9]。

[3] 「本犯助長的性格」

　もっとも、256条２項にある盗品等運搬罪、同保管罪、同有償譲受罪、同有償処分あっせん罪の法定刑は10年以下の懲役及び50万円以下の罰金であり、同条１項の３年以下の懲役に比べてはるかに重い。これは、「本犯」の分け前に預かる行為である盗品等無償譲受けに比して、同条２項の行為は「本犯」に利益を与えこれを助長する行為として、社会に対してより大きな害をなすからである[10]。

　しかし、この「本犯助長的性格」はあくまで２項の法定刑が１項のそれに比べて重い根拠にすぎず、「追求権」の侵害ないし危殆化がなくても「本犯助長的性格」の行為であれば盗品罪が成立するというわけではない。なぜなら、窃盗の被害者が盗品を買い戻したとしても盗品等有償譲受罪が成立するものではないし、その被害者に依頼されて窃盗犯人らから盗品を被害者の元に運んだり、買戻しの交渉をまとめたりしても、盗品等運搬罪や盗品等有償処分あっせん罪が成立するわけではないからである[11]。さらに、被害者に頼まれていなくても、被害者に戻す目的で盗品を購入する行為は盗品等有償譲受罪になるわけではない[12]。

　また、「違法状態維持説」は、財産犯によって生じた違法な財産状態を維持することに着目する見解であって、「事後従犯」的性格を意味するもので

---

8)　大判大正６・５・23刑録23輯517頁（即時取得者介在の可能性を審理すべきとして破棄差戻し）。ただし、民法193条により２年間の回復請求権が認められている盗品または遺失物では、その間は、盗品性は失われないとされている（即時取得の合理的疑いがあったか不明な事例につき、大判大正15・５・28刑集５巻192頁、最決昭和34・２・９刑集13巻１号76頁）。なお、即時取得者に対する民法193条に基づく「盗品又は遺失物の回復」請求権が、所有権に基づくものかすでに失った所有者に特別な回復請求権を認めたものかについては争いがある。しかし、いずれにせよ、かつて所有者であった者にしか回復請求権を認めない点で、盗品罪は所有権から派生する追求権に対する罪である。

9)　大判大正12・４・14刑集２巻336頁は、「其ノ領得行為カ法律行為トシテ単ニ取消シ得ヘキモノナルトキト雖其ノ物ハ臓物タル性質ヲ有ス」と述べて、詐欺によって消費貸借された金銭等も「臓物」に当たるとした。

10)　平野龍一『刑法の基礎』（東京大学出版会、1966年）198頁以下。

も、２項の法定刑の重さを根拠づけるにすぎない「本犯助長的性格」を意味するものでもない[13]。

したがって、盗品罪が処罰されるのは、「これにより被害者の返還請求権の行使を困難ならしめるばかりでなく、一般に強窃盗の如き犯罪を助成し誘発せしめる危険があるからである[14]」と言う命題は、「256条２項の罪が同条１項の罪より重いのは、これにより被害者の返還請求権の行使を困難ならしめることに<u>加えて</u>、一般に強窃盗の如き犯罪を助成し誘発せしめる危険があるからである」と読まなければならない。

[4] 本罪の保護法益と被害者に売りつける行為

問題は、被害者の足元を見て盗品を被害者に売りつける行為に盗品罪を認めることにある。「追求権」は、当該「盗品等」を取り返す権利であるから、それが被害者に戻される場合には、「追求権」は実現されたのであって侵害されたのではない。それにもかかわらず、裁判例には、盗品罪の成立を認めたものがある。

まず、**最決昭和27・7・10刑集6巻7号876頁**は、盗品を被害者に買い取らせるために、その元に盗品等を送り届けた被告人に、「本件贓物の運搬は被害者のためになしたものではなく、窃盗犯人の利益のためにその領得を継受

---

11) この点で、盗品等有償処分あっせん罪はあっせん行為があれば成立するとした最判昭和26・1・30刑集5巻1号117頁が、「贓物に関する罪を一概に所論の如く被害者の返還請求権に対する罪とのみ狭く解するのは妥当でない」と判示したのは、常識的に考えて大変大きな問題を孕むものであった。むしろ、「元来刑法が贓物に関する行為を犯罪として処罰するのは、その行為がその物に対する被害者の権利の実行を不能ならしめるか或は困難ならしめる為めである」という一般論を述べた最判昭和24・11・1集刑14号333頁のほうが、常識的である。

12) 現に、**東京高判昭和28・1・31東高刑時報3巻2号57頁**は、「日蓮宗の信奉者が、贓物である身延山久遠寺の寺宝で、日蓮の親筆と伝えられ、信仰上日蓮と同一視されていた『同日三幅本尊』三幅の買取方を求められ、相手の風体、態度、人柄等より直ちに買取らなければ散逸ないし滅失の虞があり、警察に連絡していれば相手が逃亡し、また破棄する虞があると思い、譲受けて久遠寺に返還しようとしてこれを買取った行為は、贓物故買罪に当らない。」と判示している。

13) したがって、「追求権説」では説明できない問題を「本犯助長的性格」によって補強しようとするものを「新しい違法状態維持説」と呼ぶ見解もあるが、それは不適切である。

14) 前掲注11）最判昭和26・1・30の判示より抜粋。

して賍物の所在を移転したものである」るとする認定事実を基礎に、盗品等運搬罪を認めた。次に、**最決平成14・7・1刑集56巻6号265頁**は、盗まれた約束手形を被害会社の関係者に購入させるためのあっせんをした被告人に、盗品等の購入あっせんは、「窃盗等の被害者を処分の相手方とする場合であっても、被害者による盗品等の<u>正常な回復</u>を困難にするばかりでなく、窃盗等の犯罪を助長し誘発するおそれのある行為である」（下線筆者）という理由で、盗品等有償処分あっせん罪を認めた。

しかし、盗品が被害者の元に戻った場合には、これ以上「追求権」を行使する余地はない。盗まれた名画を買い戻した美術館に対して「それは正常な回復ではない」と述べても、名画が戻って入場料収入を確保できる美術館にとっては、それは余計なお世話である。そこにあるのは、支払った代金は被害者の足元を見た不当な利得であるとして、その返還を求める権利だけであろう。また、盗品の買戻し一般を「正常な回復でない」とすると、買い戻した被害者やそれをあっせん・援助した人物まで、盗品罪で有罪となってしまう¹⁵⁾。そうなると、最決平成14・7・1の事件において約束手形を買い取った被害会社の関係者もまた、盗品等有償譲受罪に問われよう。

ゆえに、<u>本罪の成立には、たとえば、被害者が買取りに応じない場合に他への転売の可能性をほのめかすことで追求権の実現を危殆化したといった、本犯の被害者との関係での財産犯的側面が必要である</u>¹⁶⁾。それは、追求権危殆化を内容とする、一種の恐喝なのである。実際、<u>先の2つの裁判例の事案は、いずれも、このようなものであった</u>¹⁷⁾。

[5] 盗品罪と他の財産犯との関係

盗品等を保管中に横領したり、その売却をあっせんして受け取った代金を

---

15) 最決平成14・7・1の調査官解説である朝山芳史「判解」最判解刑事篇平成14年度（2005年）122頁は、本犯助長的性格を強調することで被害者やその援助者まで盗品罪の犯人となってしまう矛盾を、「被害者が追求権を放棄しているので、同罪の客体に当たらない」としてかわそうとする。しかし、本罪の本犯助長的性格は「追求権を放棄」することで失われるわけではないことに加え、「同罪の客体に当たらない」としてしまうと、被害者が買戻しを表明している盗品をもっと高く買い取って横取りした人物に盗品罪が成立しないという矛盾を抱えるであろう。本罪の成立に「追求権の侵害・危殆化」が必要条件であることは、本犯助長的性格を強調しても変わらない。

横領したりした場合に盗品罪が成立するか否かは、本書第12章で示したように、「不法原因給付」の問題ではなく、横領罪等との**「罪数」**の問題である[18]。なぜなら、保管中の盗品ないしその代替物である売却代金を横領されて権利を侵害されるのは当該盗品の所有者であり、そして被害法益が同一の所有権である場合には、それは法定刑の重い256条2項の罪に包括されて一罪となるからである。また、横領者に盗品性の認識がないなど、何らかの理由で盗品罪が成立しない場合に、「不法原因給付」を理由に横領罪の成立まで否定されるわけではない[19]。

ゆえに、盗品の売却代金の横領について、**最判昭和36・10・10刑集15巻9号1580頁**が盗品等有償処分あっせん罪と委託物横領罪の併合罪としたことは、罪数処理の点で不適切である[20]。

---

16) 盗品を買い受けても、即時取得が介在しない限り、被害者の「追求権」が「侵害」されて消えるわけではなく、その実現が困難になるだけであるから、本罪は「追求権危殆化犯」である。ドイツ刑法259条の「盗品等蔵匿」の罪もまた、抽象的危険犯と解されている（Vgl. *Schönke / Schröder / Hecker*, a.a.O.（Fn. 3），§249 Rn. 1）。なお、「危殆化」で足りるとすることは、決して、明文の要件が認められないのに本罪の成立を認めるべきだとすることではない。それは、現住建造物放火罪（108条）は抽象的危険犯であり、現住建造物に対する放火未遂も同じく抽象的に危険な行為だから、放火未遂も同罪の既遂とすべきだという主張があり得ないのと同じである。

17) 高山佳奈子「判批」平成14年度重判解（2003年）156頁は、この2つの裁判例の事案につき、「恐喝罪や詐欺罪を構成しない手段」によるものと評する。しかし、現に最決昭和27・7・10の事案では、盗品の買戻しに際して被告人による恐喝が行われており、また、高額の約束手形が転売される危険をほのめかされた最決平成14・7・1の事案でも、転売による手形の善意取得の介在によって生じる被害額の増大を考えれば、恐喝は十分に成り立つであろう。恐喝が「追求権」を盾に取ったものである場合には盗品罪になるとするのが、その是非は別にして、現在の「判例」なのである。

18) この点で、保管中の盗品の横領に関して盗品等保管罪のみを認めた前掲注6）大判大正11・7・12が、問題を泥棒の「不法原因給付」に見たのは問題であった。

19) 預かった盗品をすぐさま横領した事案につき、大判昭和13・9・1刑集17巻648頁。

2 | 毀棄および隠匿の罪の沿革と本質

[1] 毀棄・隠匿の罪の沿革

　刑法第2編第40章にある**「毀棄及び隠匿の罪」**は、公用文書等毀棄罪（258条）、私用文書等毀棄罪（259条）、建造物等損壊罪・同致死傷罪（260条）、器物損壊罪（261条）、境界損壊罪（262条の2）、信書隠匿罪（264条）から成る。

　旧刑法では、公文書の毀棄に関する規定は官文書偽造罪の中に置かれていたが、毀棄と偽造はその性質を異にするので法文配列の場所が適切でないとの理由から、建造物・器物損壊罪と同一の章に移された。次に、旧刑法には、現行262条にあるような自己の物の損壊に関する規定がなかったので、これが補充され、さらに、信書隠匿罪の規定が補充された。

　その後、1960（昭和35）年に、境界損壊罪が、不動産侵奪罪（235条の2）とともに新設され、1987（昭和62）年には、コンピュータ犯罪に関する刑法一部改正に伴って、公用および使用文書毀棄罪の客体に、電磁的記録（7条の2）が追加されている。

[2] 毀棄・隠匿の罪の本質

　本章の罪の保護法益は、一般に、毀棄ないし隠匿の対象となる物の効用と解されている。しかし、公用文書等毀棄罪や境界損壊罪、信書隠匿罪では、これだけでは割り切れない側面がある。

　まず、公用文書等毀棄罪の客体は**「公務所の用に供する文書」**であり、その作成主体が公務員や公務所であることに着目した「公文書」（155条）と異なり、私文書であっても公務所での利用が予定されている場合には、「公務所の用に供する文書」に当たり[21]、公文書であっても私人の用に供する場合にはこれに当たらない。しかも、「他人の」という文言がないためその所有

20）これに対し、大判大正8・11・19刑録25輯1133頁は、「委託者Aニ於テハ該代金ノ上ニ所有権ヲ獲得ス可キ謂ハレナキカ故ニ被告ノ行為ハ右Aニ対スル関係ニ於テ横領罪ヲ構成スルモノニ非ス」（下線筆者）と述べ、盗品等有償処分あっせん罪のみを認めている。これは、誰が真の被害者かに着目した処理である。また、保管中の盗品を横領した事案では、いまだに否定例である前掲注6）大判大正11・7・12が「判例」である。

21）「公務所の用に供する文書」とは、**公務所において使用の目的で保管する文書**という意味である（最判昭和38・12・24刑集17巻12号2485頁）。

172

権は問題とされていないのであるから、公用文書等毀棄罪の法定刑（3月以上7年以下の懲役）が私用文書等毀棄罪のそれ（5年以下の懲役）より重いのは、公用文書の財産としての側面ではなく、「公務所の用に供する」という使用機能の妨害を理由とするものと解される。それゆえ、本罪の保護法益は、公務所の所有権ではなく、公務所の作用であると解すべきことになる[22]。

　そこで、たとえば、違法な捜査の過程で作成された供述調書については、公務執行妨害罪（95条）が職務行為の適法性を書かれざる構成要件要素とすることと同じように、公用文書等毀棄罪としての保護を否定すべきではないかと思われる。最高裁は、そのような供述調書についても本罪の成立を認めているが[23]、再考の余地はあろう。

[3] 毀棄・隠匿の意味

　ところで、毀棄・隠匿の罪にいう**「毀棄」**（258、259条）ないし**「損壊」**（260、261条）、**「傷害」**（161条）には、物理的な破壊や形状変更ばかりでなく、**「隠匿」、心理的使用不能その他の物の効用喪失も含まれる**とするのが、現在の判例・通説である。しかし、旧刑法の「家屋物品を毀棄し及び動植物を害する罪」にある「毀壊」や「毀損」は、物理的な破壊に限られていた[24]。現行刑法の提案理由を見ても、これを拡張するという趣旨は見て取れない[25]。

　この中で、現行刑法施行直後の**大判明治42・4・16刑録15輯452頁**は、飲食

---

22) 現に、改正刑法草案148条は、本罪を公務妨害罪の章に位置づけていた。同旨、団藤・各論671頁。

23) 最判昭和57・6・24刑集36巻5号646頁。原判決は、被疑者不詳の窃盗被疑事件の参考人としての被告人に対する警察官の取調べが、事実上その身体の自由を拘束し実質上逮捕と同視しうる状態において行われた違法なものであることを前提に、かかる違法な取調べのもとに作成されつつあった本件参考人供述録取書は、右違法な取調べと共に刑法上の保護に値せず、刑法258条によって保護される公務所の用に供する文書に当たるとはいえないとして、本罪の成立を否定していた。しかし、最高裁は、「本件供述録取書のように、これを完成させるために用いられた手段方法がたまたま違法とされるものであっても、原判示のように既にそれが文書としての意味、内容を備えるに至っている以上、将来これを公務所において適法に使用することが予想されなくはなく、そのような場合に備えて公務所が保管すべきものである」という理由でこれを破棄して有罪とした。

24) 代表的な教科書として、江木衷『改正増補現行刑法各論』（有斐閣、1889年）415頁、岡田朝太郎『日本刑法論（各論之部）』（有斐閣書房、1895年）1128頁参照。

店の鋤焼鍋および徳利への放尿を、旧刑法421条の器物「毀棄」、現行刑法261条の器物「損壊」に当たるとした。「事實上若クハ感情上其物ヲシテ再ヒ本來ノ目的ノ用ニ供スルコト能ハサル状態ニ至ラシメタル場合ヲモ包含セシムルモノト解釋スルヲ相當トス可キ」だというのである。また、その２年後の**大判明治44・2・27刑録17輯197頁**は、他人の養魚池に敷設してある水門の板および格子戸を取り外して鯉魚約3,000匹を流失させた行為を261条にいう「傷害」に当たるとした。水門の板および格子戸を壊した点ではなくて、鯉を広大な湖沼に流出させたことが「傷害」に当たるというのである[26]。

　文書「毀棄」に関しては、**大判昭和９・12・22刑集13巻1789頁**が、競売妨害目的で裁判所の競売記録を持ち去った行為に、<u>「不法領得の意思」</u>がない<u>として窃盗罪の成立を否定しつつ、公用文書等毀棄罪</u>を認めている。同様に、**大判昭和12・5・27刑集16巻794頁**も、公用文書を隠匿して村の助役を引責辞職させようとした行為に本罪を認めている。戦後では、**東京高判昭和28・6・3高刑集６巻10号1269頁**が、村役場の保管する住民登録届綴中の届書をその綴り目の部分から破り取って持ち去る行為は、その記載部分を破棄しない場合でも、本罪に当たるとしている[27]。

　これらの裁判例の特徴は、大判明治42・4・16および大判明治44・2・27が、いずれも今日であれば偽計ないし威力業務妨害罪となりそうな事件であったことと、公用文書等毀棄罪を認めた後の３判例が、いずれも公務の偽計的な妨害行為に関するものであったことである。後者の点は、戦前および戦後間もなくの判例が、厳格解釈の要請により、公務に対する業務妨害罪

---

25) 現行法に関する泉二新熊『改正日本刑法論全』（有斐閣書房、1910年）481頁は、文書「毀棄」については効用を失わせる行為も含むとして「抹消」をその例としているが、同書482頁は、物の「損壊」については物質的侵害を、「傷害」については生物の生命または肉体を害することを意味するとしている。

26) これらの裁判例に先立ち、牧野英一『刑法各論講義案』（有斐閣書房、1908年）133頁は、当時の通説に異を唱え、「物の効用を害する一切の行為」を包含するとし、物の汚穢のほか、物を遠隔地に運搬して隠匿する行為も含むとしていた（同旨、牧野英一『刑法各論』〔明治大学出版部、1910年〕225頁）。これらの裁判例には、その影響が推測される。

27) 私用文書等毀棄罪に関しては、最決昭和44・5・1刑集23巻６号907頁が、被告人が連帯保証人となっている借用証書や被告人振出の小切手等を相手方から奪い取ってくしゃくしゃに丸めて放り投げた行為を「毀棄」に当たるとしている。もっとも、この事案では、物理的な変形が認められないわけではない。

（233、234条）の適用に消極的だったことと関連があるかもしれない[28]。

　しかし、いずれにせよ食器への放尿を「損壊」とし、鯉を逃がしたことを「傷害」とするのは、相当にエキセントリックな解釈である。加えて、一時的な隠匿も「毀棄」とするようでは、軽犯罪法1条31号の「悪戯」にすぎない行為を広く3年以下の懲役で処罰することになりかねない。

[4] 信書隠匿罪の提案理由

　加えて、現行刑法の提案理由書によると、信書隠匿罪（263条）は、信書開封罪（133条）だけでは信書の保護にとって十分でないので、特に設けられたものであるとされている[29]。私用文書等毀棄罪（259条）があるのに、信書開封罪だけでは保護が不十分であるというのであるから、立法者は、現在の通説と異なり、「毀棄」には「隠匿」という行為態様は含まれないと考えていたことになる。また、親告罪とされた理由が259条の私用文書等毀棄罪の場合と同じであると説明されていることからも、立法者が259条の存在を意識しつつ、それには含まれない行為を処罰するものとして本条を設けたことは明らかである[30]。

　それは言葉の日常的意味に適う解釈である。それによって本条は、他の文書と異なり、「隠匿」によっても害される信書の通信機能を保護するものと解されよう。また、そう解さないと、他の文書では「隠匿」も「毀棄」や「損壊」に当たるとして重く処罰されるのに、なぜ信書の「隠匿」の処罰のみが軽いのか、説明できなくなる[31]。

　このようにみてくると、本章の罪にいう「毀棄」、「損壊」、「傷害」は、

---

28) 加えて、公務執行妨害罪（95条1項）では3年以下の懲役にしかならないものが、公用文書の使用を一時的に妨害しただけで7年以下の懲役になり得るという解釈のアンバランスも指摘されなければならない。なお、公務を業務妨害の罪の対象とすることの問題性については、本書第7章を参照されたい。

29) 倉富ほか2216頁参照。

30) 特に、田中・釋義下1393頁参照。

31) 団藤・各論680頁は、「隠匿は損壊の一態様であるが……、信書にかぎって文書毀棄罪や器物損壊罪よりも軽く罰するとみるのはあきらかに不合理であるから、ここに隠匿とは損壊といえない程度のばあいを意味するものと解する。」と述べる。しかし、いったん「隠匿」も「損壊」に当たるとしながら、「損壊といえない程度の隠匿」の存在を認めるのであれば、結局、「損壊」には「隠匿」は含みきれないことを認めたに等しい。

「隠匿」その他物の効用を害する一切の行為を含むのではなく、文書「毀棄」には文書の物理的損壊のほか文書の記載事項を判読できなくする「抹消」が含まれるが、「損壊」は非生物である有体物の物質的侵害を、「傷害」は生物の生命・身体の生理機能の侵害を意味するものと解すべきことになる[32]。そうでない物の効用の（一時的なものを含む）喪失は、信書であれば一部は「隠匿」で把握できるものもあるが、それ以外では公務ないし業務の妨害罪や軽犯罪法違反の適用を考えるべきである。それでも「処罰の間隙」が生ずるのであれば、それは立法論として真摯に検討すべきものであろう。

[5] 境界損壊罪の趣旨

　境界損壊罪（262条の2）は、不動産侵奪罪（235条の2）とともに、1960（昭和35）年に新設されたものである。本罪の客体となる**境界標は「他人の物」であることを要しないし、「移動」だけでは、境界標の境界を表示する機能自体は失われない**。その意味で、本罪は、単なる器物損壊罪の加重類型ではなく、不動産侵奪や詐欺の手段的性格を帯びる[33]。反対に、境界標に物理的な破損が生じても、土地の境界を認識することはできるというのであれば、本罪は成立しない。ゆえに、本罪の保護法益は、境界標の所有権でも境界を表示する効用自体でもなく、**土地の権利関係の明確性**であると解すべきであろう。

　したがって、「境界毀損罪が成立するためには、境界を認識することができなくなるという結果の発生することを要するのであって、境界標を損壊したが、未だ境界が不明にならない場合には、器物毀棄罪が成立することは格別、境界毀損罪は成立しない[34]」と解すべきことになる。

---

32) それは、俗に「物理的毀損説」などと呼ばれる見解である。松原・各論389頁。

33) 団藤・各論677頁以下参照。

34) 最判昭和43・6・28刑集22巻6号569頁。

第15章

公共危険犯、放火および失火の罪

1 | 公共危険犯とは

[1] 公共危険犯と公衆の健康に関する罪

　刑法第 2 編第 8 ～11章における**騒乱の罪**（106、107条）、**放火および失火の罪**（108～118条）、**出水および水利に関する罪**（119～123条）ならびに**往来を妨害する罪**（124～129条）は、一般に、**公共危険犯**と呼ばれている。このうち、騒乱の罪は、旧刑法では、「**静謐**」すなわち公共の平穏そのものに対する罪とされていた。

　これに対して、**あへん煙に関する罪**（第 2 編第14章136～141条）と**飲料水に関する罪**（第 2 編第15章142～147条）については、これを公共危険犯の一種とする見解もあるが、**公衆の健康に関する罪**として、公共危険犯の中のさらに特殊なグループとしてまとめる見解もある。事実、旧刑法は、これらを「健康を害する罪」の章（旧刑法237条以下）にまとめていた。

　もっとも、あへん煙に関する罪に関しては、今日、「麻薬及び向精神薬取締法」、「あへん法」、「大麻取締法」、「覚醒剤取締法」の、いわゆる薬物四法が、広く健康を害するおそれのある薬物の取締りを規定している。そのために1974（昭和49）年の改正刑法草案では、あへん煙に関する罪は削除されていた。飲料水に関する罪については、水質汚濁防止法を含む各種の規制法規が、すでに刑法典より広い領域をカヴァーしている。そのため、これら 2 種の罪に関する刑法典の規定は、今日では、ほとんど適用されていない。

　なお、旧刑法では、「健康を害する罪」の246条以下に伝染病予防規則に関する罪が規定されていたが、現行刑法からは削除されている。その代わりに、今日では、特定の感染症の病原体を撒き散らす行為やその予備行為に関して、

「感染症の予防及び感染症の患者に対する医療に関する法律」（以下、「感染症法」と略す）が、広く罰則を用意している。たとえば、同法67条1項は、「（エボラウイルス等の）1種病原体等をみだりに発散させて公共の危険を生じさせた者は、無期若しくは2年以上の懲役又は1,000万円以下の罰金に処する。」と規定し、2項でその未遂、3項でその予備を処罰している。感染症法のこの規定は、「公共の危険を生じさせた」ことを要する公共危険犯、しかも具体的危険犯とされていることも、興味深い。

[2] 財産に対する罪から公共危険犯へ

旧刑法では、フランス刑法の影響の下、放火および失火の罪、出水に関する罪の前身である決水の罪、および往来を妨害する罪の一部である船舶覆没の罪はいずれも財産に対する罪とされ、盗品等（「贓物」）に関する罪の次に置かれていた。もっとも、その法定刑は重く、旧刑法402条の現住建造物放火罪は、旧刑法415条の人の乗船する船舶の覆没罪とともに[1]死刑のみ、旧刑法403条の非現住建造物放火罪と旧刑法411条1項の現住家屋漂失罪は、無期徒刑のみが法定刑とされていた。

しかし、現行刑法の提案理由では、これらの罪はむしろ「静謐」に対する罪に属するとされ、騒乱の罪に続く章に置かれることとなり、同時に、108条には放火客体に建造物一般および汽車、電車、艦船、鉱坑を、109条には建造物一般および艦船、鉱坑を加え、さらに110条に「前2条に規定する物以外の物」一般を加えるとともに、自己所有の建造物その他の物については、その処分権を尊重して、具体的危険犯としている。そのほか、延焼罪（111条）、108条と109条1項に関する未遂および予備処罰規定（112、113条）、消火妨害罪（114条）、差押え等に係る自己の物に関する特例（115条）、ガス漏出等及び同致死傷（118条）は、現行法において新たに加えられた規定である。さらに、業務上失火・重過失失火の罪（117条の2）は、戦時体制強化を主眼とする1941（昭和16）年改正によって、仮案にあったものを追加したものである。

今日、これらの罪は、ドイツ刑法の影響を受けて[2]、不特定または多数の人の生命・身体・財産に対する危険を内容とする公共危険犯と解されている。

---

1) 興味深いことに、旧刑法415条ただし書きは、「船中死亡ナキ時ハ無期徒刑ニ処ス」とし、人の乗船する船舶の覆没罪が船中での人の死亡を暗黙の前提としていることを示している。

[3] 抽象的危険犯と具体的危険犯

これら公共危険犯の中には、108条や119条1項のように、放火や出水という手段によって一定の客体に焼損や浸害という結果が生じた場合に、それだけで当該犯罪の成立が認められるものと（**抽象的危険犯**）、110条や120条のように、さらに「公共の危険」が生じることを要するものとがある（**具体的危険犯**）。必ずしも具体的危険犯のほうが重い罪となるわけではなく、放火の罪や出水の罪では現住建造物等を客体とする抽象的危険犯の法定刑のほうが重い。また、往来危険罪（125条1項）にいう「汽車又は電車の往来の危険を生じさせた」は、「危険自体の態様、程度によって右法条に規定する危険に該当する危険と然らざる危険とに区別する見解は正当とはいえない。」とされ、「その企業体の一部の従業者が、列車、電車の運行に関する統括機関の統制に背き、業務命令に反し、定められた運転計画に従わず、ほしいままに電車を運行させるという如き所為に出ること」によって認められるとする裁判例まである[3]。したがって、具体的危険犯にいう危険も、場合によってはあまり「具体的」ではない。

他方、学説には、現住建造物等放火罪（108条）の法定刑は建造物等損壊罪（260条）のそれよりはるかに重いのであるから、留守中の荒野の一軒家に放火した場合のようにおよそ周囲の人や建造物に対する危険がないときには、抽象的危険もないとして、建造物等損壊罪とするべきだというものもある。

[4] 法定刑見直しの必要性

もっとも、この場合でも行為が「放火」であることに違いはない。問題は、

---

2) ドイツ刑法では、放火罪のほか、核エネルギーを含む爆発物破裂の罪、出水の罪、往来妨害の罪、郵便、電力などの公共企業の妨害罪、公然酩酊罪、不救助罪が、公共危険犯に分類されている。

3) いわゆる「人民電車事件」に関する東京高判昭和33・6・23高刑集11巻8号437頁。この判決は、電車の運転自体がある程度危険であるとする前提のもと、構成要件要素としての「汽車又は電車の往来の危険」の検討を飛び越えて、違法性の段階で危険を評価しており、その結果、法秩序全体からみて違法な電車の運行だから「汽車又は電車の往来の危険」が認められるとしている。しかし、これでは、正規の電車の運行も常に往来危険罪の構成要件に該当しており、ただ、それが正規の運行だから35条により違法性を阻却されるにすぎないということになってしまう。

むしろ、放火の罪の法定刑が重すぎることにあろう。かつては、密集した木造家屋への放火は町中を焼き尽くす大火となることが多かったが、防火対策が進んだ現在、その大部分が7年以下、過半数が3年以下の懲役で終わっている放火罪の量刑傾向からみても[4]、刑の上限における死刑や無期刑（108条）、刑の下限における5年（108条）や2年の懲役（109条）は重すぎると思われる。<u>建造物等放火罪の刑の上限は10年程度の自由刑とし、現住性や多数人の負傷ないし死亡を伴う場合に刑の上限を上げるような構成要件の細分化を考えるべきであろう。他方で、各罪の刑の下限は、「焼損による建造物等損壊罪」を包含できる程度にまで大幅に引き下げるべきである[5]</u>。

なお、従来は、現住・現在建造物に放火することで（重）過失により建造物内の人を死傷させた場合につき、人の死傷結果は現住建造物等放火罪で予想される危険の範囲内であるとしてこれに吸収され、量刑上考慮すれば足りるとされていた。これもまた、とりわけ108条の法定刑が重いことによる。しかし、人の死傷結果は量刑判断に重要な影響を与える事情である。長野地判平成27・5・26LEX/DB25540578のように、（重）過失致死・致傷の訴因を別に立てるべきであろう[6]。

2 │ 放火および失火の罪の重要問題

[1]「焼損」概念

　放火・失火の罪は、いずれも、「放火して」それぞれの客体を**「焼損」**（1995年改正前は**「焼燬（しょうき）」**）することが要件とされている。

　「焼損」の意味については争いがある。判例は、①**独立燃焼説**と呼ばれる見解を採る。これは、火が媒介物を離れて目的物が独立に燃焼を継続し得る状態に達したことで足りるとするもので、この状態になれば、公共の危険がすでに発生するというのが、その論拠である。その結果、独立燃焼状態に至れば、たとえば、天井板一尺四方や押入床板および上段三尺四方を独立燃焼

---

4) 毎年の司法統計年報をみれば、明らかである（https://www.courts.go.jp/app/sihotokei_jp/search）。2018年の統計では、有期刑の上限である20年を超えるものはない。

5) その点では、構成要件を細分化して法定刑を定めているドイツ刑法306条以下の規定が参考になる。

6) 詳細につき、門田成人「判批」法学セミナー734号（2016年）113頁。

させた場合も焼損とされる[7]。

　これに対しては、①説では既遂時期が早すぎ、未遂とくに中止犯の余地がなくなるとして、②**効用喪失説**（または**効用毀滅説**）、③**重要部分燃焼開始説**（または**燃え上がり説**）、④**一部損壊説**（または**毀棄説**）が唱えられている。②説は、目的物の重要な部分（建物であれば屋根や壁）が焼失してその効用を失ったことを要するとする見解で、かつては通説であったと聞いている。これは、放火罪の財産犯的側面を強調するものとする評価が一般的であるが、むしろ、もともとは、具体的に公共危険が存在しない場合を排除する趣旨で主張されたものである[8]。

　③説は、「燃え上がったこと」ないし「一定の燃焼の継続」によって「公共の危険」が発生したものとみなすのに対し、④説は、放火罪の財産犯的側面に着目しつつ、これを毀棄罪、とりわけ建造物等損壊罪（260条）において必要とされる損壊の程度で足りるとする。公共危険犯としての性格、失火罪に未遂処罰がないこと、中止犯の適切な余地などを考慮すれば、③説が比較的妥当といえようか。ただ、刑の下限を「焼損による損壊」を包含できる程度にまで大幅に引き下げた場合には、適切な量刑が可能となるので、①説でも不都合はない。

　もっとも、一部では、目的物の独立燃焼を経ない損壊も、②説や④説の見地から、「焼損」に当たると解する見解が唱えられている。火力を加えても独立に燃焼しないが、家具や付属物などによって有毒ガスを発生する恐れのある**「不燃性」**ないし**「耐火性」**の建造物では、独立燃焼を経ない「焼損」を認めて、放火の罪で処罰すべきだというのであろう。これは、**「新効用喪失説」**と呼ばれることがある[9]。

　しかし、（「焼燬」を言い換えた）「焼損」とは、言葉の最も広い意味でも、目的物が燃焼することであり、燃焼を経ない目的物の損壊は、たとえ火力によるものであっても、「焼損」には当たらない。この言葉を「火力による目的物の損壊[10]」と読むのは誤解である[11]。

7）　最判昭和23・11・2刑集2巻12号1443頁、最判昭和25・5・25刑集4巻5号854頁。

8）　木村亀二「放火罪の既遂時期」法学志林37巻6号（1935年）89頁。したがって、効用喪失説を放火罪の財産犯的側面を強調するものと解する見解が多いが、それは正確とはいえない。

9）　河上和雄「放火罪に関する若干の問題について」捜査研究26巻3号（1984年）42頁以下。

10）　たとえば、大谷・各論391頁。

[2]「不燃性」ないし「耐火性」建造物に対する放火

　ところで、**不燃性ないし耐火性建造物**についても、これを焼損することはありうるであろうか。目的物が燃焼しない場合に焼損を認めることは、無理である。したがって、コンクリート打ちっ放しの建物では、そこで物を燃やしても、建造物を焼損するということはありえない[12]。ゆえに、「不燃性建造物に対する放火」というのは、それ自体、形容矛盾のように聞こえる。

　しかし、判例・通説では、不燃性建造物でも、建物の一部を形成している化粧版や窓枠などは可燃性の素材で作られていることがあるので、これらが（独立）燃焼すれば、建造物が焼損したことになるという[13]。「建造物の一部の焼損」＝「建造物の焼損」だという論理である。その結果、雨風を防ぐという建造物としての機能には問題がなくても、「建造物の焼損」が認められている。したがって、ここでは、燃焼した物が「建造物の一部」か否かが、108条ないし109条の罪の成否にとって試金石となる。

　他方、「建造物の一部」が燃焼しなくても、「建造物の一部」に燃え移る危険性があれば、108条ないし109条1項の罪の未遂が認められる[14]。これは「公共の危険」の有無の問題ではなく「建造物の焼損」という**既遂結果発生の危険性**であるから、商品から有毒ガスが発生し、仮にそれが「公共の危険」に当たるとしても、それを理由に未遂を認めることは的外れである。「既遂の危険」の判断は、総論的な不能犯の問題である。

　このような建造物自体に対する放火の既遂も未遂も認められない場合には、以下で述べる「公共の危険」の発生を条件として、建造物等以外放火罪（110条）に当たらないかが問題となる。ここでもポイントは、（建造物等以外の）物が焼損されたか否かである。この物もまた不燃性で独立燃焼し得ないのであれば、建造物または内部の物の損傷の有無によって、建造物等（260条）または器物（261条）の損壊罪で対応するしかない。

---

11)　消極判例として、東京地判昭和59・6・22刑月16巻5・6号467頁。なお、松宮孝明「不燃性建造物に対する放火における『焼燬』の概念」甲南法学26巻1号（1985年）85頁も参照されたい。

12)　前掲注11)東京地判昭和59・6・22参照。

13)　札幌高判昭和47・12・19刑月4巻12号1947頁、東京高判昭和49・10・22東高刑時報25巻10号90頁、最決平成1・7・7判時1326号157頁等。

14)　前掲注11)東京地判昭和59・6・22は、このような理由で、108条の未遂を認めている。

[3] 現住性と非現住性

108条は、「現に人が住居に使用しまたは現に人がいる」建造物等に対する放火を、自己所有か否かにかかわらず、そうでない建造物等に対する放火に比して、死刑を含むはるかに重い法定刑で処罰している。これは、建造物等の内部にいる可能性のある人の生命・身体に対する危険を考慮してのことであるが、そればかりでなく、人の起居の場所として日常的に使用されていることをも保護しようとしたものである。したがって、裁判例では、放火当時、居住者が不在であっても、現住性が認められている[15]。

もっとも、「現に人が住居に使用し」てはいるが放火当時には人がいなかった家屋への放火について、5年以上の懲役という殺人罪と同じ刑の下限では重すぎる。人の死を要件としない行為に死刑を設けている点も含めて、前述のように、法定刑の見直しが必要であろう。

居住者全員が放火に同意して、その建物から退去した場合には、その建物は「非現住建物」になる。また、居住者全員が殺害された後の住居も、非現住建造物である[16]。同意して退去した者の中に当該建物の所有者が含まれていた場合には、自己所有非現住建造物への放火として、公共の危険が発生しなかった場合には処罰されない（109条2項）。ただし、115条の自己所有物の特例に当たる場合は、別である。

なお、109条にある「現に人が住居に使用せず、かつ、現に人がいない」は、より重い現住建造物等放火罪が存在することを示すものであって「みせかけの構成要件要素」である。

---

15) 最決平成9・10・21刑集51巻9号755頁。もっとも、競売手続の進行を妨げるために業務命令により交代で宿泊させていた従業員らに宿泊不要と伝えて旅行に出かけさせた上で、火災保険金詐取の目的で家屋に放火したという事案において、旅行から帰ったのちには本件家屋に宿泊しなくてもよいとは指示していなかったことを捉えて「現住性」を認めることには疑問がある。この事案では、従業員らは日常生活の場所を奪われたわけではないからである。

16) 大判大正6・4・13刑録23輯312頁。事案は、被告人が屋内で実父母を殺害し、その犯跡を隠蔽するために家屋に放火したというものである。大審院は、現住建造物等放火罪を認めて死刑を言い渡した原判決を破棄した上で、あらためて死刑を言い渡している。

[4] 建造物の一体性

実務では、建造物の一部が住居に使用されていれば、全体が現住建造物となるとし、**建造物の一体性**は、その外観、構造、物理的接続性、延焼可能性などを考慮して判断されるものとしている。その結果、**最決平成1・7・7判時1326号157頁**は、多数の住人のいるマンションの中にあるエレベーター内部に火をつけ、その化粧板等を「焼損」した場合でも、現住建造物等放火罪の既遂になるとしている。これは、先に述べたように、マンションの内部に設置されたエレベーターはマンションの一部であり、かつ、このマンションが「現に人が住居に使用し又は現に人がいる」建造物であれば、その一部であるエレベーター内部の焼損は現住建造物の焼損であるとする論理による。

また、「平安神宮放火事件」に関する**最決平成1・7・14刑集43巻7号641頁**が認めたように、学校の校舎や神社仏閣のように、その敷地の一角に人のいる宿直室や庫裡、社務所などがあって廊下などでつながっていた場合、人のいない部分に火をつけてその一部を「焼損」したときも、それは現住建造物の焼損とされる。そこでは、「その一部に放火されることにより全体に危険が及ぶと考えられる一体の構造」という現住部分への**延焼可能性**と、「物理的に見ても、機能的に見ても、その全体が一個の現住建造物であった」という**物理的・機能的一体性**が、建造物の一体性判断において重視されている。つまり、このような建造物の一体性判断は、非現住部分のみを焼損した場合に、現住建造物等放火罪の既遂とすべきか否かという問題を扱うものなのである。

しかし、機能的一体性や延焼可能性は、これを物理的一体性の認められない場合にまで建造物の一体性を拡張する論拠として用いるべきではない。そうでないと、離れのトイレに放火した場合（機能的一体性のあるケース）や、住居から30センチメートル程度しか離れていない隣の空き家に放火した場合（延焼可能性のあるケース）にまで、現住建造物等放火罪の既遂が認められてしまうからである。

逆に、物理的一体性は認められるが非現住部分から現住部分への延焼可能性のない場合には、人の生命・身体や居住の利益の保護という現住建造物等放火罪重罰の趣旨からみて、現住性を否定すべきであろう。たとえば、**仙台地判昭和58・3・28刑月15巻3号279頁**は、夜間、無人であったマンション1階の店舗内に放火した行為を、延焼可能性がないことを理由に、居住部分か

ら独立した非現住建造物への放火と解している。この延長で考えると、<u>現住</u><u>部分への延焼の危険がなかったなら、エレベーター内部への放火についても、</u><u>現住建造物等放火罪を否定すべきように思われる。</u>

[5] 「公共の危険」の意味

しかし、真の問題は、物理的に一体の建造物の内部において、現住部分への延焼可能性のない非現住部分への放火は、「公共の危険」を否定されるのではないかという点にある。これは、「公共の危険」の解釈問題である。

とくに、自己所有の非現住建造物への放火罪や建造物等以外への放火罪は、個別具体的に「公共の危険」を生じたことが必要な「具体的危険犯」である。この**「公共の危険」**については、古くは、①108条および／または109条の建造物等に延焼する危険と解する裁判例が多かった[17]。

たしかに、「公共の危険」を、②不特定多数人に対する生命・身体または財産に対する危険と解する裁判例[18]、さらには③単に他に延焼する危険とだけ述べる裁判例[19]も併存していた。ただ、①の裁判例の中には110条等の罪の成立を否定したものはないが、②および③の裁判例の中に、人の生命・身体に対する危険がなく、かつ、建造物等以外の物にしか延焼する危険がない事例で110条等の罪を認めたものはない。

その中で、**最決平成15・4・14刑集57巻4号445頁**は、「公共の危険」には「不特定又は多数の人の生命、身体又は前記建造物等以外の財産に対する危険も含まれる」と解し、無人の自動車への放火につき、3.8メートル離れて

---

17) 108条および109条の建造物等に延焼する危険と解するものとして、大判明治44・4・24刑録17輯655頁、仙台高秋田支判昭和32・12・10裁特4巻24号654頁、108条または109条1項の建造物等に延焼する危険と解するものとして、福岡地判昭和41・12・26下刑集8巻12号1621頁、東京高判昭和57・5・20刑集38巻6号2144頁。

18) 名古屋地判昭和35・7・19下刑集2巻7・8号1072頁（110条1項につき公共の危険肯定）、松江地判昭和48・3・27刑月5巻3号341頁（110条1項につき公共の危険否定）。大判大正5・9・18刑録22輯1359頁（116条2項につき公共の危険否定）、大阪高判昭和26・1・26判特23号8頁（116条2項につき公共の危険否定）、浦和地判平成2・11・22判時1374号141頁（110条1項につき公共の危険否定）は、108条・109条（1項）の物件に延焼する危険、その他不特定多数人に対する生命・身体または財産に対する危険と解する。

19) 広島高岡山支判昭和30・11・15裁特2巻22号1173頁（109条2項につき公共の危険否定）、静岡地判昭和34・12・24下刑集1巻12号2682頁（110条1項につき公共の危険否定）。

いた自動車およびそこからさらに0.9メートル離れていた自動車（いずれも無人）への延焼の危険があったことを理由に、110条1項の罪を認めた。また、東京高判平成19・4・19高刑速（平19）号199頁も、枯れ木等への放火により住宅街にある空き地に停めてあったガソリンを積んだ車両等に延焼する危険が及んだことを理由に、110条1項の適用を認めている[20]。

　そのため、建造物以外の小さな物件への延焼の危険でも「公共の危険」としてよいかが問題となる。しかし、「建造物等以外の財産に対する危険も含まれる」からといって、付近にあった他人所有の数冊の書籍に燃え移りそうになっただけで「公共の危険」を認めてよいとは考えられない。

　その点では、「公共の危険」が推定ないし擬制される108条や109条1項の物件に延焼する可能性に「公共の危険」を限定する考え方は、それ自体として正鵠を射たものである。たしかに、乗客のいるバスへの放火のように、不特定または多数人の生命・身体に対して火力による危険がある場合には、「公共の危険」を是認すべきようにも思われる[21]。しかし、110条1項の刑の上限は10年の懲役にすぎないのであり、殺人・傷害致死の罪で対処するのが本筋であろう。2台の自動車への延焼の危険しかなく、かつ、人の生命・身体に対する危険が発生したとはいえない場合には、「公共の危険」を否定すべきである。最初から3台の車に放火する意図であれば、それ以外に延焼可能な物件はないことになるからである[22]。

　なお、「公共の危険」は、通常人をして結果発生のおそれがあると危惧させる程度のものであればよく、物理的な結果発生の可能性は重要でないというのが判例の一般的態度であると解されている。しかし、その先例とされる**大判明治44・4・24刑録17輯655頁**は、たまたま放火当時風向が人家と反対方

20）なお、最決平成15・4・14の事案では、被害車両から最寄りの建造物までは、約25メートルの距離があり、これに対する延焼の危険は問題とされていない。他方、東京高判平成19・4・19の事案では、延焼の危険のあった車両から7ないし8メートル離れた場所に木造家屋が存在しており、本判決がいう「車両等」への延焼の危険には、この木造家屋への延焼の危険も含まれている可能性がある。

21）「新宿バス放火事件」に関する東京地判昭和59・4・24判時1119号40頁。

22）同旨、西田・各論330頁。もっとも、最決平成15・4・14の事案では、被告人らは併合罪関係にある暴行事件に加えて他の車両放火事件も起こしており、そちらでは建造物への延焼の危険が認められる。

向であった点について、「物的現象は瞬間に変転することあるを恒とする」として危険を認めたものであって、理性的判断を排して感情のみを重視したものではない。実際には、危険判断にあたって燃焼実験や行為当時の客観的事情を基礎にした合理的判断が重視されている[23]。

[6]「公共の危険」の認識

最判昭和60・3・28刑集39巻2号75頁は、110条1項の建造物等以外放火罪の故意につき、「火を放って同条所定の物を焼燬する認識のあることが必要であるが、<u>焼燬の結果公共の危険を発生させることまでを認識する必要はない</u>」（下線筆者）として、**「公共の危険」の認識**を不要とした。もっとも、これには谷口正孝裁判官の「意見」が付されている。<u>本件では、被告人も「一般人をして（家屋への）延焼の危惧感を与えること」の認識を備えていたことが記録上肯認できる場合</u>なので建造物等以外放火罪は成立するが、仮に被告人に「公共の危険」発生の認識がなかった場合には、その罪責は器物等損壊罪にとどまるというのである。

また、**名古屋高判昭和39・4・27高刑集17巻3号262頁**は、<u>109条2項および110条2項の自己所有の非現住建造物等および建造物等以外への放火罪の故意には公共危険発生の認識も必要であると明言している</u>[24]。というのも、自己所有物の焼損は、それ自体では違法でなく、また、他人の物の単なる焼損も、器物損壊罪よりはるかに重い法定刑を説明できないからである。

考えてみれば、裏の畑で焼き芋を焼いていたら思いのほか炎が上がり隣家に延焼しそうになった場合を、110条2項により「1年以下の懲役又は10万円以下の罰金に処する」というのは、現に燃え移った場合の失火罪が「50万円以下の罰金に処する」としていることからみても、いかにもバランスの悪い結論であろう。そこで、自己所有物への放火罪について「公共の危険」の認識を要するのであれば、同じ110条にある1項の罪にも、その認識を要すると解さなければならない。したがって、谷口裁判官の「意見」に従い、その認識を不要とする最判昭和60・3・28の判示は「傍論」と解すべきことに

23）前掲注18）浦和地判平成2・11・22など。

24）なお、最判昭和40・1・22判時399号20頁は、これに対する被告人からの事実誤認等を理由とする上告を棄却している。

なる。ただし、他人の建造物への延焼の具体的な認識がある場合は、建造物等放火未遂罪が成立するので、認識の内容は、より抽象的なもので足りるとしなければならない[25]。

[7] 失火罪における「業務上過失」の意味

最後に、117条の2にいう「業務」に触れておこう。ここにいう「業務」は、**職務として火気の安全に配慮すべき社会生活上の地位**をいう[26]。火気を直接取り扱う者のほか、出火防止等の任務をもつ者も含まれる[27]。業務上過失致死傷罪（211条）にいう「業務」と異なり、「職務」という言葉は、何らかの点で公務や職業との関連性を必要とするのであり、レジャーで頻繁にバーベキューを焼いている人物の失火は、「業務上失火」にはならない。

しかし、立法論としては、処罰の実態や「業務上過失」重罰規定のない過失建造物等浸害罪（122条）とのバランスを考えると、「業務上過失」の加重処罰規定の必要性は疑わしい。「職務」だからといって常に非難可能性が大きいとは限らないし、火の取り扱いは誰でも行うことであり「業務者」と一般人との差異は見出し難いうえ、「業務上過失」を廃止し「重過失」のみにしても、ほとんどが罰金で処理される科刑の実態からみて問題はないからである[28]。

---

25) ましてや、前述した最決平成15・4・14の考え方によるなら、「公共の危険」は108条や109条1項の客体への延焼可能性よりも広いのであるから、両者の区別は、より容易であろう。なお、公共の危険の発生について過失で足りるとする見解（西田・各論331頁）も、失火罪より重い法定刑を正当化できない点で、失当である（同旨、山口・各論390頁）。

26) 最決昭和60・10・21刑集39巻6号362頁。

27) 最判昭和33・7・25刑集12巻12号2746頁。

28) 松宮孝明『過失犯論の現代的課題』（成文堂、2004年）71頁以下参照。

第16章

偽造の罪

1 | 「偽造」の罪

[1] 偽造の罪の諸相

　刑法は、第 2 編の第16章から第19章までを、**通貨**（148〜153条）・**文書**（154〜161条の 2 ）・**有価証券**（162、163条）・**印章の偽造の罪**（164〜168条）に当てている。また、2001年には、第18章の 2 に、**支払用カード電磁的記録に関する罪**（163条の 2 〜163条の 5 ）が挿入された。刑法は、これらの罪を置くことで、通貨・文書等に対する**公共の信用**ないし**証拠能力**を保護し、取引の安全を図っている。文書の真正性は、その証拠能力の要件だからである（民訴法228条 1 項）。

[2]「公共の信用」という保護法益

　詐欺罪が個人の財産に対する罪であるのに対し、これらの罪は、個人の法益とは異なる社会的法益としての**文書等の「真正性」**（Echtheit）・**「確定性」**といった「形式」に対する**「公共の信用」**（publica fides）を害する罪である。「真正性」とは、その書面に表示されているものが間違いなく「名義人」のものであることを意味し、「確定性」とは、その書面の表示が間違いなく作成期日に確定されたもので、その後に変更されていないことを意味する。

　とはいえ、これらの偽造の罪に、財産や司法作用に対する罪の準備行為としての色彩が消えたわけではない。そのため、今日でも、これらの罪は、偽造だけでなく、**「行使の目的」**（154〜156条、159条）や**「人の事務処理を誤らせる目的」**（161条の 2 ）を要件とする。実質的には、これらの罪は詐欺罪等の侵害犯の予備段階を把握するものであり、「公共の信用」という保護法益

は、そのための「仮のもの」である。

[3] 虚偽作成等の異質性

他方、虚偽公文書作成罪（156条）や虚偽診断書等作成罪（160条）では、公務員や医師に真実義務を課して、公文書の内容の真実性ないし**証明力**をも担保している。その点で、これらの罪は異質である。そこには、国家等に対する公務員らの真実義務の違反という要素が入っており、職権濫用や賄賂の罪と共通する汚職罪的な性格がみられる。

[4] 「形式主義」と「実質主義」

ところで、刑法典本文にある**「偽造」**（「最狭義の偽造」）を、財産犯その他の実害犯の予備罪的な性格のものと捉えれば、虚偽作成も「偽造」に含めて処罰すべきことになる。これは**「実質主義」**と呼ばれ、フランス刑法等が採用するものである[1]。これに対し、ドイツ刑法が採用するような、他人の名をかたって文書を作成したこと（**名義冒用**）を「偽造」とする**「形式主義」**は、「偽造」を、損害との関係を問わずに、人の意思ないし観念を記載した物としての「文書の証拠能力」を害する行為と解するものである。つまり、**「形式主義」と「実質主義」**の対立は、**「偽造」**の定義をめぐる対立なのである。そして、「形式主義」を採用する日本刑法では、「偽造」の成否にとっては、その文書が真に名義人の意思ないし観念を表示したものか否かだけが重要であって、一方で、表示内容が真実に合致しているか否かは問題でなく、他方で、名義冒用が財産などの実害の危険をもっているか否かも重要でない。

なお、文書偽造の罪における「形式主義」と「実質主義」は、一般には、前者が名義の冒用を偽造として処罰する主義であり、後者が文書の虚偽作成

---

1) 江家・各論145頁や平野・概説261頁は、「実質主義」を、「偽造」には名義冒用に加えて内容も虚偽であることを要する見解と捉えている。これは、岡田朝太郎『日本刑法論（各論之部）』（有斐閣書房、1895年）396頁以下や勝本勘三郎『刑法析義 上巻 各論之部〔第4版〕』（有斐閣書房、1903年）481頁以下にある、偽造には名義冒用に加えて内容の虚偽等によって実害を生じる可能性を要するとする見解を受け継ぐものかもしれない。しかし、以下で述べるように、「実質主義」を採用するフランスでは、「損害」をもたらす性質のものであれば名義冒用のない虚偽作成も「偽造」となるし、名義冒用はそれだけで「損害」をもたらす性質のものとして、偽造罪で処罰されている。

を偽造として処罰する主義であるとされ、「形式主義」はドイツ刑法に由来し、「実質主義」はフランス刑法の考え方であると説明される。しかし、これでは、なぜ名義冒用が「形式主義」と呼ばれ、虚偽作成が「実質主義」と呼ばれるか理解できない。加えて、フランス刑法でも名義冒用は偽造罪として処罰されるし[2]、ドイツ刑法でも虚偽公文書作成罪は存在する。

　そうではなくて、前述のように、両者は、「偽造」という言葉の定義の問題である。そして、フランス刑法では、「偽造」の定義の中に、すでに――名義の真正性に対する公共の信用の侵害を含む――「損害」(le préjudice)を惹起する性質を含んでいるので、名義冒用も「損害をもたらす虚偽文書作成」も偽造の罪に含まれるのである[3]。これに対し、ドイツ刑法では、「偽造」は形式的な名義の冒用に限定され、実害の可能性は「取引において欺罔する目的」の中で考慮されることになり、同時に、虚偽文書の作成は、――公務員でない医師の虚偽診断書作成を除き――公務員等の特別な真実義務違反の罪として、わが国の汚職の罪に似た「公務員犯罪」の章に移されている。わが国でも、刑法典本文中の「偽造」は、「形式主義」に基づいている[4]。

[5]　「有形偽造」と「無形偽造」

　さらに、「形式主義」における「偽造」、すなわち名義冒用を「有形偽造」とし、「虚偽作成・虚偽記入等」を「無形偽造」とする従来の日本刑法学における理解にも、近年、疑問が提起された。「有形偽造及び無形偽造は、……物理的改変の有無による区別、端的にいえば、実務上、鑑定によって判別可能かどうかという点に着目した概念として理解されている。[5]」というのである。つまり、名義冒用であっても、他人の印章の冒用のように、物理的

---

2)　島岡まな「フランス刑法における文書偽造罪」法学研究68巻3号（1995年）61頁以下参照。もっとも、島岡教授は、「実質主義」を「偽造」の定義の問題としては把握していない。

3)　島岡・前掲注2）72頁によれば、1810年フランス刑法における「文書偽造」は、「権利又は法的効果をもつ事実を証明し得る文書に対する、法律に規定された方法の一によってなされた、他人に損害を惹起する性質を持つ、その真性の不正な改変」と定義される。「真性の改変」には、虚偽記載ばかりでなく名義冒用も含まれる。また、ここにいう「損害」とは、必ずしも第三者の財産的損害等の具体的なものである必要はなく、かつ多様なものであり、その意味で、文書偽造罪は「あいまい犯罪」である。

4)　以上につき、松宮・各論379頁も参照されたい。

5)　井上宜裕「フランス刑法における文書偽造」立命館法学375＝376号（2018年）1830頁。

相違がなく鑑定によって判別できない「偽造」は「無形偽造」だというのである。

　これは、明治以来のフランス刑法理解における大問題である。ただ、すでに多くの裁判例で、「無形偽造」は虚偽作成ないし虚偽記載の意味で用いられている。したがって、真相の解明は今後の学説に委ね、以下では、「無形偽造」を虚偽作成ないし虚偽記載の意味で用いる。

2 │ 「偽造」の定義

[1] 古い定義と新しい定義

　通貨等の偽造を含め、偽造の罪の基本形は「文書偽造罪」それも「私文書偽造罪」である。なぜなら、日本銀行券の印刷に用いられる機械を使って権限のない者が1万円札を印刷しても、それは――真の意味での「無形偽造」として――「偽造」されたものに違いないからである。そこで、まずは、文書偽造罪で用いられる「偽造」の定義を検討しよう。

　最判昭和59・2・17刑集38巻3号336頁は、最高裁として初めて、「偽造」の本質は「文書の名義人と作成者との間の人格の同一性を偽る点にある」（以下「同一性の偽り」と呼ぶ）と述べたものである。ただ、同時にこの判決は、「私文書偽造とは、その作成名義を偽ること、すなわち私文書の名義人でない者が権限がないのに、名義人の氏名を冒用して文書を作成することをいう」（以下、「無権限作成」と呼ぶ）とする従来の定義も並べている。そこで、「無権限作成」という古い定義と、「同一性の偽り」という新しい定義との関係が問題となる[6]。というのも、古い定義では、作成者が名義人とは別人であっても、作成権限を与えられていれば「偽造」にならないということになるのに対し、新しい定義では、作成者と名義人との間に齟齬がある文書が作られれば、例外なく「偽造」になるからである。つまり、この2つの定義が併用されていること自体が、不可思議なことなのである。

---

6)　最判昭和59・2・17等の裁判例では、古い定義を「偽造」の定義とし、新しい定義を「偽造の本質」として書き分けている。しかし、言うまでもなく、新しい定義は「不真正な文書を作成する」というドイツ刑法の「偽造」の定義が「名義人と作成者との間の人格の同一性を偽る」ものであることに由来する。Vgl. *Schönke / Schröder / Heine / Schuster*, Strafgesetzbuch Kommentar 30. Aufl. 2019, §267 Rn. 48.

[2] 「作成」および「作成者」の定義

　この矛盾は、**「作成」**ないし**「作成者」**をどのように理解するかに由来する。「無権限作成」という古い定義では、名義人でない者が代理権などの権限を得て文書を書く場合、この文書の「作成者」は実際に文書に署名した代理人であると解するのに対し、「同一性の偽り」という新しい定義では、文書に表示された意思ないし観念が民法的にみて誰に帰属するかを基準として被代理人（本人）を「作成者」と解する[7]。端的にいえば、この点で、古い定義は「作成者」に関する**「事実説」**（または「身体説」ないし「行為説」）に近く、新しい定義は**「観念説」**（または「精神性説」ないし「意思説」）に依拠しているのである。ここでは、「観念説」とは、「代筆」の場合に代筆させた人物を「作成者」とするだけではないことを理解する必要がある。混乱を避けるためには、新しい定義に統一したほうがよい。

[3] 「観念説」と「事実説」——代理・代表文書を例に

　「同一性の偽り」という新しい定義は、ドイツ刑法に由来する[8]。そこにいう「人格の同一性の偽り」は、ドイツ語の Täuschung über die Identität der Person を訳したものである。そして、そこにいう「作成者」はドイツ語では wirklicher Aussteller に対応し、「名義人」は scheinbarer Aussteller に対応する[9]。つまり、現実の Aussteller が「作成者」であり、文書から Aussteller のように見える者、つまり「書面上の作成者」が「名義人」なのである。なお、Aussteller の動詞 ausstellen は「発行する」という意味を持つ。

　通説である「観念説」によれば、「作成者」とは、表示された意思ないし観念が帰属すべき者、つまり**書面に表示された意思ないし観念の——意思表示の規範からみた——現実の主体**である。したがって、代筆や口述筆記の場合は、筆記した人ではなく筆記させた人が「作成者」であるばかりでなく、代理・代表文書の場合は、代理人ないし代表者ではなく本人が作成者である。

---

7)　Vgl. *Schönke / Schröder / Heine / Schuster*, a.a.O.（Fn. 6）, §267 Rn. 55.

8)　江家・各論135頁、中川武隆「判解」最判解刑事篇昭和56年度（1985年）97頁、同「判解」最判解刑事篇昭和59年度（1988年）71頁参照。

9)　林幹人『現代の経済犯罪——その法的規制の研究』（弘文堂、1989年）110頁参照。

なぜなら、そのような文書に表示された意思ないし観念は、代理人・代表者個人のものではなく、代理される本人ないし代表される法人や団体のもののはずだからである。どこの世界に、「A株式会社代表取締役社長甲」の署名のある従業員に対する労働契約書をして、甲個人の意思が表示された書面だと解する者がいるであろうか[10]。これは、A株式会社と従業員との労働契約書である。つまり、「観念説」では、真正な代理・代表文書では、「名義人」も「作成者」も本人であるから「人格は同一」なのである。

　この点で、**最決昭和45・9・4刑集24巻10号1319頁**が代理・代表文書の「名義人」を「代表もしくは代理された本人である」と述べたのは、まさに「観念説」の理解に沿うものであった。もっとも、その理由として「その文書によって表示された意識内容にもとづく効果が、代表もしくは代理された本人に帰属する」ことを挙げたのは、混乱を招くものであった。というのも、「表示された意識内容」が公序良俗に反する無効なものであった場合（民法90条）、「表示された意識内容にもとづく効果」は「代表もしくは代理された本人に帰属」しないことがあるからである。そうではなくて、端的に、「表示された意識内容が、代表もしくは代理された本人に帰属する」と述べるべきであった[11]。

---

10) 代理文書につき、江家・各論142頁、西田・各論396頁等は「甲代理人何某」が名義人だと解するようである。しかし、「A株式会社代表取締役社長甲」の署名のある労働契約書は、社長が甲から乙に交替しても依然としてA社と従業員との間の契約書として有効なのであり、ゆえに、そこに表示されている意思の主体つまり「作成者」および「名義人」はA社である。その意味で、代理・代表文書の「作成者」および「名義人」は代理・代表される本人である。この点は、意思能力のない幼児の法定代理でも変わらない。ゆえに、松原・各論468頁が、本人も代理人も「名義人」だとするのも妥当でない。なお、民法101条が代理の場合の意思の瑕疵を代理人に認めるのは、事実として欺罔ないし脅迫を受けたり錯誤に陥ったりするのは代理人だからである。

11) ついでに言えば、会議体の議事録は、通常、次回の会議などにおいて参加者のチェックを経て当該会議体を主体として「作成」されるのであり、その作成「名義人」は会議体そのものである。「議事録署名人」は、当該会議体が作成したことを確認するものとして当該会議体によって選任されて署名・押印するだけであり、議事録を作成する権限はない。ゆえに、最決昭和45・9・4の扱った事案は、代理・代表名義の冒用に関するものではない。また、署名人の署名・押印は当該会議体の署名・押印に代わるものであり、ゆえに、署名人の署名・押印のある議事録は、決して「無印」文書ではない。

[4]「人格」と「人格の属性」

　単なる**肩書き詐称**や**資格冒用**は、軽犯罪法1条15号に当たる可能性はあるが、偽造ではない[12]。この点で、再入国許可申請書に自己を指し示すKという**「通称」**を記載した被告人につき[13]、「本件文書に表示されたKの氏名から認識される人格は、適法に本邦に在留することを許されているKであ」るとして、**「人格」**（Person）の中に「適法に本邦に在留することを許されている」という「人格の属性」まで入れてしまった前掲**最判昭和59・2・17**は、新しい定義を採用したまではよかったが、そこにいう「人格」を大げさなものにしてしまった点で大きな問題を孕むものである。

　というのも、これが正しいのであれば、妻に内緒で飲み屋にいる筆者が、妻に「研究室で執筆している」というLINEメッセージを送ったら、夜遅くまで筆者がどこで何をしているかを気にしている妻へのものであるという「文書の性質にも照らすと」、その「名義人」は「研究室で執筆している筆者」であって、「飲み屋にいる筆者」とは「別の人格であることが明らか」となってしまうからである。しかし、筆者は、妻からの叱責は甘受するとしても、私文書偽造罪（正確には、161条の2第1項および3項の私的電磁的記録不正作出および供用の罪）で有罪となることには断固抗議する[14]。

　端的にいえば、「人格の同一性」（Identität der Person）とは、「人の同一性」のことである。したがって、再入国許可申請書に記載された氏名は間違いなく被告人を指し示しており、かつ、当該申請書に表示された「再入国許可を申請する」という意思がまぎれもなく被告人のものであれば（そもそも、

12）同じ「A株式会社代表取締役社長甲」も、これが会社を取引主体とする契約書に記載されれば、Aの意を表示した書面なので「名義人」はAになるが、これが甲の名刺に記載されているだけの場合には、「A株式会社代表取締役社長」は単なる肩書であって、「名義人」は甲である。

13）実は、「偽造」にとっては「通称」か否かは重要ではない。受験番号のみを記載する形式の大学入試答案を想定すればわかるように、受験番号は一時的なものではあるが、間違いなく、この答案の「(書面上の)作成者」を指し示す「名義」である。宅配便の受取人欄に偽名を書いた事案につき、私印偽造を否定した京都地判令和2・6・25LEX/DB25566235参照。

14）実は、最判昭和59・2・17を担当した中川武隆調査官が引用する江家・各論135頁は、「『人格の同一性』とは、氏名その他称号の同一性のことではなくて、氏名や称号を通して知り得られる人格者の同一性のことである。」と明言している。

再入国したい人物が別人の意思を書くわけはないが）、本件申請書は「偽造」文書ではない[15]。

　この点では、国際運転免許証の発給権限のない「国際旅行連盟」による「国際運転免許証のようなもの」の発給につき、国際運転免許証の発給権限を有する団体により作成されているということが本件文書の社会的信用性を基礎付けているという理由で、その名義人は「国際運転免許証の発給権限を有する団体である国際旅行連盟」であると解した**最決平成15・10・6刑集57巻9号987頁**にも、同じ問題がある。本件は、甲という人物が自分には国際運転免許証を発給する権限があると宣言して、「国際運転免許証のようなもの」を販売したという事案にすぎない[16]。

　さらに、同姓同名の弁護士が実在することをよいことに弁護士になりすました者が、弁護士という肩書きを付けた請求書や領収書を本名で作成した行為を私文書偽造罪に当たるとした**最決平成5・10・5刑集47巻8号7頁**にも、同じ問題がある。この事件では、被告人はこの氏名を自己を指し示すものとして用いており、かつ、文書を行使された相手方も、この氏名を被告人のものと認識している[17]。したがって、この事件では「作成者と名義人の人格の同一性の偽り」は生じていない[18]。

　とどのつまりは、被告人XがYという偽名を用いて作成し会社に提出した

---

15) そもそも、**最判昭和27・12・25刑集6巻12号1387頁**によれば、「免状、鑑札、旅券の下付を受ける行為のごときものは、……（1年以下の懲役又は20万円以下の罰金にしかならない）右刑法157条2項だけを適用すべきもの」であるから、在日外国人にとって「旅券」に相当する「再入国許可証」の不正取得は、文書偽造罪の管轄外のものであろう。

16) そもそもこの事件は、詐欺罪では立件されていない。したがって、購入者もこの団体に発給権限がないことを知っていたのかもしれない。

17) この事件における領収書が「偽造」であるなら、依頼者は受け取った領収書によって被告人に代金を支払った事実を証明できないことになる。なぜなら、この領収書が「偽造」なら、それは被告人の代金領収の観念を表示していないことになるからである。他方、同姓同名だが別人である弁護士を装って報酬請求書をその弁護士の顧問先に出すという旧司法試験平成7年度論文式刑法第2問のような事案は、明らかに「人格の同一性を偽る」ものであり、「偽造」に当たる。

18) 無関係な第三者がどう思うかは、文書の証拠能力に影響しない。そうでないと、全国の「吉田茂」さんは、氏名を書くたびに「偽造」でしょっ引かれることになるであろう。もっとも、文書を行使された者が同姓同名の他人の作成した文書と誤解する危険が大きく、かつそれを意図して作られた文書は、偽造文書である。

履歴書について「偽造」を認めた**最決平成11・12・20刑集53巻 9 号1495頁**である。この事件では、被告人も会社側も、Ｙという偽名が被告人Ｘ以外の人格を指し示すものとは考えていなかったのであるから、これについて「人格（Person）の同一性を偽った」と解することはできない上に、この事件の原判決である**東京高判平成 9 ・10・20高刑集50巻 3 号149頁**は、判決書の被告人欄に「ＹことＸ」と記載している。つまり、原判決もまた、Ｙを、被告人を指し示す名前と考えていたのである[19]。

[5] 戸籍名を用いた「偽造」？

下級審では、養子縁組により変更された戸籍名を使用した場合にまで「偽造」を認めた裁判例がある。それらは、多重債務により融資不適格者としてブラックリストに載った被告人が更に融資を受けるために、養父となる者の承諾を得ないまま無効な養子縁組届を行い、変更後の氏名を用いて融資申込書を書いた（東京地判平成15・ 1 ・31判時1838号158頁）、または、そのために運転免許証の氏名変更届等を書いた（仙台高判平成16・ 5 ・10高刑速（平16）229頁）といった、融資不適格者という属性を隠そうとした事案に関するものである[20]。

前者では、「サラ金業者である各被害会社にとって、融資の申込に際して行う審査の目的は、戸籍の外観によって形式的に顧客となろうとするものを特定、識別するに止まらず、上記各事項を確認することによって、返済の意思や能力など、当該申込者の人格そのものに帰属する経済的信用度を判断し、申込者が融資を受ける適格を有する者か否かを判断することにあると解されるのであるから、その審査にとって極めて重要な判断資料として機能する本件各申込書は、社会通念上はもとより、取引信義則上も、申込者の人格に帰属する経済的信用度を誤らせることがないよう、その人格の本来的帰属主体を表示することが要求され、その帰属主体を偽ることが許されない性質の文書というべきである。[21]」（下線筆者）とされ、後者では、氏名変更届に記載

---

19) 詳細につき、松宮孝明「文書偽造罪における作成者と名義人について」立命館法学264号（1999年）349頁以下も参照されたい。

20) 後者の氏名変更届では、変更前の氏名もあわせて記載されているので、「人格（Person）」の同一性は明らかであるとして、原審では「偽造」が否定されていた。

される「名義人」は「適法に氏名等が変更され上記変更届等に記載されるべき名義人を詐称」するとして、無効な養子縁組によって戸籍に記載された氏名では被告人との間に人格の同一性がないとされた。

しかし、「偽造」の罪は「作成者」の経済的信用度を担保するものではないし、偽名やペンネームには「適法な氏名変更」も何もない。このようなものまで経済的信用度を偽ったとして「偽造」とするのであれば、いずれ、婚姻により変更された姓で融資申込書を書くことも、融資不適格者にとっては「偽造」とされてしまうことになろう。それは明らかに不当である。

[6] 法定代理と「偽造」

他人に頼まれ、自分の子の名を用いてその他人の子の意思を表示する文書を書いた場合も「偽造」に当たる。というのも、「観念説」によれば、「作成者」とされるのは「そのような内容での表示を形成した者ではなく、書面のテキストが取引においてその者の表示とみなされる者」であり[22]、そこでは「文書は、その内容が、そこに作成者として表示された者（つまり『名義人』──筆者注）に由来しない場合に不真正[23]」つまり偽造文書となるからである。よって、当該文書の「名義人」は自分の子であるが、表示されている意思は他人の子のものである場合、その文書の「作成者」は他人の子であるから、「名義人」と「作成者」の人格の同一性を偽る「偽造」になる。

残念ながら、**東京高判平成12・2・8東高刑時報51巻1～12号9頁**は、他人に頼まれ、自分の子Aの名を用いてその他人の子Bの写真を貼付した旅券申請書を書いたという事案に関し、旅券の「申請書から認識される名義人の人格を考えるに当たって最も重視されるべきは申請書に貼付された写真であり、貼付された写真によって特定される者が右申請書によって表示された人格ということになる」として、この申請書の「名義人」は貼付された写真に写っているBだとしてしまった。これは、この申請書の「作成者」はこれを

21）前掲東京地判平成15・1・31。しかし、経済的信用度に関する欺罔が問題なら、詐欺罪による処理で十分である。

22）*I. Puppe*, Unzulässiges Handeln unter fremden Namen als Urkundenfälschung, JR 1981, S. 441; *ders.*, Die Bedeutung der Geistigkeitstheorie für die Feststellung des Urkundenausstellers bei offengelegtem Handeln für einen aunderen, NJW 1973, S.1871.

23）*Schönke / Schröder / Heine / Schuster*, a.a.O. (Fn. 6), § 267 Rn. 48.

書いた人物ないしそれに法定代理されたＡであるという古い定義にあった「事実説」的傾向に呪縛されたものである。「書面のテキストが取引においてその者の表示とみなされる者」が「作成者」だと理解していたなら、この申請書の「作成者」はＢの親によってその旅券申請意思を代理表示されたＢであることに気づくことができたであろう[24]。

　ここでも、代理人が「作成者」であり「名義人」と「作成者」との間に不一致があるが代理人には「作成権限」があるので有形偽造にならないという古い定義が、混乱を生んでいる。

[7] 名義使用の同意・承諾？

　黙示のものも含めた代理・代筆の場合と異なり、単なる名義使用の同意は「偽造」を否定しない[25]。たとえば、あらかじめ友人Ｙの同意を得て交通（反則）切符の供述書欄にＹの名を書いたＸは、Ｙを代理して交通違反を犯したわけではなく——そもそも事実行為は代理に馴染まない——、また、違反をしたＹの氏名を代筆してやったわけでもない。しかも、Ｘは、違反の処理において、この名が自分とは別人格のＹのものとして扱われることを意図している。これはまさに、文書を行使される相手方にとって「名義人と作成者の人格の同一性を偽る」ものである。

　これが、供述書ないし供述調書における偽名使用と異なるのは、これらの文書に記載された名前が、これが「行使」される取調官にとっては被疑者を指し示す名前であるのに対し、交通（反則）切符の供述書欄を見る運転免許センター等の職員にとっては、Ｘとは別人のＹを指し示す名前となるからである。類似の事情は、旅券申請書の場合にも認められる。つまりここでは、「作成者」はＸであり、「名義人」Ｙとの間に人格の不一致が生じているのである。

　問題は、最高裁の裁判例[26]が、「交通事件原票中の供述書は、その文書の

24）なお、本件の原判決は、「Ｂの顔を持ちＡの名を有する架空人」を「名義人」とみてしまった。そうではなくて、「本当に旅券を申請している者」つまりＢが「作成者」であって、「書面から旅券を申請していると見える者」つまりＡが「名義人」なのである。

25）*Schönke / Schröder / Heine / Schuster*, a.a.O.（Fn. 6），§267 Rn. 60.

26）最決昭和56・4・8刑集35巻3号57頁、最決昭和56・4・16刑集35巻3号107頁。最決昭和56・12・22刑集35巻9号953頁は、「通称」使用の事例でもある。

性質上、作成名義人以外の者がこれを作成することは法令上許されない」等と述べて、その理論構成を「文書の性質」に求めたことである。この「文書の性質」論が、[4][5]で挙げた様々な問題判例を生んでいる。しかし、どのような文書であっても、「作成名義人以外の者がこれを作成すること」は許されない。問題は、「作成者」概念なのである。

　この点につき、**最決昭和56・4・16刑集35巻3号107頁**の最高裁調査官解説は、「人格の同一性を欺罔するために与えられた『承諾』を有効と認めるべきでないことは、……文書偽造罪の本質を考えれば当然のことのように思われる。[27]」と述べ、問題は特殊な「文書の性質」ではなく、文書偽造罪一般の本質にあることを示唆している。その後の判例が「文書の性質」論に傾いたことは、痛恨の極みであった。

[8]「代 筆」

　ところで、**最判昭和51・5・6刑集30巻4号591頁**は、印鑑証明の発行に携わっている窓口係の公務員について、「その内容の正確性を確保することなど、その者への授権を基礎づける一定の基本的な条件に従う限度において」、公文書偽造罪は成立しないと述べた。この判決には、名義冒用には「内容の正確性」は関係ないのではないかという疑問が向けられている[28]。

　しかし、裁量権を与えられている代理人・代決者の場合と異なり、<u>本人の意思・観念を忠実に記載する権限しかない係員の場合には、口述筆記をするタイピストの場合と同じく、本人の意思・観念と異なる記載をすれば自己の意思・観念を書面上に表示したことになる</u>ので、「名義人」と「作成者」の人格が異なることになってしまう。ゆえに、市役所の窓口係の公務員がわざと内容虚偽の印鑑証明を作ることは、登録されたとおりの印鑑であることを証明する「名義人」（市長）の意思・観念を機械的に書き記すべきその代筆的役割を超えて、市長の名をかたって自らの意思・観念を文書にしたことになり、「作成者」と「名義人」の不一致をきたすことになる。ゆえに、この事案において内容の正確性を偽造罪否定の根拠とした判断は正当である。た

27）中川・前掲注8）「判解」最判解刑事篇昭和56年度（1985年）97頁。

28）たとえば、西田・各論385頁は、「形式主義の見地からは内容の正確性という要件を付加することは不当である」とする。

だ、それを「作成権限」概念で説明したところに、議論混乱の原因があったというべきであろう[29]。

3 | 「変造」の意味

[1]「有形変造」？

前述のように、「**有形偽造**」は、そもそも、名義冒用という意味ではない。したがって、「**有形変造**」にとっても、「名義人」と「作成者」の人格の同一性を偽る必要はない。そうではなくて、「**変造**」とは、文書等の「**確定性**」を害すること、つまり、いったん確定した真正な文書等に勝手に変更を加えることをいう。したがって、通説とは異なり、「変造」そのものは名義人によっても可能である（ドイツでは、こちらが通説）。また、文書等の内容の真偽も問わない。たとえ内容が真実であっても、公職選挙法上の有権者名簿を考えればわかるように、いったん確定した文書の内容を変更するには、そのための手続を踏まなければならないからである。

[2] 公文書偽造罪と虚偽公文書作成罪とにおける「変造」

一般には、156条の「**変造**」もまた、虚偽作成のひとつであって、作成権限を有する公務員が既存の公文書に変更を加えて虚偽のものにすることをいうと解されている。しかし、虚偽内容への変更ではなくても、いったん確定した公文書に勝手に変更を加える場合は、ここにいう「変造」に当たると解すべきであろう[30]。

---

29) 高橋・各論527頁は、「作成権限」にこだわり、「申請書の提出は当該補助公務員への作成権限を付与する条件となっている」として、公文書偽造罪を認めるべきだとする。しかし、申請書提出の有無で「作成者」が異なることにはなるまい。筆者は、公務員である親族に申請書も手数料も提供せずに住民票の写しを出してもらった経験があるが。

30) 裁判例には、他人所有の文書を名義人が勝手に書き換えた場合に文書毀棄罪を認めたものがあるが（大判明治37・2・25刑録10輯364頁）、それが公文書であるなら、156条の「変造」に当たると解される。

4 ｜ 「偽造」「変造」の程度

　「偽造」といえるためには、当該文書が一般人をして真正に作成された文書であると認識させる程度の形式・外観を備えていることが必要である。同様に、「変造」といえるためには、一般人をして改ざんされたものとは気づかれない程度のものであることが必要であろう。

　もっとも、スキャナー等の機械を通じて行使することがすでに普及している文書では、肉眼では真正に作成された文書とは認識させられないが、機械を通じてならそのように認識させられるという程度でも「偽造」に当たる[31]。また、警察官等がフロントガラス越しに確認するという駐車禁止除外指定車標章の本来的な用法も併せ考慮して駐車禁止除外指定車標章の偽造を認めた裁判例もある[32]。

5 ｜ 「文書」概念

[1] 名義人の意思ないし観念の表示

　「文書」（および「図画」）は、法人・団体を含む何人かの意思または観念を、文字その他の可読的符号によって表示した物でなければならない。そのためには、その「作成者」を表す「名義」が必要である。したがって、まったくの匿名文書は「文書」に当たらない。

　これは、「文書」がそもそも、その「名義人」の意思ないし観念の存在を証明するための証拠であることから明らかである。したがって、**公文書**は自ずからそうであるが、**私文書**は「権利、義務または事実証明に関する文書」でなければならない。

[2] 「原本」と「写し」、「下書き」

　原本の**「写し」**は「文書」ではないが、戸籍謄本のように、それが「写しました」という写し作成者の意思ないし観念を表示するものに限っては「文書」である。他方、まだ表示内容が確定していない**「下書き」**は「文書」で

31）大阪地判平成 8・7・8 判タ960号293頁。
32）東京地判平成22・9・6 判時2112号139頁。

202

はないが、「そのような下書きがある」という意思ないし観念を表示するものである限りでは「文書」である。

[3] 写真コピー

写真コピーについて、最高裁は、その写し方の正確性と派生的な証明機能を重視して[33]、これも原本名義人の意思・観念を表示すべき文書だとする見解を採っている。その結果、虚偽内容の書面に真正な「名義人」欄の記載を組み合わせて作った写真コピーを原本の「写し」だと明言して「行使」した事案につき、公文書偽造罪と偽造公文書行使罪を認めている[34]。

問題は、「偽造」の新しい定義から見た場合、「写し」の「名義人」と「作成者」は誰になるのかにある。この点につき、**最判昭和51・4・30刑集30巻3号453頁**は、「原本と同一の意識内容を保有する原本作成名義人作成名義の公文書」と述べているのであるから、「名義人」は原本にある公務員または公務所（以下、「公務員等」）であろう。そうすると、私人が何も手を加えずに公文書のコピーを取った場合には、新しい定義から見て、その「作成者」もまた原本にある公務員等ということになる。ここでは「原本と異なる意識内容を作出して写真コピーを作成するがごときことは、もとより原本作成名義人の許容するところではな」いから、一般市民には、内容の正確性を条件に、公文書の複写をすることが「名義人」たる公務員等により許容されていることになる。

これは、公務員等との関係においては、一般市民は、先に紹介した印鑑証明の事件[35]における窓口係と同じ「代筆者」の地位にあるということである。これについては、国民が公務員の選定罷免権を持ち公務員を全体の奉仕者とする憲法（15条）の価値観と調和するか疑わしい。ゆえに、**最決昭和54・**

---

33) 筆者は、派生的な機能でなく本来的な機能が写真コピーでも果たされるようなら、最高裁の見解を是認してよいと考えている。たとえば、自動車運転の際に運転免許証の写真コピーさえ携帯していれば、運転免許証不携帯にならないというのであれば。

34) 最判昭51・4・30刑集30巻3号453頁、最決昭54・5・30刑集33巻4号324頁、最決昭和58・2・25刑集37巻1号1頁。批判として、平野龍一『犯罪論の諸問題（下）』（有斐閣、1982年）409頁以下は、ドイツの判例にならい、「写し」の背後にあると思わせた偽造公文書の行使罪だとする。

35) 最判昭51・5・6刑集30巻4号591頁。

5・30刑集33巻4号324頁に付された団藤重光裁判官の意見は、「(法廷意見は) 私人がこのような虚偽の写真コピーを作るのを許容されていないということを指摘するだけであって、このような写真コピーが『公務所又は公務員の作るべき』文書にあたるということの理由にはならない」と指摘する。

他方、写真コピーが「写し」作成の過程で簡単に手を加えられるものであることは、これらの事件自体が証明するところである。上記団藤意見も、「写真コピーは、合成的方法による作為の介入がきわめて容易であるから、一般社会においても、写真コピーの信用性に実は大きな限界があることが次第に認識されて来るにちがいないとおもわれる。」と述べ、戸田弘裁判官もこれに同調している。

この予言は的中した。携帯電話の加入や銀行での預金口座開設に際して身分証明として運転免許証等の提示を要求されることが常となったが、これが写真コピーでよいとすることは、現在、ほとんどなくなった[36]。そこで、**最決昭和58・2・25刑集37巻1号1頁**に付された木戸口久治裁判官の意見は、「見逃しえないのは、コピーについてはその作成過程で工作を加えるなどして作為的に再現内容を改ざんすることがいとも簡単にできることである。そして、これらのことはすでに一般常識化しており、最早コピーの証明力には限界があることが一般に認識されてきているのである。」と述べている。

写真コピー「偽造」については、最高裁が見解を変えないうちに、社会がこれを時代遅れにしてしまったのである。

---

6 │ 虚偽作成など

[1] 虚偽公文書作成罪の間接正犯?

文書等を作る権限をもたない者が、権限ある公務員に真実と誤信させて内容虚偽の文書を作らせた場合(正確ではないが**「間接無形偽造」**と呼ばれていた)、**虚偽公文書作成罪**(156条)の**間接正犯**が成立しうるかどうかについて

---

36) その背景には、融資不適格者の運転免許証を用いた暴力団の携帯電話契約による「使い捨て電話」によって、携帯電話会社が多大な損害を被ったという苦い経験もあった。その模様は、1997年8月20日の「NHKクローズアップ現代」で報じられている (http://www.nhk.or.jp/gendai/articles/793/index.html)。

は争いがある。判例は、非公務員が虚偽の申立てをした場合には本罪の成立を否定するが（最判昭和27・12・25刑集 6 巻12号1387頁）、補助公務員が虚偽内容の文書を起案して権限のある情を知らない上司にハンコを押させた場合には本罪の成立を認める（最判昭和32・10・ 4 刑集11巻10号2464頁）。

　この場合に、「間接正犯」であれば非公務員でも本罪が成立するとする見解もあるが、単独の間接正犯は単独正犯であるから、156条を適用するためには、最低限、公務員の身分が必要である。補助者には事実上、上司と共同して文書を作る権限があるとみて、156条の成立を認めるほうが無難であろう。もっとも、この場合は直接正犯とみるべきである。

[2] 虚偽公文書作成罪と虚偽診断書等作成罪との関係

　虚偽公文書作成罪は、一般には「公務員」を主体とする真正身分犯（構成的身分犯）と解されている。ところで、その主体が国立病院の医師である場合には、虚偽診断書作成について、虚偽診断書等作成罪（160条）より法定刑の重い虚偽公文書作成罪が成立する[37]。したがって、医師が公務員でもある限りで、虚偽公文書作成罪と虚偽診断書等作成罪は、「身分によって特に刑の軽重がある」（65条 2 項）不真正身分犯（加減的身分犯）との関係に立つことになる。

　そこで、公務員たる医師と民間の医師が共同で虚偽診断書を作成した場合には65条 2 項が、虚偽内容の診断書の作成を公務員たる医師に依頼した一般市民には、業務上横領罪に対する身分なき共犯と同じく65条 1 項と 2 項が適用されるべきだと考えるが、いかがであろうか。

7 │ 「行使」および「行使の目的」

　「行使」とは、一般に、偽造文書等を真正なものとして、または虚偽文書等を内容の真実なものとして使用することであるとされる。「行使」というためには、自然人である他人に当該文書を交付・提示等して認識しうる状態にすることを要するのである[38]。このような「行使」を「偽造」等の動機ないし目的とする場合に、**「行使の目的」**が認められる。

37）最判昭和23・10・23刑集 2 巻11号1386頁。

一定の場所に備え付けて閲覧させる文書では、備え付けによって閲覧可能な状態に置くことが「行使」である。必ずしも、その本来の用法に従って使用することを要しない。判例には、父親を安心させるために偽造した公立高校の卒業証書を父親に提示した行為に、偽造公文書行使罪を認めたものがある[39]。もっとも、偽造運転免許証を携帯して自動車を運転しただけでは、まだ「行使」ではない[40]。また、文書の内容・形式を口頭で告知したり、手での「写し」を人に示したりするだけでは、まだ行使ではない[41]。行使罪と偽造罪とは、牽連犯（54条後段）の関係に立つ[42]。

8 | 「文書」偽造と「印章」偽造の区別

[1] 問題の所在

刑法には、「印章偽造の罪」（第2編第19章）がある。「印章」や「署名」のみを偽造等した場合を、「文書」の偽造等よりも軽い刑で処罰するものである。そこで、「受取印」などの偽造の場合に、「文書」偽造と「印章」偽造の区別が問題となる。

[2] 「省略文書」として「文書」偽造とされたもの

単なる押印ないし署名（サイン）と見える場合でも、それがその名義人の何らかの意思ないし観念を表示した**「省略文書」**と見られるときには、その偽造は「文書」偽造となる。従来の裁判例で「省略文書」であるとされたものには、銀行の出金票[43]、被冒用者の名が記されその実印が押された印鑑証明を得るための印章紙[44]、郵便局の日付印[45]等がある。銀行の出金票につい

38）この点で、最決平成3・4・5刑集45巻4号171頁は、自然人への行使を通常予定しない変造テレホンカードについて「行使」の目的を認めたが、これには疑問がある。

39）最決昭和42・3・30刑集21巻2号447頁。

40）最大判昭和44・6・18刑集23巻7号950頁。これは、「行使」を認めた最決昭和36・5・23刑集15巻5号812頁を変更したものである。

41）これに対し、写真コピーの場合に存在しない原本の行使を認めるのは、平野・前掲注34）412頁。これは、ドイツやフランスの判例の考え方である。

42）大判明治42・2・23刑録15輯127頁。

43）大判明治43・2・10刑録16輯189頁。

44）大判大正2・1・21刑録19輯20頁。

ては、これは「金員の支払」を命ずる伝票であるとして、印鑑証明のための印章紙については、この紙片は「この印鑑が記名者のものである」ことを証明するものであるとして、また、郵便局日付印については、その押捺は「郵便物の引受」を証する当該郵便局の署名のある公文書であるとして、それぞれ、その文書性が認められている。

限界事例と考えられるものに、郵便送達報告書の受領者の押印または署名欄に他人の氏名を冒書した事案につき、有印私文書偽造罪を構成するとした**最決平成16・11・30刑集58巻8号1005頁がある**[46]。というのも、大審院には、他人宛の書留通常郵便物の配達証書への有合印の捺印について、文書偽造罪も印章偽造罪も否定した**大判大正8・7・17刑録25輯875頁**があるからである。これについては、この配達証書は配達員が当該郵便物を配達した旨の報告を記すものであって、受取人の受取りの観念を表示するものではないということが理由とされている。

[3]「印章」偽造とされたもの

これに対し、単なる**印章・署名**だとされた例には、道路交通法違反事件捜査報告書等に他人の氏名を冒書した事案につき、私文書偽造でなく私印偽造を認めた**福岡高判平成15・2・13判時1840号156頁**[47]、供述調書末尾の供述人欄への署名・指印を「印章」偽造罪とした一連の裁判例[48]等がある。このうち、供述人欄への署名・指印については、被疑者の供述内容を録取して読

45）大判昭和3・10・9刑集7巻683頁。

46）なお、本決定は、支払督促正本等について、被告人らに詐欺罪における不法領得の意思を否定した点でも、注目に値するものである。この点につき、松宮孝明「詐欺罪における不法領得の意思が認められないとされた事例」法学セミナー603号（2005年）121頁、同「詐欺罪における不法領得の意思について」立命館法学292号（2004年）304頁以下も参照されたい。

47）本判決の評釈として、小池健治「警察官作成の被疑者署名欄等に他人の氏名を署名・指印し提出した行為につき、私文書偽造・同行使の罪は成立せず、私印偽造・同不正使用の罪が成立するとした事例」研修660号（2003年）19頁がある。

48）京都地判昭和56・5・22判タ447号157頁、東京地判昭和60・7・17公刊物未登載＝木藤繁夫「調書末尾の署名の偽造と文書偽造の成否」研修456号（1986年）69頁参照。さらに、東京高判平成7・5・22判タ918号260頁は、私文書偽造に当たらないことを前提に、署名偽造のほかに指印を私印偽造として認定するためには訴因の変更を要するとした。

み聞かせ、「誤りのないことを申し立て署名指印した」旨の記載があっても、被疑者が供述調書の末尾に「誤りがない」旨を付記して署名する実務上の慣行はない等の理由で、「印章」偽造罪のみが成立するとされている[49]。さらに、先に触れた道路交通法違反事件捜査報告書等への氏名の記入に関する福岡高判平成15・2・13では、一方で、この氏名の記入に「何らかの意味があることは想像できるが、それがいかなる観念の表示かを一義的に特定することはできない。」とされるとともに、他方で、「特に、上記捜査報告書については、公文書である捜査報告書中に存する被疑者の署名、押印が、刑法上の私文書を構成するというために、その外形上公文書から独立性を有する一個の文書（例えば、上記交通事件原票における供述書欄）であることを要すると解するのが相当である」とし、「『私が上記違反をしたことは相違ありません。事情は次のとおりであります。』という不動文字が印刷され、その最下部に署名欄があるのとは体裁を異にする。」として、記入された氏名の文書としての独立性がないとの理由が挙げられている。

　結局、郵便物の受取人欄や捜査報告書ないし供述調書末尾の供述人欄への署名・押印が「文書」偽造罪にならなかったのは、これらの部分が独立した文書と認められなかったからである。

9 ｜ 電磁的記録不正作出および供用

[1] 電磁的記録

　刑法161条の2は、電磁的記録不正作出及び供用の罪を定める。<u>ここにいう「電磁的記録」とは、「電子的方式、磁気的方式その他人の知覚によっては認識することができない方式で作られる記録であって、電子計算機による情報処理の用に供されるもの」をいう</u>（7条の2）。磁気ディスクやパソコ

---

49) 前掲注48) 東京地判昭和60・7・17。より詳しく述べれば、その理由は、①署名が供述調書の内容に誤りがない旨の意思表示であることが明らかであるとか、そのようなものとして取り扱われているとは言い難い、②被疑者が供述調書の末尾に「誤りがない」旨を付記して署名する実務上の慣行はない、③文書偽造と署名偽造とを明確に区別して規定する刑法の趣旨等である。これについては、木藤・前掲注48) 70頁以下参照。なお、木藤・前掲注48) 78頁は、これらの理由に疑問を呈しつつ、私文書としての外形上の独立性を重視すれば、本件署名は配達証書の受領印に近いものだとして結論に賛成する。

ンのハードディスク、OneDrive などのネット上に記録されたデータなどが
これに当たる。それらには、パソコンやスマホなどの機器を通じて可視化で
きるものを含む。したがって、電子メールも、これに含まれるものと解され
る。

　これらの記録のうち、人の事務処理の用に供する権利、義務又は事実証明
に関するものが、本罪の客体となる。したがって、電子メールやオンライン
での契約書ないし契約の申込書も、これに含まれる。それは、「権利、義務
又は事実証明に関する電磁的記録（私電磁的記録）」（161条の2第1項）と公
文書に相当する「公務所又は公務員により作られるべき電磁的記録（公電磁
的記録）」（161条の2第2項）に分類され、それぞれ私文書偽造の罪に、また
は公文書偽造の罪に相当する法定刑が用意されている。

[2] 不正作出

　もっとも、行為については「偽造」、「変造」、「虚偽作成」といった分類は
なく、私電磁的記録にも公電磁的記録にも**「不正作出」**という文言が用いら
れている。その意味は、「記録の作成過程に関与する在り方」が不正なこと
であるとされる。

　この言葉に統一された理由は、電磁的記録には必ずしも「名義人」が示さ
れているわけではなく、また複数の者が関与して作成されることが多いとい
う事情に求められる[50]。しかし、およそ名義人の特定できない記録は証拠能
力をもたず、保護に値しないはずである。これは、たとえば真正な「法制審
議会刑事法部会議事録」という電磁的記録につき、その「作成者」を記録担
当の個々の職員だとする事実説的誤解から生じたものであろう。「作成者」
を正しく「法制審議会刑事法部会」だと解するなら、「名義人」も同じく
「法制審議会刑事法部会」となり、「名義人」不明ということにはならなかっ
たと思われる。

　その結果、同じ文言では、私電磁的記録一般について、虚偽作成に相当す
る内容虚偽の記録を作ることも本罪で処罰されることにならないかという懸
念があった。しかし、この点は、脱税目的で商業帳簿用電磁的記録に虚偽を
記載する場合は「不正作出」に当たらないとする解釈が、立法時に明言され

50）米澤慶治編『刑法等一部改正法の解説』（立花書房、1988年）80頁。

ている[51]。それでも、「不正作出」という文言で、私電磁的記録については原則として虚偽記録の作出を含まず、公電磁的記録についてはこれを含むとする立法形式については、改善の余地があろう。

結局、「不正作出」とは、私電磁的記録一般では、パソコンのディスプレイ等を通じて当該電磁的記録が可視化された場合に、そこに映し出されたものが、「作成者と名義人の人格の同一性を偽る」という意味での「偽造文書」ないし真正に作成された文書を勝手に改変した「変造文書」となるような電磁的記録を作出したことであり、公電磁的記録および公務所に提出する診断書としての電磁的記録では、これに加えて虚偽の内容を有する電磁的記録の作出も含むことになると、二元的に解釈するしかないであろう[52]。

［3］供用

「人の事務処理の用に供した」（161条の2第3項）すなわち**「供用」**とは、「不正作出」した記録を他人が事務処理に用いるコンピュータで使用しうる状態に置くことを意味する。これは、文書偽造における「行使」に相当する。

［4］電子計算機使用詐欺罪との関係

電子計算機使用詐欺罪（246条の2）は、「人の事務処理に使用する電子計算機に虚偽の情報若しくは不正な指令を与えて財産権の得喪若しくは変更に係る不実の電磁的記録を作り、又は財産権の得喪若しくは変更に係る虚偽の電磁的記録を人の事務処理の用に供して」財産上不法の利益を得、又は他人にこれを得させたことを、その要件としている。したがって、その過程で、「財産権の得喪若しくは変更に係る不実の電磁的記録を作」ることや「財産権の得喪若しくは変更に係る虚偽の電磁的記録を人の事務処理の用に供」することは、すでにその構成要件要素とされている。これらが電磁的記録の「不正作出」および「供用」に当たるのであれば、電磁的記録不正作出および供用の罪は電子計算機使用詐欺罪に包括されるようにもみえる。

---

51) 米澤編・前掲注50) 88頁参照。

52) この点では、私電磁的記録一般につき、「可視的に知覚された場合に、不真正もしくは変造の文書が存在するかのような形で」と規定するドイツ刑法269条1項の方法が参考になる。

一般には、これらの罪は観念的競合または牽連犯として科刑上一罪の関係に立つと考えられているが、詐欺の罪と偽造の罪の史的沿革を考えると、規定ぶりを尊重して、包括してしまってもよいように思われる。

第17章

「風俗犯」

1 | 「風俗犯」の意味

　「風俗犯」とは、一般に、刑法第2編第22章の罪のうちの公然わいせつ罪（174条）、わいせつ物頒布罪（175条）、重婚罪（184条）、第23章の「賭博及び富くじに関する罪」、第24章の「礼拝所及び墳墓に関する罪」を指す。淫行勧誘罪（182条）については、個人的法益に対する罪の側面もあり、その性格は複合的である。

　なお、ここでは、便宜上「風俗犯」という名称を用いるが、これは保護法益が「風俗」すなわち「社会倫理」だとする趣旨ではない。本書では、この問題はペンディングにしてある。

2 | ネット社会と「風俗犯」

[1] ネット上での「わいせつ物頒布」

　以下では、「風俗犯」のうち、ネット社会特集の解釈問題を孕むものを扱う。

　海外にあるコンピュータのサーバに蔵置されたわいせつデータを、日本国内にいる人物がネットを通じてアクセスし、国内にあるコンピュータにダウンロードした場合、国内犯しか処罰しない**わいせつ物頒布等罪**（175条1項）による処罰は可能であろうか。

　従来、この種の「サイバーポルノ」については、わいせつ画像等のデジタル情報の送信を可能とする状態を作っただけで、すでに、それがわいせつ「物」の「**公然と陳列**」といえるかどうかが争われていた。そして、この

「公然と陳列」を手段とするわいせつ物頒布等罪を認めた裁判例は、そのほとんどが、データの蔵置されたサーバが国内にあることや、データのアップロードなど被告人側の行為が日本国内において行われていたことを根拠に、国内犯とするものであった[1]。つまり、サーバが国内になく、アップロードも国内で行われていない場合には、属地主義（1条）にのみ服するわいせつ物頒布等罪は適用できなかったのである。

　ところが、**最決平成26・11・25刑集68巻9号1053頁**は、海外にあるサーバに設けられた被告人らが運営する配信サイトに備え付けられた、インターネットを介したダウンロード操作に応じて自動的にデータを送信する機能を利用し、不特定かつ多数の顧客がわいせつな内容の動画等のデータファイルをダウンロードした事案につき、「不特定の者である顧客によるダウンロード操作を契機とするものであっても、その操作に応じて自動的にデータを送信する機能を備えた配信サイトを利用して送信する方法によってわいせつな動画等のデータファイルを当該顧客のパーソナルコンピュータ等の記録媒体上に記録、保存させることは、刑法175条1項後段にいうわいせつな電磁的記録の『頒布』に当たる。」と述べ、かつ、これは日本国内で犯したものであるとした。

　しかし、このように解してしまうと、インターネット上にアップロードされた表現は、すべて日本国内でダウンロードないしコピー＆ペーストできるのであるから、ネット上にある世界中のわいせつ表現を日本の刑法で規制できることになってしまう（これを「文化的帝国主義」と呼ぶ人もいる）。

　また、顧客によるダウンロードを「自動販売機でわいせつ図書を販売した場合にはわいせつ図書販売罪が成立すると考えられていたこと」になぞらえる見解もある[2]。しかし、自動販売機での販売が売り手による「頒布」に当たるとしても、その「行為地」はその自動販売機が設置されていた場所であろう。これに類比すれば、ダウンロードされたデータが蔵置されていたサーバの設置場所が「行為地」と考えられる。つまり、顧客は、インターネットに乗って国外にあるサーバにやってきて、そこでデータをダウンロードした

---

1)　東京地判平成8・4・22判時1597号151頁、岡山地判平成9・12・15判時1641号158頁、最決平成13・7・16刑集55巻5号317頁等。

2)　駒田秀和「判解」最判解刑事篇平成26年度（2017年）344頁。

のである。この場合、売り手の販売地は国外である。

[2] ネット上での「賭博場開張」

　ネット上の電子空間を「賭博場」と解することができるか、という問題を扱った**大阪地判平成28・9・27LEX/DB25544698**は、携帯電話のアプリケーションソフトである「LINE」のグループ機能を利用して賭金の申込みを受ける方法により、プロ野球公式戦につき「野球賭博」を開催していた被告人に、賭博開張図利罪（186条2項）の包括一罪を認めている。

　そこでは、**最決昭和48・2・28刑集27巻1号68頁**が、賭博場開張図利罪が成立するためには必ずしも賭博者を一定の場所に集合させることを要しないとして、事務室に備え付けた電話で賭客の申込みを受けさせるなどした野球賭博に本罪の成立を認めたことを根拠に、「これを本件についてみると、被告人と各賭客との間で賭博を成立させるための中核的な行為である、各賭客への情報の提供及び各賭客からの申込みの受付が、事務所等の固定電話ではなく、もっぱら携帯電話のアプリケーションソフトを通じて行われたという事情の相違はあるものの、被告人が通信機器を利用して複数の賭客からの申込みを集約的に受け付けて賭博を成立させるという、より本質的な形態が失われているものではないから、……本件において、被告人及び共犯者が、携帯電話を使用してそれらの行為を行った場所を本拠として賭博場を開張したと解することは、なお同判例の射程を出るものではないというべきである。」と判示した。そこでは、ネット上の電子空間を賭博場と解したものでないことが確認されている。

第18章

公務妨害の罪

1 | 公務妨害の罪の構成

[1] 国家に対する罪と経済犯罪の併存

　刑法第 2 編第 5 章（95〜96条の 6 まで）は「公務の執行を妨害する罪」と称する（以下、「公務妨害の罪」と呼ぶ）。このうち、封印破棄罪（96条）や強制執行妨害関係の罪（96条の 2 以下）には、後述するように、その沿革上、**経済犯罪**という側面が強い。

2 | 公務執行妨害罪および職務強要罪

[1] 公務執行妨害罪の基本問題

　「公務妨害の罪」のうち、95条 1 項は**公務執行妨害罪**、同条 2 項は**職務強要罪**と呼ばれる（以下、両者をあわせて「本罪」と呼ぶ）。公務員が職務を執行するに当たり、これに対して暴行又は脅迫を加え（95条 1 項）、または、公務員に、ある処分をさせ、若しくはさせないため、又はその職を辞させるために、暴行又は脅迫を加える（同条 2 項）罪である。

　「公務員」とは、日本の国又は地方公共団体の職員その他法令により公務に従事する議員、委員その他の職員をいう（7 条 1 項）。**「公務」**と、業務妨害罪（233、234条等）にいう**「業務」**との関係については、本書第 7 章で述べた。

　本罪の対象となる**「職務」**には、広く公務員が取り扱う各種の事務が含まれる。職務を執行するに**「当たり」**とは、具体的・個別的に特定された職務の執行の開始から終了までの間、および、まさにその職務の執行を開始しよ

うとしている場合のように当該職務の執行と時間的に接着しこれを切り離しえない一体的関係にあるとみることができる範囲内の職務行為を含む。

本罪にいう「**暴行**」は、あくまで職務を執行する公務員に向けられなければならないが、公務の執行を妨害するに足りる程度のものであればよく、直接公務員の身体に向けられる必要はない。つまり、「**間接暴行**」で足りる。

[2] 職務執行の「適法性」

本罪の**書かれざる構成要件要素**として、職務執行の「**適法性**」がある。妨害の対象となる職務の執行が不正ないし違法なものであれば、これを刑法が保護するのは矛盾だからである。

これが構成要件要素であるという意味は、不正な職務執行に対する抵抗行為が「正当防衛」の要件を充たさない場合であっても、なお、公務執行妨害罪にはならないというところにある。ただし、必要最小限度を超えた抵抗行為は、公務員個人に対する暴行・脅迫その他の個人法益に対する罪となることはありうる。

もっとも、**最大判昭和42・5・24刑集21巻4号505頁**は、この要件を「**刑法上の要保護性**」と言い換えている。その具体的な事実関係において、「刑法上には少なくとも、本件暴行等による妨害から保護されるに値いする職務行為」である場合には、本罪の対象となる職務の執行に当たるとしたのである。この判断は、職務執行の適法性と、妨害行為の違法性とを混同したきらいがある。職務行為が違法であっても、公務員は違法な暴行からは保護されるべきであって、ただ、その罪名は暴行罪や脅迫罪となるにすぎない。

[3]「適法性」に関する行為者側の錯誤

職務執行の「適法性」は本罪の構成要件要素であるから、適法な職務執行を違法であると錯誤した抵抗者は「**規範的構成要件要素の錯誤**」に陥ったことになる[1]。これは「**事実の錯誤**」の一種であるから、この場合には、本罪の故意が否定されることとなる。

もっとも、厳密には、この場合に故意を否定するのは、職務執行が違法であることを根拠づける事実の認識であって、認識された事実から判断しても

---

1) これにつき、松宮・先端総論123頁以下参照。

適法な職務執行であるのに素人が勝手に違法と判断する場合は**「違法性の錯誤」**である（38条3項）。

3 | 強制執行妨害の罪

[1] その意味

　刑法第2編第5章の罪には、**封印等破棄罪**（96条）や**強制執行妨害目的財産損壊罪**（96条の2）、**強制執行行為妨害罪**（96条の3）、**強制執行関係売却妨害罪**（96条の4）、**加重封印等破棄罪**（96条の5）といった、**強制執行**[2]を妨害する罪などが含まれている。これは、1907（明治40）年の現行刑法において封印破棄罪がここに位置づけられたことに始まる。それ以前の1880（明治13）年旧刑法では、封印破棄罪は、公務妨害の罪（第2編第3章第2節「官吏の職務を行うを妨害する罪」）とは別の場所（第2編第3章第8節）に「官の封印を破棄する罪」として位置づけられていた。また、競売および入札の妨害は、旧刑法第2編第8章「商業及び農工の業を妨害する罪」の中にある268条に規定されていた[3]。

　この場所に、強制執行妨害罪（旧96条の2）や競売等妨害罪（旧96条の3第1項）、さらには談合罪（旧96条の3第2項）をも加えて、本格的な強制執行妨害の罪の形を整えたのは、1941（昭和16）年の刑法一部改正によってである。加えて、2011（平成23）年には、これらが強制執行妨害目的財産損壊罪（96条の2）をはじめとする現在の形に改正された。

　このようにして、強制執行妨害の罪は、「公務の執行を妨害する罪」の一部として、現行日本刑法の100年余の歴史の中で、その範囲を大きく拡大し

---

2) すでに、これらの規定にある「強制執行」の意味自体について、争いがある。最も狭い考え方は、これを、日本の民事執行法第2章22条にいう債務名義の執行に限る（浅田和茂＝内田博文＝上田寛＝松宮孝明『現代刑法入門〔第4版〕』〔有斐閣、2020年〕289頁［松宮］。ただし、民事保全法等にいう仮処分等の**保全処分**を除外する趣旨か否かは、明らかでない）。これに対して、最も広い考え方は、刑事訴訟法490条で民事執行法等の手続を準用する罰金等の徴収や、国税徴収法第5章にある独自の手続と罰則を備えた**滞納処分**を含む（団藤・各論65頁。ただし、団藤は、国税徴収法187条に特別の罰則があるので、後者が優先適用されると考える）。詳細は、後述する。

3) 旧刑法268条は、「偽計又は威力を以て競売又は入札を妨害したる者は15日以上3月以下の重禁錮に処し2円以上20円以下の罰金を附加する」と規定していた。

てきた。とりわけ2011年の改正は、1990年代の「バブル崩壊」による不良債権処理の激増と、それに伴う不動産抵当権等の担保権の実行を妨害する事例が増加し、かつ、巧妙になったという事情を背景としたものである。そこには、巧妙かつ悪質な執行妨害に対して民事執行制度を改革するとともに[4]、妨害行為を広く犯罪化して抑止しようとする意図があった。

[2] 強制執行妨害の罪の問題点

　もっとも、強制執行という制度[5]は、債権者と債務者との間の利益の調整という観点から、債務者によるその保有する財産の自由な処分を制限する制度である。そのため、その妨害罪の拡大は、必然的に、債務者の経済活動の制限を伴う。加えて、強制執行妨害の罪は、2011年の改正以前から、現実の強制執行の実施ないしその切迫という明文の要件を持っておらず、特に強制執行妨害目的財産損壊罪（96条の2）は、債務者の財産を減少させるものと思われる財産処分を行えば、それが**「強制執行を妨害する目的」**で行われただけで成立するという構造を持っている[6]。

　たとえば、ある会社が履行期の到来した多額の債務を抱えつつ、その再建を図るために、その保有する抵当権付きの賃貸マンションを、海外で――引き続き優良なテナントが借り続けられることを確保するなどして――有利な価格で売却して債務の弁済に充てるために、あらかじめこのマンションを管理し賃料を徴収するための子会社を設立してこの子会社にこのマンションを賃貸し、テナントの賃料は子会社に支払われ、そこから建物の維持・管理費や従業員給与等の必要な費用を差し引いた金額が本社に支払われるようにテナントにサブリースする事例（「分社・サブリース事例[7]」）、あるいは、同様に

---

4) すでに、司法制度改革審議会は、2001年6月12日付のその意見書のⅡ・第1・6において、「民事執行制度の強化――権利実現の実効性確保」を提言していた。これを受けて、2003年および2004年には、民法、民事訴訟法、民事執行法、民事保全法等の改正がなされた。

5) ここでは、強制執行という言葉は、民事執行法第2章に規定するものまたはこれを準用するものを意味する。したがって、国税徴収法における滞納処分は含まれない（**最決昭和29・4・28刑集8巻4号596頁**）。

6) この点において、旧96条の2のモデルとなったといわれるドイツ刑法288条の強制執行免脱罪が、「強制執行が差し迫った際に」という「切迫性」要件を有し、かつ親告罪とされていることとは対照的である。

多額の──抵当権等の担保権のないものも含めて──債務を抱えた会社が、その当面の運転資金を確保するために、他者から新たな借入れをするのではなく、自己の有する不良債権を額面価格の2割程度の時価で子会社に購入させる事例（「不良債権売却事例」）では、一見すると、それぞれ債権者を害するような財産の隠匿ないし譲渡がなされたように思える。

なぜなら、前者では、債権者である抵当権者が物上代位（民法372、304条）に基づき[8]、債務者の有するテナントに対する賃料債権を差し押さえようとした場合に、マンションがサブリースされたことを知らなければ賃料債権を差し押さえることができないので、少なくともしばらくの間、賃料債権の差押えを免れる可能性を払拭できず、かつ、子会社を介在させることが賃料債権の「仮装」譲渡を疑われる危険を有するし、後者では、額面価格を大幅に割り込んだ額での債権譲渡は、仮差押えなどの保全処分が行われる前に、債務者の財産を不利益な条件で譲渡したと疑われる危険を有するからである[9]。

このような場合に、これらが強制執行妨害の罪に当たるという嫌疑で捜索・押収や逮捕・勾留等の強制捜査が始まれば、それだけで、再建できるはずだった会社の再建は挫折するであろう。そのほか、現代の複雑な金融技術を用いた資金調達による会社再建等にとって、現実の強制執行の切迫性を要件としない強制執行妨害の罪の拡大は、極めてリスクの高いものとなっている[10]。以下、その沿革を紹介しつつ、問題を検討してみよう。

---

7) この事例は、**最決平成23・12・6集刑306号1頁**の事案を、子会社に実体があり賃貸人変更が真実であるものに改めたものである。なお、この決定は、被告人らは別の会社に賃貸人を変更したように仮装した、という認定事実を前提にしており、賃貸人変更が真実の場合にまで、本罪の成立を認めたものではない。

8) 賃料に対する抵当権に基づく物上代位を認めるか否かについては、以前は争いがあったが、最判平成1・10・27民集43巻9号1070頁は、これを認めるに至った。

9) 日本の判例および通説は、仮処分等の保全処分を免れる目的でも──2011年改正前の──96条の2に当たるとするため（大判昭和18・5・8刑集22巻130頁）、これによるなら、この事例でも強制執行妨害の罪の成立が疑われることになる。

10) 大下英希「強制執行の本質と刑法96条の2」西南学院大学法学論集40巻3＝4号（2008年）112頁は、2011年改正（案）に関して、「ここで問われるべきは、行為類型ならびに行為者の拡張が、保護されるべき正当な権利の侵害にならないといえるかどうか」であり、「このような類型の執行妨害を幅広く規制することは一面で正当な権利の主張の妨げになるおそれがある」ことを指摘している。同様の懸念を表明するのは、石塚伸一「強制執行妨害罪の研究──刑事立法政策学的一考察」龍谷法学42巻3号（2010年）433頁。

[3] 改正の経緯

1941年改正により、封印等破棄罪（96条）の後に、以下の規定が追加された[11]。

第96条の2

　強制執行を免れる目的で、財産を隠匿し、損壊し、若しくは仮装譲渡し、又は仮装の債務を負担した者は、2年以下の懲役又は50万円以下の罰金に処する。

第96条の3

　偽計又は威力を用いて、公の競売又は入札の公正を害すべき行為をした者は、2年以下の懲役又は250万円以下の罰金に処する。

2　公正な価格を害し又は不正な利益を得る目的で、談合した者も、前項と同様とする。

この中の96条の2が、今日の強制執行妨害の罪につながる規定である[12]。判例によれば、本罪にいう**「強制執行」**とは、民事執行法第2章に規定するものまたはこれを準用する強制執行をいう。もっとも、**大判昭和18・5・8刑集22巻130頁**により、ここに仮処分という**保全処分**が含まれることとされた。加えて、**最決平成21・7・14刑集63巻6号613頁**により、「担保権の実行としての競売[13]」（**担保執行**）も、ここにいう「強制執行」に含まれるとされている。

ところで、本罪は**「強制執行を免れる目的」**で行われることを要し、その前提として、**最判昭和35・6・24刑集14巻8号1103頁**は、行為の時点で債務

---

11) 以下に示す規定は、罰金額の数次の改定と1995（平成7）年の口語化改正を経た、2011年改正直前のものである。1941年から2011年までの間に、構成要件には、実質的な改正はない。

12) これに対し、旧96条の3は競売等妨害罪と呼ばれる。また、その第2項の罪を、とくに談合罪と呼ぶことがある。

13) 「担保権の実行としての競売等」は、民事執行法第2章の強制執行と区別されて、同法第3章に規定されているが、民事執行法制定に当たって、旧競売法にあったこの手続を同法に吸収したことから（民事執行法1条参照）、担保執行も刑法96条の2にいう強制執行に含まれるとする見解が多数説となったためである。

名義ないし執行名義がない場合には、債権が現実に存在することを要すると
した。もっとも、これに対して、債権の存在が不確実な仮処分等の保全処分
も「強制執行」に含まれる以上[14]、行為時に債権の存在する合理的可能性が
あれば足りるとする事前判断説もあった。この債権の現実の存在を不要とす
る見解は、2011年の改正により、有力化している。

　なお、本罪にいう**「財産の隠匿」**は、強制執行の対象となる財産の発見を
不能または困難にすることをいう。財産の譲渡と債務負担については、真実
のものであっても債権者を害する可能性があるにもかかわらず、立法当時弊
害が最も大きかったものに限定するという理由から、「仮装」のものに限定
されている。

　以上の検討から、1941年改正とその後の運用においては、以下の2点が問
題となる。

① 「強制執行」に仮処分・仮差押え等の**保全処分**が含まれると解される
　　ことになったため、債務者は、履行遅滞に陥った途端、強制執行妨害
　　の罪に当たらないようにするために、その財産処分をすべて制限され
　　るという危険に晒されている。
② 「強制執行」に**担保執行**が含まれると解されることになったため、債
　　務者は、自己の保有する財産に担保権を設定した途端、強制執行妨害
　　の罪に当たらないようにするために、担保執行を遅延させるおそれの
　　ある処分をすべて制限されるという危険に晒されている。

　残念ながら、以下に述べるように、この2点の不都合は、2011年の改正に
よって拡大されている。

[4] 2011年改正による問題の拡大

　2011年の改正では、それまでの96条の2が、強制執行妨害目的財産損壊罪
（96条の2）、強制執行行為妨害罪（96条の3）、強制執行関係売却妨害罪（96
条の4）、および報酬目的の場合の加重規定（96条の5）に分けられ、旧96条
の3の競売妨害罪が96条の6に移され法定刑が加重されるとともに、公契約

---

14) 前掲注9) 大判昭和18・5・8。

関係競売等妨害罪と呼ばれることになった[15]。

> **第96条の2**
> 　強制執行を妨害する目的で、次の各号のいずれかに該当する行為をした者は、3年以下の懲役若しくは250万円以下の罰金に処し、又はこれを併科する。情を知って、第3号に規定する譲渡又は権利の設定の相手方となった者も、同様とする。
> 一　強制執行を受け、若しくは受けるべき財産を隠匿し、損壊し、若しくはその譲渡を仮装し、又は債務の負担を仮装する行為
> 二　強制執行を受け、又は受けるべき財産について、その現状を改変して、価格を減損し、又は強制執行の費用を増大させる行為
> 三　金銭執行を受けるべき財産について、無償その他の不利益な条件で、譲渡をし、又は権利の設定をする行為
> **第96条の3**
> 　偽計又は威力を用いて、立入り、占有者の確認その他の強制執行の行為を妨害した者は、3年以下の懲役若しくは250万円以下の罰金に処し、又はこれを併科する。
> 　2　強制執行の申立てをさせず又はその申立てを取り下げさせる目的で、申立権者又はその代理人に対して暴行又は脅迫を加えた者も、前項と同様とする。
> **第96条の4**
> 　偽計又は威力を用いて、強制執行において行われ、又は行われるべき売却の公正を害すべき行為をした者は、3年以下の懲役若しくは250万円以下の罰金に処し、又はこれを併科する。
> **第96条の5**
> 　報酬を得、又は得させる目的で、人の債務に関して、第96条から前条までの罪を犯した者は、5年以下の懲役若しくは500万円以下の罰金に処し、又はこれを併科する。
> **第96条の6**

15）同時に、96条の封印破棄罪の法定刑が加重された。

偽計又は威力を用いて、公の競売又は入札で契約を締結するための
ものの公正を害すべき行為をした者は、3年以下の懲役若しくは250万
円以下の罰金に処し、又はこれを併科する。
2　公正な価格を害し又は不正な利益を得る目的で、談合した者も、
前項と同様とする。

　この改正において注意すべきことは、これらの罪の保護法益において、従
来よりも、「国家の作用としての」強制執行の機能を保護するという側面が
強調されたことである[16]。それまでは、本罪は究極的には債権者の債権保護
をその主眼とする制度と解する見解が有力であったが[17]、それが変更された
というのである。
　具体的には、改正前の96条の2に定められていた「**強制執行を免れる目
的**」が「**強制執行を妨害する目的**」に改められたことが問題となる。これに
ついては、旧来の判例でも認められていた、債務者以外の第三者も本罪の主
体となりうるという解釈を確認するにとどまるものであれば、まだ問題は少
ない。しかしながら、この変更は、同時に、究極的に強制執行を免れること
はできないが、一時的にその執行を遅延させることはできる財産処分を、広
く、強制執行妨害の罪の対象に取り込むことを可能にする。
　また、前述のように、従来よりも、「国家の作用としての」強制執行の機
能を保護するという側面が強調された結果、強制執行妨害目的財産損壊罪
（96条の2）の成立にとって行為時に債権の存在する合理的可能性があれば
足り、債務名義のない場合でも、債権の現実の存在は不要とする見解が一層
有力となっていることにも、注意が必要である。
　さらに、先の「分社・サブリース事例」のように、抵当物件の賃料債権の
差押えを免れるため（とみなされて）賃貸人をダミー（とみなされた）会社に

16）西田・各論457頁以下参照。それゆえに、ここにいう「強制執行」には、**国税徴収法にお
　　ける滞納処分**も含まれることが、法制審議会刑事法部会の審議において確認されたという。
　　しかし、「強制執行」という文言に変更はなく、かつ、「国家の作用」に力点を置いた解釈
　　をするとしても、自力救済を禁止して当事者間の調整を図る「司法」という国家の作用を
　　特別に保護するのが強制執行妨害の罪の趣旨であると解する余地は残るので、その解釈は
　　未だ判例に委ねられていると解するべきであろう。
17）最判昭和35・6・24刑集14巻8号1103頁参照。

変更する行為につき、これを、96条の2第1号において、「譲渡の仮装」ではなく、「隠匿」に当たるとする解釈がある[18]。しかし、「隠匿」では、譲渡が真実であった場合にも本罪が成立するのであるから、このような解釈が横行すれば、真実の譲渡を処罰対象から除いた立法の趣旨は没却されることになろう。

　加えて、96条の2第2号では、財産の「現状の改変」が規定されている。これは、抵当対象建物を建て直して新たなテナントを誘致し賃料収入を得ようとする会社再建策を本罪の下におく危険を内包する。

　最後に、96条の2第3号の金銭債権強制執行の妨害では、債務者の財産につき、無償その他の不利益な条件で、譲渡をし、または権利の設定をする一切の行為が本罪の対象となるため、従来の「仮装」の場合に限るとする[19]処罰限界が一気に拡大されるおそれがある[20]。

[5] 解決の方法

　現在では、先の「分社・サブリース事例」のような、債権者と債務者との間の利益衝突を調整するには、2003（平成15）年の担保・執行制度の改正により導入された**担保不動産収益執行**を活用する方法が考えられる。この制度は、民事執行法の不動産に対する強制執行の一態様である強制管理（民事執行法第2章第2節第1款第3目）を用いるものである（民事執行法188条）。この方法だと、「強制管理により債務者の生活が著しく困窮することとなるときは、執行裁判所は、申立てにより、管理人に対し、収益又はその換価代金からその困窮の程度に応じ必要な金銭又は収益を債務者に分与すべき旨を命ずることができる。」（民事執行法98条1項）とされ、債権者への配当等に充てるべき金銭は、この分与後の「収益又はその換価代金から、不動産に対し

18）改正前の96条の2につき、東京地判平成9・8・6公刊物未登載、西田・各論460頁。

19）たとえば、大阪高判昭和32・12・18裁特4巻23号637頁。

20）なお、一般の公務執行妨害罪が、暴行または脅迫をその手段とするのに対して、何故、強制執行行為やこれに関する売却手続きが偽計や威力から保護されるのかを説明するには、単に公務の保護だというだけでなく、自力救済を制限して私権の実現を図る司法およびそれを背景とする強制執行という特別の公務であるからだとするほかないであろう。旧刑法では、農工商業を妨害する罪の中に競売を妨害する罪が含まれていたことも、強制執行の妨害が、もともと、公務妨害というより、業務妨害の色彩が強いことを示唆する。

て課される租税その他の公課及び管理人の報酬その他の必要な費用を控除したもの」（民事執行法106条1項）となる。

　先の「分社・サブリース事例」は、この担保不動産収益執行が制度化される前に、抵当権による物上代位によってテナントからの賃料が全額差し押さえられ、会社が即座に倒産してしまうという不都合を回避し、会社再建と債権者の満足を図るという、合理的な制度の先取りという意味を持っていた。もちろん、この方法によっても、子会社から親会社に支払われる賃料に対しては、なお、物上代位による差押えは可能である。

　問題は、この方法によって事実上、この差押えをしばらく遅らせることができることである。しかし、これをして強制執行妨害目的財産損壊などの罪を性急に認めるべきではない。もちろん、このような措置を取ることについては債権者への説明が望ましいが、いずれにせよ、性急な刑事責任の追及は、再建できる会社の再建を妨害し、それによって経済活動を停滞させるリスクを伴うことを、考慮に入れるべきである。強制執行を究極的に免れる措置ではない以上、その遅延可能性の危険は、合理的な経済活動に伴う「許された危険」と解されるべきであろう。

　同じことは、「不良債権売却事例」にも当てはまる。ここでは、背任罪において強調した「経営判断の原則」が、「許された危険」の応用例として考慮されるべきである。つまり、不良債権の低額での譲渡・売却が、経営判断として一応の合理性を持っているのであれば、ここでも債権者への説明が望ましいが、強制執行妨害目的財産損壊などの罪を認めるべきではない。

［6］ 自己所有物に関する特例の意味と文書偽造の罪の活用

　同時に、抵当物件の譲渡が仮装であるなら、それが登記された場合、公正証書原本不実記載罪（刑法157条）および偽造公文書行使（供用）罪（158条）による告発が可能である。その刑の上限は5年の懲役であり、改正後の96条の2より重い。わざわざ両罪を観念的競合とする必要はないのである[21]。

　同様に、自己所有物に関する特例を有する窃盗罪等の財産犯や放火罪では、

21）最決平成21・7・14刑集63巻6号613頁の事案では、両罪の観念的競合が認められたが、公正証書原本不実記載罪の法定刑が重いので、被告人は、結局、この罪の法定刑で処断された。

「差押えを受け、物権を負担し」(刑法115条、262条)たり「他人が占有し、又は公務所の命令により他人が看取するもの」(刑法242条)であったり「公務所から保管を命ぜられ」(刑法252条2項)たりした自己の物については、「他人の」ものとみなされるのであるから、これに加えて強制執行妨害の罪を観念的競合とする必要はない[22]。

　なお、被担保財産が債権等の無体財産である場合には、それが差し押さえられることによって債務者の処分権がその限りで否定されたのであるから、第三者へのその処分に対しては詐欺罪の適用も考えられよう。いずれにせよ、これらの罪のほうが、法定刑は重い。

[7] 保全処分および担保執行の除外

　このように考えると、結局のところ、**担保執行**に関しては、強制執行妨害の罪にいう「強制執行」に当たると解する必要はないことが明らかとなる。むしろ、強制執行妨害の罪が、「民事訴訟法により裁判所の判決によって勝訴の判決を得た債権者も債務者その他の者の仮装行為その他の不正手段によりその判決の執行を徒労に帰せしめられる弊があったので、この弊を除き司法裁判の執行を完うし、裁判の効力を確保するため[23]」に制定されたという経緯などからみれば、抵当権等の担保権は、換価力と優先弁済権を有し登記をすれば所有権移転に対しても対抗力を備えるのであるから、これらに、強制執行妨害の罪によって、競売等妨害罪の成立よりも早い段階から一般的な保護を与える必要はない[24]。不必要な解釈によって債務者の財産処分の自由を制限することは——比例原理に反して——不当である。

　あわせて、**保全処分**についても、通常、それは債務者に気づかれないよう

---

22) 抵当物件である自己所有の建造物を損壊する場合に、建造物損壊罪と旧強制執行妨害罪との観念的競合を認めた判例もあったが(東京地判平成5・10・4金融法務事情1381号38頁)、結局、法定刑の重い建造物損壊罪で処断された。

23) 前掲注5)最決昭和29・4・28。

24) 同時に、抵当権等の担保権が設定された財物については、刑法115、242、252条2項(公務所から保管を命ぜられた場合)、262条等により、「自己所有物の特例」として、他人の物とみなされる扱いがなされている。これらの「自己所有物に対する財産犯」ないしその側面を有する放火罪については、実質的な保護法益の中に担保権ないし差押え等の執行手続きが含まれている。これにさらに強制執行妨害の罪を加えるのは、被侵害法益の二重評価ではなかろうか。

財産調査などが隠密裡に行われ突然裁判所から通達されるものである以上、債務者は、履行遅滞に陥った途端、強制執行妨害の罪に当たらないようにするために、その財産処分を制限されることになりかねない。他方、その隠密性を確保すれば、強制執行妨害の罪によって保護する必要は小さいことになろう。そうなると、そのように必要性の小さい解釈によって債務者の財産処分の自由を制限することは——同じく比例原理に反して——不当ということになる。

民事法の改正によって暴力団等による執行妨害の事件が沈静化している今日、むしろ、最新の金融技術を駆使して会社の再建を図ろうとした企業家が本罪の嫌疑を受けて挫折したり、一般の債務者が本罪を用いた刑事罰の圧力によって不当な譲歩を迫られたりすることは、あってはならない。それを避けるために必要であれば、再度の法改正もためらうべきではなかろう[25]。

---

25) この点につき、松宮孝明「会社再建と強制執行妨害の罪」斉藤豊治＝松宮孝明＝髙山佳奈子編著『日中経済刑法の最新動向』（成文堂、2020年）20頁参照。

第19章

司法作用に対する罪

1 | 司法作用に対する罪の構成

> ＊ドラマ「逃亡者」
>
> 　アメリカで1963年に、日本では翌年に放映されたテレビドラマ。妻殺しの濡れ衣を着せられ死刑を宣告された医師キンブルが、護送中に逃亡し、警察の追跡を逃れながら、真犯人を探し求める物語（1993年に映画化）。多くの人々はキンブルの人柄に惹かれ、彼の正体がわかっても進んで逃亡の手助けをする。日本でも、2004年と2020年に、舞台を日本に置き代えて放映された。

[1] 司法作用に対する罪の種類と性格

　刑法第2編の第6章と第7章、および第20章と第21章は、刑事・民事の「司法作用に対する罪」を定める。この中には、「逃走の罪」（第6章）、「犯人蔵匿及び証拠隠滅の罪」（第7章）、「偽証の罪」（第20章）、「虚偽告訴の罪」（第21章。1995年改正前は「誣告の罪」）が含まれている。

　もっとも、旧刑法では、偽証の罪は文書偽造罪等と同じく「信用を害する罪」のひとつとされていたし、虚偽告訴の罪は、「誣告および誹毀の罪」として、個人に対する罪——それも名誉毀損の罪——のひとつとされていた。これらの罪が第20章および第21章に置かれているのは、そのためである[1]。

　たしかに、文書等の偽造自体も、文書の証拠能力を害するものである点で、司法作用に対する罪の側面をもつ。他方、司法とくに民事裁判は、社会にお

ける取引の円滑を担保する制度であって、偽造と偽証の両者に共通の側面が
あることは否めない。したがって、104条に含まれている証拠偽造・変造罪
は、主として文書以外の証拠の偽造・変造を狙いとするものである[2]。

[2] 保護法益としての「司法作用」

　「**司法作用**」という法益の意味については、争いがある。一般には、それ
は刑事――ないし民事――の手続それ自体を意味すると解されている。しか
し、「司法」（Rechtspflege）とは、もともと「法を護り実現する」という作
用であって、法の効果、つまり、刑事司法では、罪を犯した人物が適正に事
実を認定され、それに基づいて適正に処罰されることまでをも意味するので
あり（刑訴法1条）、「手続確保」に矮小化されるものではない。

---

2 ｜ 逃走の罪

[1] 現行法の構成

　「逃走の罪」は、逃走罪（97条）、加重逃走罪（98条）、被拘禁者奪取罪（99
条）、逃走援助罪（100条）、看守者等による逃走援助罪（101条）と、これら
の罪の未遂罪（102条）から成る。前二者（97、98条）は被拘禁者が自ら逃走
する罪であり、後三者（99～101条）は他者が被拘禁者を奪取したり逃走させ
たりする罪である。いずれにも未遂処罰がある（102条）。

[2] 逃走罪・加重逃走罪・被拘禁者奪取罪の客体

　逃走罪にいう「**裁判の執行により拘禁された既決の者**」とは、懲役・禁錮・

---

1)　現行刑法の提案理由では、「本章の位置を変更したるは、誣告の罪は主として信用に関す
　るものにして、身体に対するは寧ろ本罪の結果に過ぎざればなり。」（「刑法改正政府提案
　理由書」倉富ほか2190頁）とされている（表記は現代風に改めた）。
2)　倉富ほか1033頁、田中・釋義下229頁は、「本条において主として見たるは文書以外の偽造
　にして、例えば衣類に傷を付けるかあるいは裂破するか刀に血を付け置く如き場合をいう
　ものなるべし」（表記は現代風に改めた）と述べている。これらの行為は、たとえば被疑者
　がそうしたように装う点で、「作成者と名義人の人格の同一性を偽る」ものだからである。
　もっとも、そうであれば、文書の場合には、文書偽造罪と本罪との観念的競合とする（田
　中・釋義下229頁）のではなく、重い文書偽造罪のみを成立させるべきであろう。事実、
　人の名誉を毀損する側面を持つ虚偽告訴は、名誉毀損罪との観念的競合とはされていない。

拘留といった自由刑の確定判決によって刑事施設（刑事収容施設及び被収容者等の処遇に関する法律〔以下、「刑事収容施設法」〕3条）に拘禁されている者、確定した死刑判決の執行まで刑事施設に拘置されている者、換刑処分として労役場に留置されている者をいう。**「裁判の執行により拘禁された未決の者」**とは、裁判所の勾留決定（刑訴法60条）によって刑事施設——またはその代用である警察の留置施設（刑事収容施設法14条2項）——に拘禁されている者をいう。勾留中に鑑定留置（刑訴法167条）に付された者も含まれる。逮捕状によって逮捕された者は含まれない（多数説）。

　加重逃走罪では、**「勾引状の執行を受けた者」**も主体となる。「勾引状」とは、裁判の執行として勾引を命じた令状である。「執行を受けた者」には、引致中の者も含む。**逮捕状**によって逮捕された者を含むか否かには争いがあるが[3]、逮捕状は「許可状」であって、現行犯逮捕を考えればわかるように、逮捕は「裁判の執行」ではないであろう。

　被拘禁者奪取罪にいう**「法令により拘禁された者」**とは、97条にいう「裁判の執行により拘禁された既決又は未決の者」を含むほか、98条にいう「勾引状の執行を受けた者」の中ですでに一定の場所に拘禁された者、逮捕状により逮捕後警察の留置施設等に留置された者（刑訴法203条）や緊急逮捕（刑訴法210条）または現行犯逮捕（刑訴法212条、213条）後に警察の留置施設等に留置された者（刑訴法211、216条）を含み、さらに、「逃亡犯人引渡法」により拘禁された者、「法廷等の秩序維持に関する法律」により監置された者、「出入国管理及び難民認定法」により入国者収容所等に収容された者等も含む。しかし、逮捕されても、まだ一定の施設に拘禁されていない者は含まれないと解すべきであろう。

［3］逃走援助罪と看守者等による逃走援助罪との関係

　逃走援助罪（100条）は、法令により拘禁された者を逃走させる目的で、器具を提供し、その他逃走を容易にすべき行為をした者を3年以下の懲役に、

3）　東京高判昭和33・7・19高刑集11巻6号347頁は、「勾引状の執行を受けた者」に準ずるものとして取り扱うとして、98条の適用を認めたが、「準ずる」というのは「勾引状の執行を受けた者」そのものではないという意味であるから、これは不利益類推であろう。否定例として、福岡地小倉支判昭和29・7・26裁時166号4頁。

また、同じ目的で暴行又は脅迫をした者を3月以上5年以下の懲役に処している。

　これに対して、**看守者等による逃走援助罪**（101条）は、法令により拘禁された者を看守し又は護送する者（以下、「看守者等」）が「その拘禁された者を逃走させたとき」に成立する。両罪とも、逃走行為を教唆ないし幇助する**独立共犯**であるが、本罪は、逃走援助罪と異なり、被拘禁者が逃走したときに既遂となる。

　そこで、看守者等による逃走援助罪は、**構成的身分犯**（65条1項）なのか**加減的身分犯**（65条2項）それも加重的身分犯なのかが問題となる。学説には、本罪を構成的身分犯とするものもあるが、本罪は、実質的にみて、逃走援助罪の加重的身分犯である。ただ、逃走援助罪の既遂には被拘禁者の逃走を要しないので、看守者等による逃走援助罪またはその未遂が成立する場合に限って65条2項が適用されると考えるべきであろう[4]。

[4] 立法問題①──単純逃走罪を犯罪とすべきか？

　日本刑法は、比較法的には珍しく、単純逃走を犯罪としている。これに対して、当時のフランスやドイツなどの刑法は、看守者等の逃走不防止と加重逃走のみを処罰している[5]。

　現行刑法制定前にも、法律は刑の執行を受ける義務を負わせるものではないから、厳重な逃走防止策を施せばよいのであって、刑罰という制裁を確保するために制裁を科すのはおかしいとする批判があった[6]。

　さらに、「逃亡者」のキンブルのような無実の者が警備の隙をついて刑事

---

4)　なお、旧刑法150条には、看守または護送者がその懈怠によって被拘禁者の逃走に気づかなかったときに、これを罰金に処する過失処罰規定があった。

5)　フランス旧刑法237条以下、ドイツ刑法120条以下、オーストリア刑法旧217条以下。田中・釋義下169頁以下参照。なお、フランス現行刑法434-27条以下では、いわゆる「逃走」（434-27条）が日本刑法の加重逃走に相当し、加重逃走（434-30条）は武器、爆発物等による脅迫によって行われた場合に限定されており、依然として単純逃走は処罰されていない。

6)　江木衷『改正増補 現行刑法各論 全』（有斐閣、1889年）76頁以下。岡田朝太郎『日本刑法論（各論之部）』（有斐閣書房、1895年）197頁も、物や人に対していささかも暴力を加えずに逃走する所為は罰せずという説が次第に勢力を得る傾向にあるのはやむを得ないことだと述べている。

施設から逃走した場合、その人物が自ら真犯人を探すなどして雪冤したときでも単純逃走の罪で有罪となるというのは、いかにもおかしい。逃走者はさっさと収容すればよいのであって（刑訴法484条以下参照）、他の法益を害する加重逃走と異なり、そうでない単純逃走を犯罪とする合理性はない。

[5] 立法問題②——逃亡防止のためのさらなる犯罪化？

それにもかかわらず、現在、保釈中の被告人や刑が確定した者の逃亡を防止する等のために、単純逃走罪の主体を拡大したり、監督者に逃亡防止を罰則付きで義務づけたり、保釈中の被告人等が正当な理由なく公判期日に出頭しない不作為などを対象とする新たな罰則を設けたり、実刑判決が確定した者が収容を免れるために逃亡する行為に対する罰則を設けたりする法改正が検討されている[7]。

しかし、これは、現行法の単純逃走処罰に付随する問題点を拡大するものであり、「逃亡者」のキンブルによる護送中の逃亡行為をも犯罪とすることで、真犯人を探し出した主人公を犯罪者にしてしまうものである。逃亡防止は、逃亡のさらなる犯罪化ではなく、保釈取消し、保釈金の没収、迅速な収容によるべきであろう。そうでないと、無実の逃亡者が無罪証拠を探し出して裁判に臨むことを、刑法が妨げることになる。

---

3 │ 犯人蔵匿・証拠隠滅の罪

[1] 現行法の構成

「犯人蔵匿・証拠隠滅の罪」は、犯人蔵匿罪（103条）、証拠隠滅罪（104条）、証人等威迫罪（105条の2）から成っており、犯人蔵匿罪と証拠隠滅罪とには、親族による犯罪に関する任意的な刑の免除の特例（105条）がある。証拠隠滅罪には、無実の者を陥れる証拠のねつ造も含まれる。

法定刑の上限は、ドイツ刑法257条2項、258条3項と異なり、庇われる犯

---

7) 「法制審議会に対する法務大臣諮問第110号」および「検討のためのたたき台・その2（第1「保釈中・勾留執行停止中の被告人の逃亡を防止するための方策」）」、「検討のためのたたき台・その2（第3「確定した裁判の執行を確保するための方策」）」等（http://www.moj.go.jp/shingi1/housei02_003004.html）（2020年12月3日参照）。

罪のそれを上限とすることになっていない。そのため、庇われる罪の刑の上限がより軽い場合に、庇った人物が庇われた者より重く処罰される余地がある。このような余地は、法改正によって排除すべきであろう。

[2] 解釈上の基本問題

犯人蔵匿罪の対象である**「罰金以上の刑に当たる罪を犯した者」**については、文言上も、「刑罰法令を適正且つ迅速に適用実現する」（刑訴法１条）という「司法作用」の面からも、現にこのような法定刑に当たる罪を犯した者であることを要すると解すべきである。嫌疑を受けていれば無実の者も含まれるとする見解もあるが[8]、論拠とされる**最判昭和24・8・9刑集３巻９号1440頁**は、「犯罪の嫌疑によって捜査中の者をも含む」と述べただけであって、無実の者でもよいとした裁判例ではない。それどころか、**最決昭和36・8・17刑集15巻７号1293頁**は、当時犯人として逮捕状が出ていた者を隠避させた場合でも、「参考人の隠匿」として104条を適用している[9]。

なお、**札幌高判平成17・8・18高刑集58巻３号40頁**は、隠避行為の時点で**真犯人がすでに死亡していた**としても犯人隠避罪の成立が認められるとした。しかし、死亡した犯人に対してはすでに刑罰権が消滅しているのであるから（刑訴法339条１項４号）守るべき「司法作用」はなく、よって「犯人を隠避した」とはいえないであろう。

裁判例では、一般に、**「蔵匿」**は「官憲の発見・逮捕を免れるべき場所を提供すること」をいい、**「隠避」**は「官憲の発見・逮捕を免れさせる一切の

---

8) かつては多数説であった。今日でも、大山徹「判批」佐伯仁志ほか編『刑法判例百選Ⅱ各論〔第８版〕』（有斐閣、2020年）237頁。しかし、それでは、「逃亡者」のキンブルの正体がわかっても進んで逃亡の手助けをした多くの人々が犯罪者になってしまう。最決平成29・12・25集刑322号127頁によって殺人幇助につき無罪が確定した人物をかくまった被告人に犯人蔵匿罪を認めた東京地判平成24・11・22公刊物未登載はあるが、この当時は、かくまわれた相手も、「私は全国指名手配されて逃げているうちに、自分が地下鉄サリン事件で使われたサリンの生成に、なんらかの形で関与してしまったのだろうと思いこんでしまっていました。」と述べている（https://news.yahoo.co.jp/byline/shinodahiroyuki/20151129-00051947/）（2020年12月４日参照）。もちろん、相手方が現実に「罪を犯した者」でなかったことはかくまった者にとって再審事由になるべきである。

9) 「罪を犯した者」の認識をめぐる故意の問題は、盗品等に関する罪の「盗品性の認識」と同じであって、未必の故意を考えれば、反対説を根拠づけるものではない。

行為」をいうとされる[10]。しかし、**身代りを出頭させても犯人が釈放されな**かったときは、「**隠避させた**」とは言い難い。**最決平成1・5・1刑集43巻5号405頁**は、この場合でも犯人隠避罪の成立を認めたが、疑問である。現住建造物等放火罪（108条）をみればわかるように、抽象的危険犯であることと「結果」の要否は別次元の問題である[11]。

　証拠隠滅罪の対象となる「**証拠**」（1995年改正前は「証憑」）は「**証拠方法**」、つまり「**証拠物件**」（旧刑法152条参照）を意味し、「供述」は含まれない[12]。もっとも、捜査官に嘘をつくことで犯人を逃がした場合には、犯人隠避罪成立の余地がある[13]。

　「**隠滅**」とは壊したり隠したりすることであり、「**変造**」とは既存の証拠方法に変更を加えることである。「**偽造**」については、争いがある。実在しない証拠を実在するかのように作出する行為はすべて「偽造」であるとする見解が多く[14]、そのため、**東京高判昭和40・3・29高刑集18巻2号126頁**等は、供述者自身が作成する「上申書」については、虚偽内容のものでも「偽造」に当たるとする。しかし、<u>これでは「偽造」が無限定であるばかりか、口頭での嘘は証拠偽造罪に当たらないのに、文書での嘘はこれに当たるというアンバランスを残すことになる</u>。

10) 大判昭和5・9・18刑集9巻668頁等。

11) 同旨、東條明徳「判批」佐伯仁志ほか編『刑法判例百選Ⅱ 各論〔第8版〕』（有斐閣、2020年）247頁。

12) 大判大正3・6・23刑録20輯1324頁、大判昭和8・2・14刑集12巻66頁、大判昭和9・8・4刑集13巻1059頁、最決昭和28・10・19刑集7巻10号1945頁。これらは、いずれも、刑法104条の「証憑の偽造」は証拠自体の偽造を指称し証人の偽証を包含しないので、自己の被告事件について他人を教唆して偽証させた場合に104条の規定の趣旨から当然に偽証教唆の責を免れるものと解することはできないと述べて、自己の刑事事件に関する偽証教唆罪を認めたものである。

13) 最決昭和40・2・26刑集19巻1号59頁。後述する最決平成29・3・27刑集71巻3号183頁も、参考人の虚偽供述により、真犯人が処分保留で釈放された事案に関するものである。

14) 大塚仁ほか編『大コンメンタール刑法〔第3版〕第6巻』（青林書院、2015年）371頁〔仲家暢彦〕等。もっとも、新たな証憑を創造しまたは既存の証憑に変更を加えることは証憑の偽造変造に該当すると述べた大判昭和10・9・28刑集14巻997頁は、既存の帳簿書類に変更を加えたという「証拠変造」に関するものである。

[3] 参考人の虚偽供述

　他方、捜査機関に対して**参考人**が虚偽の内容を含む供述録取書（＝供述調書）を作成させたとしても、それは証拠の「偽造」には当たらない[15]。**最決平成28・3・31刑集70巻3号58頁**も、「その虚偽の供述内容が供述調書に録取される（刑訴法223条2項、198条3項ないし5項）などして、書面を含む記録媒体上に記録された場合であっても、そのことだけをもって、同罪に当たるということはできない。」と述べる。

　なお、本決定は、「作成名義人であるC巡査部長を含む被告人ら4名が共同して虚偽の内容が記載された証拠を新たに作り出した」本件では、「刑法104条の証拠を偽造した罪に当たる。」と述べている。しかし、本件では公務員である取調官がわざと内容虚偽の公文書を作成したのであるから、証拠偽造ではなくて、より重い虚偽公文書作成罪（156条）で処断すべきであった[16]。

　捜査側と通謀している場合に限って「証拠偽造」となる理由も不明である。ひょっとすると、被疑者が述べた通りのことを記載した供述調書には取調官の観念がそのまま記載されているので「虚偽」は書かれていないが、捜査側と通謀して書かれた虚偽調書では被疑者はその通りに述べていないのであるから「虚偽」が書かれていると考えたのであろうか。

　むしろ、証拠隠滅罪にいう「偽造」も、文書偽造罪におけるそれと同じく、「作成者と名義人の人格の同一性を偽る」ことと解するべきであろう。「文書以外の偽造にして、例えば衣類に傷を付けるかあるいは裂破するか刀に血を付け置く如き場合[17]」でも、たとえば被疑者がそうしたように装う点で、「作成者（ねつ造者）と名義人（被疑者）の人格の同一性を偽る」ものである[18]。参考人の虚偽供述により真犯人が処分保留で釈放された事案に犯人隠避罪の成立を認めた**最決平成29・3・27刑集71巻3号183頁**が出た以上、偽証

15）千葉地判平成7・6・2判時1535号144頁、千葉地判平成8・1・29判時1583号156頁。

16）本書第16章で述べたように、刑法第2編第17章の「文書偽造の罪」は証拠犯罪であるから、104条との観念的競合ではなく、重い「文書偽造の罪」との法条競合と解するべきである。

17）倉富ほか1033頁、田中・釋義下229頁参照。

18）なお、既存の帳簿書類に変更を加えたことを「証拠変造」に当たるとした前掲注14）大判昭和10・9・28は、本書第16章で述べたように、文書等の「確定性」を害するという「変造」の定義に忠実である。むしろ、この事件では、法定刑の重い私文書変造罪（159条2項）の成立も可能であった。

罪の犯人を庇う上申書に関する前掲東京高判昭和40・3・29の事案も、犯人
隠避罪で処理すべきであったかもしれない。

[4] 犯人による蔵匿・隠滅の教唆

　問題は、庇われる犯人自身が、他人に自己の蔵匿・隠避や証拠の隠滅を依
頼した場合に、これらの罪の教唆犯が成立するか否かにある。犯人自身は他
人である「罪を犯した者」を蔵匿・隠避したことに当たらず、また「他人の
刑事事件に関する証拠」を隠滅するなどしたことに当たらないので、「正犯」
としては処罰されないのに「共犯」としては処罰されるのかが問われること
になる。

　論理的には、犯人が他人を教唆してこれらの罪を犯させた場合、それは、
単に期待可能性がないというのではなくて、犯人からみれば、間接的にでも
「構成要件該当結果」を惹起したことにならない。したがって、「共犯の処罰
根拠」について「惹起説」を採れば、犯人は教唆犯としても処罰されないこ
とになる[19]。

　ところが、裁判例では、犯人は教唆犯にはなれると解している[20]。他人を
刑事責任に陥れておいて処罰を免れようとするのは「防御の濫用」だという
のである。これは「共犯の処罰根拠」にいう「責任ないし不法共犯説」であ
る[21]。

　もっとも、詳細にみると、犯人蔵匿罪に関して犯人が教唆犯とされた事案
は、たいてい、犯人が他人を身代りに仕立てあげたり[22]、他人に偽装工作を

---

19) これが、「共犯の処罰根拠」における「惹起説」の真の意味であることにつき、松宮孝明
　　『刑事立法と犯罪体系』（成文堂、2003年）275頁以下、同・先端総論210頁以下参照。証拠
　　隠滅罪の教唆については、すでに、大判明治45・1・15刑録18輯1頁に関して、弁護人は、
　　犯人自身による証拠隠滅の教唆は自己の事件に関する証拠の間接的な隠滅であるから、他
　　人の刑事事件に関する証拠の隠滅にはならないと主張していた。これに対し、大審院は、
　　正犯に証拠隠滅罪が成立することと共犯の従属性（＝連帯性）を根拠に、これを斥けたの
　　である。

20) 犯人蔵匿（実は隠避）罪について、大判昭和8・10・18刑集12巻1820頁、最決昭和35・
　　7・18刑集14巻9号1189頁、前掲注13）最決昭和40・2・26等。そのため、東京高判昭和
　　52・12・22刑月9巻11・12号857頁は、犯人自身が身代りを警察に通報した場合でも「教唆
　　犯」とする。

21) これにつき、松宮・先端総論213頁以下参照。

行わせたりしたものであって[23]、「かくまってくれ」と頼んだ事案を犯人蔵匿罪の教唆で処罰した判例は、ほとんどない[24]。つまり、実務は、「かくまってくれ」と頼むのはしかたがないが、身代りを仕立てるような積極的な捜査の攪乱は許せないと考えているのである。

　同様に、他人の手を使って行われる証拠隠滅行為は、犯人単独で行われる場合より、司法作用に対する影響が大きいと考えているのかもしれない。もっとも、犯人が情を知らない多数の部下を利用して証拠隠滅を行う単独の間接正犯形態（不可罰）のほうが、隠滅の影響範囲は広いことがあるのであって、隠滅範囲の広狭は理由にならないと思われる。

　なお、犯人が共犯者を蔵匿・隠避する行為は、同時に、自己の刑事被告事件の証拠隠滅という側面をもつ。そのため、104条が「他人の刑事事件に関する証拠」の隠滅等のみを処罰している趣旨に鑑みて、自己の刑事事件の証拠隠滅という動機・目的で犯された共犯者の蔵匿・隠避については、証拠隠滅罪ばかりでなく犯人蔵匿罪に関しても期待可能性を欠くと考える余地がある。

　もっとも、**旭川地判昭和57・9・29刑月14巻9号713頁**は、このような場合でも直ちに期待可能性が否定されるわけではないとして、犯人蔵匿罪の成立を認めた。しかし、ドイツ刑法257条3項、258条5項は、これを明文で不可罰としている。わが国でも検討の余地があろう。

[5] 偽計業務妨害罪との関係

　近年の下級審判例に、警察による強制捜査についても、**偽計業務妨害罪**（233条）の対象になりうるとするものが出てきたことは、本書第7章で述べた[25]。そのため、**虚構の犯罪の通報や身代り犯人の出頭**についても、偽計業

---

22) 前掲注20）大判昭和8・10・18、最決昭和35・7・18、東京高判昭和52・12・22等。

23) 前掲注13）最決昭和40・2・26等。

24) 前掲注8）の最決平成29・12・25によって無罪が確定した人物をかくまった被告人に犯人蔵匿罪を認めた東京地判平成24・11・22の事件でも、かくまわれた人物はその共犯とされていない。

25) JRの駅で無差別殺人を行う旨の虚偽の犯行予告をネット上の掲示板に書き込んだ行為に関し、東京高判平成21・3・12高刑集62巻1号21頁（傍論）。これは本来、JRに対する偽計業務妨害で処断すべき事案である。

務妨害罪が成立しうるかという問題が浮上している。

しかし、「虚構の犯罪……の事実を公務員に申し出た者」については軽犯罪法1条16号が「これを拘留又は科料に処する。」と定めているし、103条や104条の法定刑の上限は、2018（平成30）年改正までは2年の懲役であって、233条のそれよりも低かった。つまり、刑法およびその立法者は、犯人蔵匿・隠避や証拠隠滅等に当たる行為を「偽計業務妨害」に当たるとは考えていなかったのである。筆者は、今のところ、これに反するような裁判例には遭遇していない。

4 │ 偽証・虚偽告訴の罪

[1] 現行法の構成

「偽証の罪」および「虚偽告訴の罪」は、偽証罪（169条）、虚偽鑑定等罪（171条）、虚偽告訴等罪（172条）から成り、偽証罪と虚偽告訴等罪には、自白による任意的な刑の減免規定（170条、173条）がある。犯人ないし被告人自身も偽証罪の教唆犯になり得ることについては、今日、争いはない[26]。

[2] 「虚偽」の意味

偽証罪や虚偽鑑定等罪にいう「虚偽」について、判例や通説は、証人らの記憶に反する内容の供述をいうとする（「主観説」[27]）のに対し、反対説は、客観的な事実に反する内容の供述をいうとする（「客観説」）。しかし、証人らは現に体験した事実を述べるものだと考えれば、両説の差はほとんどない[28]。

ただ、記憶がうろ覚えで、証人自身が客観的事実と供述が異なっている可能性を否定できないときには、「客観説」によると、認定事実が証言内容と

---

26) 最決昭和28・10・19刑集7巻10号1945頁は、証人が証言拒絶権を放棄し宣誓の上虚偽の陳述をしたときは偽証罪が成立するのであり、被告人が自己の刑事事件につき証人を教唆して偽証させたときは偽証教唆罪が成立するとしている。

27) 裁判例では、大判明治42・6・8刑録15輯735頁、大判大正3・4・29刑録20輯654頁等。大判大正3・4・29は、証人が故意に記憶に反する供述をすれば偽証罪となるのであって、証言内容が認定事実と異なっていることを要しないとしたものである。

28) 前掲注27）大判明治42・6・8は、まさに、貸借証書の署名捺印を目撃していないのに目撃したと供述した証人を教唆した者に関し、供述の「虚偽」性を認めたものである。

異なっていた場合に、この証人は未必の故意で偽証罪とされかねないであろう。「主観説」が、明確に記憶に反する供述に限って「虚偽」とする趣旨であるなら、それは支持されるべきである。

　他方、**虚偽告訴等罪**にいう「**虚偽**」は、客観的事実に反することとする点で、一致がある[29]。ただし、告訴・告発はもともと犯人である「疑い」のあるときになされるものであるから、「ひょっとしたら犯人でないかもしれない」という未必の故意の場合には、ことさらに相手を陥れる意図がない限り、本罪は成立しないと解すべきであろう[30]。

[3] 偽証罪の機能と問題点

　偽証罪を理由に裁判所に訴えを起こすのは、刑事裁判の一方当事者である検察官である。そのため、それが虚偽でなくても、被告人に有利な証言をした者を検察官が有罪の自己心証に従って本罪で起訴することがある。その問題が端的にあらわれたのが、「**八海事件**」および「**甲山事件**」である。

　「八海事件」では、有罪判決が第1次上告審によって破棄された後、検察官は捜査をやり直して、被告人のアリバイを供述した5人の証人たちに、それを否定する供述をさせた。そして、嘘に耐えきれずに法廷で再度アリバイを認める供述をした証人を偽証罪で逮捕したのである。そのため、その証人は再び、供述をひるがえすことになった。結局、この事件の裁判は、このような「捜査のやり直し」からさらに9年を経て**最判昭和43・10・25刑集22巻11号961頁**によって、無罪で決着がついたのである。

　「甲山事件」では、被告人とされた保育士のアリバイを証言した人物が偽証罪で起訴された。結局、この事件は差戻し後の控訴審である**大阪高判平成11・9・29判時1712号3頁**によって無罪が確定し、偽証事件も同年に**大阪高判平成11・10・29判時1712号113頁**によって無罪が確定するまで、事件発生から25年、裁判開始から20年を要した。

---

29) 裁判例では、最決昭和33・7・31刑集12巻12号2805頁等。

30) 大判昭和12・2・27刑集16巻140頁は、人が刑事または懲戒の処分に付せられる虞があることを予見しながらあえて、想像または推測に任せて真実との確信がない事実を申告する場合は本罪が成立するとしている。本判決は、次点で落選した被告人が当選者に選挙違反があると述べてこれを失格させ、自己が当選を得ようとしたものであり、単純に捜査機関に推測を交えた事実を供述したものではない。

このような事例をみると、偽証罪の公訴権は、刑事裁判の一方当事者である検察官に委ねるべきではなく、裁判所あるいはその委任を受けた特別の告発機関に委ねるか、あるいは、証言の対象となった事件が確定しないと起訴できないとする法改正が必要と思われる。

第20章

汚職の罪

1 | 汚職の罪の構成

　最終章では、刑法第 2 編第25章の**「汚職の罪」**（1995年改正前は「瀆職の罪」）を扱う。この章には、**「職権濫用の罪」**（193〜196条）と**「賄賂の罪」**（197〜198条）が規定されている。旧刑法は、これらの罪をその第 2 編第 9 章第 2 節の「官吏人民に対する罪」に規定しており、また、賄賂については贈賄罪の規定を欠き、もっぱら賄賂を収受する公務員の側だけを処罰していた。「官吏」とは、明治憲法下で、天皇の大権に基づいて任命され、国家に対し忠順かつ無定量の公務に服した高等官および判任官を意味する[1]。つまり、これらの罪は、国家の上級公務員が人民をいじめ、たかる罪を定めていたのである。

　これが1907（明治40）年の現行刑法に変わる際に、「広く公務員の瀆職に関する規定」に変わり[2]、同時に贈賄罪の規定（198条）が設けられた。これは、これらの罪の「人民に対する罪」の側面よりも、公務員としての品位を汚し国家に対する忠実義務に違反するという側面を強調したものと思われる[3]。事実、職権濫用の有罪例には、そのような「個人的濫用」のタイプの

---

1) 新村出編『広辞苑〔第 7 版〕』（岩波書店、2018年）680頁等参照。
2) 「公務員」とは、「国又は地方公共団体の職員その他法令により公務に従事する議員、委員その他の職員」（ 7 条 1 項）を意味する。強制権限を有する公務員に限定されるわけではない。
3) 現に、旧刑法281条にあった、水火震災の際に囚人の監禁を解くことを怠ってこれを死傷させた場合に殴打創傷の罪の刑を加重する規定は削除されている。加えて、ドイツ刑法339条にあるような一般的な「法を歪曲する罪」（＝枉法）は規定されていない。

事件が目に付く。

　他方、戦前には公務員の一般市民に対する職権濫用ないし暴力行為に対する訴追が活発でなかったという反省から、後述するように、戦後に職権濫用罪の被害者らによる**付審判請求の制度**（＝**「準起訴手続」**）が設けられた（刑訴法262～269条）。

2 ｜ 職権濫用の罪

[1] その類型

　「職権濫用の罪」には、公務員職権濫用罪（193条）、特別公務員職権濫用罪（194条）、特別公務員暴行陵虐罪（195条）、特別公務員職権濫用等致死傷罪（196条）が含まれる。

　公務員職権濫用罪では、「公務員がその職権を濫用して、人に義務のないことを行わせ、又は権利の行使を妨害したときは、２年以下の懲役又は禁錮」が、**特別公務員職権濫用罪**では、「裁判、検察若しくは警察の職務を行う者又はこれらの職務を補助する者がその職権を濫用して、人を逮捕し、又は監禁したときは、６月以上10年以下の懲役又は禁錮」が、**特別公務員暴行陵虐罪**では、「裁判、検察若しくは警察の職務を行う者又はこれらの職務を補助する者が、その職務を行うに当たり、被告人、被疑者その他の者に対して暴行又は陵辱若しくは加虐の行為をしたとき」および「法令により拘禁された者を看守し又は護送する者がその拘禁された者に対して暴行又は陵辱若しくは加虐の行為をしたとき」は、「７年以下の懲役又は禁錮」が、さらに**特別公務員職権濫用等致死傷罪**では、194条または195条の「罪を犯し、よって人を死傷させた者は、傷害の罪と比較して、重い刑により処断する」ことが、それぞれ予定されている。

[2] 付審判請求の制度

　職権濫用の罪については、告訴または告発をした者が検察官の公訴を提起しない処分に不服があるときは、その検察官所属の検察庁の所在地を管轄する地方裁判所に事件を裁判所の審判に付することを請求することができるとする制度がある（刑訴法262条以下）。この請求に理由があるときは、事件は裁判所の審判に付される（刑訴法266条２号）。職権濫用行為が、公務員の仲

間内の事件として、検察官に軽く扱われることを防ぐために、戦後に導入された制度である。同時に、法定刑も引き上げられた。しかし、実際には付審判請求制度の運用は低調で、審判が開始された事件でも、その有罪率は50パーセントに満たないなど[4]、公務員の組織的逸脱行為に対する裁判所の対応は十分なものでない。

なお、**最決昭和49・4・1刑集28巻3号17頁**は、準起訴裁判所が、相当な嫌疑のもとに刑訴法262条1項に掲げる罪が成立すると判断し公訴提起すべきものとして審判に付した以上、公判審理の結果それ以外の罪の成立が認められるにすぎないことになったとしても、審判に付された事件と公訴事実の同一性が認められるかぎり、この罪で処罰することができるとして、刑法196条の罪で審判に付された者に対する暴行罪での有罪判決を認めている。

[3] 個人的濫用

公務員職権濫用罪にいう**「職権の濫用」**とは、「公務員が、その一般的職務権限に属する事項につき、職権の行使に仮託して実質的、具体的に違法、不当な行為をすることを指称するが、右一般的職務権限は、必ずしも法律上の強制力を伴うものであることを要せず、それが濫用された場合、職権行使の相手方をして事実上義務なきことを行わせ又は行うべき権利を妨害するに足りる権限であれば、これに含まれる[5]」とされる。これにより、裁判官が職務上の参考に資するための調査行為であるかのように仮装して刑務所長らに対し身分帳簿の閲覧等を求めた場合に、本罪の成立が認められた。単に公務員としての地位・身分を濫用したにすぎない場合でも、「職権の濫用」に当たり得るというのである[6]。

同じく、裁判官が私的な交際を求める意図で、自己の担当する窃盗被告事件の女性被告人を、夜間、電話で、被害弁償のことで会いたいなどと言って

---

4) 法務省『令和2年版犯罪白書』（2020年）249頁によると、「令和元年における付審判請求の新規受理人員は394人、処理人員は339人であり、付審判決定があった者はいなかった（司法統計年報及び最高裁判所事務総局の資料による。）。」上に、「刑事訴訟法施行後の昭和24年から令和元年までの間に付審判決定があり、公訴の提起があったとみなされた事件の裁判が確定した件数は22件であり、うち13件が無罪（免訴を含む。）であった（最高裁判所事務総局の資料による。）。」という。

5) 最決昭和57・1・28刑集36巻1号1頁（「宮本身分帳事件」）。

喫茶店に呼び出し、同店内に同席させた行為にも、「職権の濫用」が認められている[7]。「刑事事件の被告人に出頭を求めることは裁判官の一般的職務権限に属する」ので、「職権を濫用し同女をして義務なきことを行わせたものというべき」だとするのである。

[4] 組織的濫用

他方、前述の最決昭和49・4・1の原判決[8]は、警察官である被告人が、旅館の一室において殺人事件の被疑者Aの実兄BからAの筆跡を入手した際、Bと政党との関係の有無を執拗に追及しているうち、これに憤然として退去しようとしたBの背後から、左手でBの左上腕部を強く掴んで同室内に引き入れる暴行を加えてBが退去するのを阻止するなどしたという事案に関し、被告人は「同人が興奮のあまり廊下東側窓から飛び降りる」とか、当時現場前を通っていたデモ隊に告げ口をされ、右デモ隊が現場になだれ込むなどの失態を招きたくないことや、「同人の誤解をとき被告人の真意を理解して貰うため説得しようと考えた」と認定した上で、このような意図のもとになされた本件暴行は「被告人の職務となんら関係を有するものでないことは明らか」であるとして、「職権の濫用」を否定している。

また、警察が組織的に違法な電話盗聴をした事案について**最決平成1・3・14刑集43巻3号283頁**は、公務員職権濫用罪が成立するには、公務員の不法な行為が、職権行使の相手方に対し法律上、事実上の負担ないし不利益を生ぜしめる性質をもつ特別の職務権限を濫用して行われたことを要するところ、被疑者らは盗聴行為の全般を通じて終始何人に対しても警察官による行為でないことを装う行動をとっていたのであるから、そこに、警察官に認

---

6) 本決定に対しては、「国家、地方公共団体等の権力を行使する公務員は、すべて逐一の具体的事項について国民の意思決定の発現たる法令に基づく授権があってのみ、その権力すなわち権限を行使しうるとなすべきことは、民主主義的法治国家の原理の要請するところであるから、公務員の職権の範囲・内容は、法令によってのみ定められると解すべきであって、法令上の一般的権限の存しないところに職権濫用罪の成立を認めることは、その成立範囲をあいまいにし、処罰の範囲を不当に拡大するとのそしりを免れない」とする宮崎梧一裁判官の反対意見がある。

7) 最決昭和60・7・16刑集39巻5号245頁。

8) 仙台高判昭和47・5・12刑集28巻3号37頁。

められている職権の濫用があったとみることはできないとして、本罪の成立
を否定している[9]。

[5] 同意性交と「陵虐若しくは加虐の行為」

　特別公務員暴行陵虐罪では、**東京高判平成15・1・29判時1835号157頁**が、
被拘禁者の同意があっても看守者等がその者と性交渉を持つことは「**陵虐若
しくは加虐の行為**」に当たるとしている[10]。その事案は、警察署に留置中の
女性被疑者から好意を寄せられた看守が、相手方の同意を得て、複数回にわ
たり性交したというものである。本判決は、本罪にいう「陵虐若しくは加虐
の行為」とは、「公務の適正とこれに対する国民の信頼を保護するという本
罪の趣旨に照らして解されるべき」であり、「本罪の主体である『法令によ
り拘禁された者を看守し又は護送する者』……は、被拘禁者を実力的に支配
する関係に立つものであって、その職務の性質上、被拘禁者に対して職務違
反行為がなされるおそれがあることから、本罪は、このような看守者等の公
務執行の適正を保持するため、看守者等が、一般的、類型的にみて、前記の
ような関係にある被拘禁者に対し、精神的又は肉体的苦痛を与えると考えら
れる行為（看守者等が被拘禁者を姦淫する行為［性交］がこれに含まれることは
明らかである。）に及んだ場合を処罰する趣旨であって、現実にその相手方が
承諾したか否か、精神的又は肉体的苦痛を被ったか否かを問わないものと解
するのが相当である。」と述べている[11]。

　つまり、「陵虐若しくは加虐の行為」は、現実にその相手が承諾したか否
か、精神的又は肉体的苦痛を被ったか否かを問わないというのである。しか
し、そうなると、職権濫用の罪は国家的法益に対する罪だから、これに任意
に関与した者は、たとえ「陵虐若しくは加虐の行為」の相手方であったとし
ても、国家的法益を害する共犯になりかねない。少なくとも、逃走や便宜を

---

9) 「共産党幹部宅電話盗聴行為付審判請求事件」などと呼ばれるものである。もっとも、こ
の事件では、電話機を盗聴可能な状態にするためにNTTの協力を得た際には警察官の行
為であることを明らかにしていると思われる上、そもそも電話盗聴は「通信の秘密は、こ
れを侵してはならない。」（憲法21条2項後段）として憲法上保障されている「秘密通信
権」という「権利の行使を妨害したとき」（193条）に当たるであろう。

10) 被害者の同意がある場合であっても陵虐行為に当たるとする一般論を述べた大判大正15・
2・25新聞2545号11頁は、被害者に不意にキスをした事案に関するものであった。

図ってもらう目的で被拘禁者のほうから計画的・積極的に誘った場合には、「陵虐若しくは加虐の行為」には当たらないものと思われる。

[6] 個人的濫用と組織的濫用における差異

以上の裁判例からは、個人的濫用と組織的濫用とでは、「職権の濫用」が認められる範囲について「ダブル・スタンダード」があるような印象を受ける。「陵虐若しくは加虐の行為」についても、それを疑わせる事案がある。

付審判請求制度の運用が低調なことの一因も、主に組織的濫用の事案について、裁判所が職権濫用の罪の認定に消極的なことにあるように思われる。

3 │ 賄賂の罪

[1] 賄賂の罪の種類

賄賂の罪には、（単純）収賄罪（197条1項前段）、受託収賄罪（197条1項後段）、事前収賄罪（197条2項）、第三者供賄罪（197条の2）、加重収賄罪（197条の3第1項、同条2項）、事後収賄罪（197条の3第3項）、あっせん収賄罪（197条の4）があり、いずれも、**「公務員」**（7条1項）を主体とする**身分犯**である。これらの収賄側の罪に対応して、贈賄罪（198条）がある。収賄側の罪における賄賂の「収受」と贈賄側の「供与」、および両者の「約束」は、それぞれ**「必要的共犯」**それも**「対向犯」**との関係に立っている（賄賂の「要求」および「申込み」は、必要的共犯ではない）。また、収賄側の罪には、その収受した賄賂に対する**没収**ないし**追徴**の規定がある（197条の5）。

---

11) 類似の事案に関して、名古屋地判平成17・1・13LEX/DB28105371は、「本罪の基本的な性格は、公務員の職権の不法行使に対する処罰を行うことにあると解するべきであり、弁護人主張のように、<u>本罪の処罰根拠が国民の個人的法益侵害を重視したものであると解することはできない。</u>」（下線筆者）と述べて、被告人に懲役の実刑を言い渡している。しかし、看守者等に限るとはいえ、「性交」が「一般的、類型的にみて、……精神的又は肉体的苦痛を与えると考えられる行為」に当たるというのは、ショッキングな判示である。これらの事件では、便宜を図ってもらうために、被拘禁者のほうから積極的に誘惑した側面が認められるのであるから、これを「陵虐若しくは加虐の行為」というのは無理であろう。むしろ、<u>性的快楽の提供は一種の「賄賂」である。</u>

[2] 賄賂の罪の本質と保護法益

　ところで、仲裁法50条の仲裁人に関する贈収賄罪や会社法967条の取締役等の贈収賄罪など、刑法以外の法律には、公務員でない者についても贈収賄の処罰を規定したものが80ほどある。これらの主体は、競馬、競輪、競艇といった公営ギャンブルを営む会社の従業員、鉄道、電気、ガスなどの公共企業体の役員、検査や審査に従事する者などに区分できる。これらの罪の保護法益は、それらの主体が従事する職務の公正さに対する信頼にまとめられるであろう。しかし、ドイツ刑法299条のように、商業取引における贈収賄一般を処罰するような規定では、「自由競争」それ自体も、保護法益と考えられている[12]。不正競争防止法18条、21条2項7号にある「外国公務員への利益供与」の罪も、同様であろう。

　その中で、公務員のみを収賄の主体とする賄賂の罪の保護法益には、「公務の不可買収性」と「職務行為の公正さ」ないし「職務の純粋性」が挙げられていたが[13]、近年は、「公務員の職務の公正とこれに対する社会一般の信頼」とする**「信頼保護説」**が有力である[14]。

　この「信頼保護説」に対して、一部では、加重収賄罪では公務員が現実に「不正な行為をし、又は相当の行為をしなかった」ことを要するので現に職務の公正が害されているから、197条の収賄罪はその危険犯と捉えればよく、したがって、賄賂の罪の保護法益は職務の公正さないし純粋性のみであるとする見解が唱えられている[15]。

　しかし、197条1項1文の（単純）収賄罪では、不正な職務行為の存在もその可能性すらも不要であり、また、退職後に賄賂を受け取る事後収賄罪（197条の3第3項）では、過去の職務に対する賄賂は職務の公正さに影響を与えない。「個別の職務行為の公正さ」それ自体は、賄賂の罪に共通する保護法益ではなく、せいぜい、加重収賄罪やあっせん収賄罪の追加的法益にすぎないと考えるしかなく[16]、その意味で**「純粋性説」**は貫徹し得ない。

---

12) 近年のモノグラフィーとして、*J. Altenburg*, Die Unlauterkeit in §299 Stgb: Ein Beitrag zur Harmonisierung von Strafrecht und Wettbewerbsrecht, 2012.

13) 大判昭和6・8・6刑集10巻412頁は、いずれも保護するものとしている。

14) 「ロッキード事件」に関する最大判平成7・2・22刑集49巻2号1頁。

15) 北野通世「収賄罪の一考察(1)(2)」刑法雑誌27巻2号（1986年）259頁、28巻3号（1988年）378頁。

むしろ、「信頼保護説」にいう「社会一般の信頼」の対象となる「職務の公正」とは、個々の職務行為の公正ではなく、国家（ないし地方公共団体）の職務が全体として公正であることを意味するものと思われる。そして、それに対する「社会一般の信頼」は、国家を統治する上での不可欠の基礎であるがゆえに、刑法の保護を受けるものと解される。結局、それは公務員の主権者に対する忠実義務を根拠とする**「公務の不可買収性」**と同義であろう[17]。

　もっとも、あっせん収賄罪（197条の4）は別である。この罪では、賄賂はあっせんの対価だからである。つまり、あっせん収賄罪は、他の賄賂の罪と異なり、「他の公務員に職務上不正な行為をさせるように、又は相当の行為をさせないように」公務員が「あっせんをすること又はしたことの報酬として」の贈収賄を処罰することにより、職務の公正が職務行為以外の方法で[18]公務員により害されることを防ぐ[19]抽象的危険犯である。

[3]「賄賂」の意味

　「賄賂」とは、「公務員の職務に関する不正の報酬としての利益」をいう。したがって、「その職務に関し、賄賂を収受……」は「馬から落馬」である。

　もっとも、前述のように、あっせん収賄罪では、これと異なり、あっせんの対価を意味する。

　「利益」には、「有形なると無形なるとを問はず、いやしくも人の需要もしくはその欲望を充足するに足るべき一切の利益を包含すべきもの」が含まれる[20]。

---

16) 加重収賄罪もまた、公務員の枉法それ自体を処罰するものではないので、「個々の職務行為の公正」それ自体が独立の保護法益となるわけではない。

17) もっとも、執行官や仲裁人のように、当事者から報酬を受けることが合法化されている主体の場合には（『執行官の手数料及び費用に関する規則』および仲裁法17条参照）、厳密には「不可買収性」を保護法益とすることはできない。

18) 上司として部下に命令する場合は「職務行為」そのものに対する賄賂となる。他方、あっせんではなく、暴行または脅迫によって不正な行為をさせまたは相当な行為をさせない場合には、職務強要罪（95条2項）に該当する。その報酬の収受は、あっせん収賄罪では把握できないであろう。

19) あっせん収賄罪もまた、「職務の公正」それ自体を保護法益とするものではない。なぜなら、賄賂の授受ないしその要求、約束さえなければ、あっせん自体は本罪を構成しないからである。

「賄賂」との区別がしばしば問題となるものに**「政治資金」**の提供（＝**「政治献金」**）がある。「政治資金」とは、個人、政治団体、政党などが、それぞれの政治目的を達成するために、その活動上必要とする資金をいう。端的に言えば、政治活動のための資金である[21]。国会や地方議会の議員などは、特別職の公務員であると同時に政治家でもあるため、議員などに対する資金の提供が「賄賂」か「政治献金」かが問題となるのである。

裁判所は、名目は「政治献金」でも、その資金の対象が広く議員の職務に含まれる場合は、賄賂の罪を認める傾向にある。たとえば、「大阪タクシー汚職事件」に関する**最決昭和63・4・11刑集42巻4号419頁**は、衆議院の委員会で審査中の法律案に関し「単に被告人らの利益にかなう政治活動を一般的に期待するにとどまらず、右法案が廃案になるよう、あるいは、税率の軽減、課税実施時期の延期等により被告人らハイヤータクシー業者に有利に修正されるよう、同法案の審議、表決に当たって自らその旨の意思を表明するとともに、衆議院大蔵委員会委員を含む他の議員に対して説得勧誘することを依頼して、本件各金員を供与した」ことにつき、同委員会に所属しない同院議員に対する贈賄罪が成立するとした[22]。

しかし、こうなると、自己の業界に関わる法案が審議されるときには、同僚議員への働きかけや本会議での採決への影響可能性は常にあるので、政治献金が同時に賄賂となってしまうという不都合が生じる。そもそも企業ないし業界団体に政治献金を認めていなければ、このような問題は生じないのであるが[23]。

[4] 職務関連性

前述のように、公務員が「その職務に関し」収受し、またはその要求ない

---

20) 大判明治43・12・19刑録16輯2239頁。たとえば、売春婦の提供や値上がり確実な未公開株の公開価格での売却（最決昭和63・7・18刑集42巻6号861頁）等も含まれる。

21) 政治資金の適正な管理等に関しては、政治資金規正法が管轄する。

22) 古くは、大判大正2・12・9刑録19輯1393頁が、議会で審議する案件について同僚議員に働きかける行為の対価を「賄賂」としている。

23) 自然人は業界人としてばかりではなく、常に、市民としての多面的性格を持っている上、個人献金の金額を制限すれば、個人が突出した影響力を行使するということもないからである。

し約束をした利益が「賄賂」である。その「職務」は、本来、行政作用法によって法定されているはずである。しかし、議員の「職務」がこのように広く認められるのと同じく、日本では、厳密な意味では「職務」に属さない行為、とりわけ公務員の政治的影響力の行使（「口利き」）を期待して利益が供与される事件が多い。その際用いられるのが、**「密接関連行為」**ないし**「準職務行為」**という概念である。そして、これもまた「職務」に含まれるとされる。

　たとえば、大学設置の許可申請を審議する審議会の委員が、申請内容の適否をあらかじめ判断してやったり中間的審査結果を正式通知の前に知らせたりした行為を「右審議会の委員であり且つ右専門委員会の委員である者としての職務に密接な関係のある行為」として「職務行為」に当たるとした**最決昭和59・5・30刑集38巻7号2682頁**、「東京芸大音楽学部器楽科担当の教授が自己の指導中のバイオリン専攻の学生に対し、その使用するバイオリンの選定に関する助言指導を行なうにあたり、特定の楽器商の保有する特定のバイオリンの購入方を勧告ないし斡旋することは、国立大学教授としての職務の執行に密接な関係を有する行為であ」るとした**東京地判昭和60・4・8判時1171号16頁**、港湾工事の実施に関する指揮監督権限がない北海道開発庁長官が港湾工事の受注に関し特定業者の便宜を図るように北海道開発局港湾部長に働きかける行為は「北海道開発庁長官の職務に密接な関係のある行為というべきである。」とした**最決平成22・9・7刑集64巻6号865頁**が、これに当たる[24]。

　「ロッキード事件」に関する**最大判平成7・2・22刑集49巻2号1頁**は、民間航空会社に対する航空機会社の売り込みのための内閣総理大臣の「口利き」に、「職務関連性」を認めている。その法廷意見は、この「口利き」を、運輸大臣（当時）の行政指導を求める内閣総理大臣の「指示権」行使に読み

---

24) もっとも、最決平成22・9・7が、働きかけの対象である「港湾工事の受注に関し特定業者の便宜を図る」行為が北海道開発局港湾部長の職務権限に属さないとする主張に対し、「働き掛けを受ける他の公務員の職務との関連性は構成要件そのものではないのであるから、一般的には、その職務関連性をそれ自体として認定する必要はない」と述べたことは疑問である。自衛隊幹部が職務命令を超えて隊員に職務外で集落のドブ掃除をするようあっせんし、それについて住民から謝礼を得ても、「公務の公正さに対する社会一般の信頼」は害されない。

替え、この「指示権」を総理大臣の「一般的職務権限に属する行為」とすることで、その「職務関連性」を根拠づけた。しかし、4人の最高裁判事の「意見」は、これを「自己の職務権限に基づく事実上の影響力を行使する行為」と捉え、「職務と密接な関係にある行為の対価として賄賂を収受した」と解している。

このような「職務関連性」の拡張は、職務外の命令には誰も従わない厳密な法治国家では不要である。「口利き」を期待した利益の授受が後を絶たないのは、日本が「疑似法治国家」であるからかもしれない[25]。

[5] 事前収賄罪

事前収賄罪（197条2項）にいう「公務員となった場合において」は、反対説はあるが、**「客観的処罰条件」**である。なぜなら、収賄の事実を知りながら、公職の候補者をその者に投票するなどして公務員にした者は、事前収賄罪の既遂に寄与したことを理由に同罪の共犯とすべきではないからである[26]。

その際、「客観的処罰条件」が故意の対象とならないことは、本罪では問題外であろう。なぜなら、本罪は「公務員になろうとする者」を主体とするのであって、それは「公務員になろう」とする意思を前提とするからである。

[6] 贈賄罪と必要的共犯

贈賄罪（198条）のうち、賄賂供与とその約束の罪は、それに対向する収賄の罪の「必要的共犯」それも「対向犯」である。「越後鉄道事件」に関す

---

25) そのため、2000（平成12）年に制定された「公職にある者等のあっせん行為による利得等の処罰に関する法律」（あっせん利得法）は、国会ないし地方議会の議員である政治家が公務員等に口利きをすることの見返りとして報酬を得た場合を3年以下の懲役に処し（あっせん利得法1条）、国会議員の公設秘書（国会法132条）が議員の権限に基づく影響力を行使して同様の行為をした場合を2年以下の懲役に処している（あっせん利得法2条）。これらは、「あっせん利得罪」と呼ばれている。あわせて、利益を供与する行為も、1年以下の懲役又は250万円以下の罰金に処される（あっせん利得法4条）。国外犯も処罰される（あっせん利得法5条）。その立法趣旨は、公職にある者の政治活動の廉潔性を保持し、これによって国民の信頼を得ることにある。

26) 「構成要件要素」と「客観的処罰条件」の相違については、松宮・先端総論6頁以下を、途中加担者が加担した罪の共犯となり得ることについては、同書229頁以下を参照されたい。

る**大判昭和7・7・1刑集11巻999頁**および「昭電疑獄事件」に関する**最判昭和37・4・13判時315号4頁**は、収賄側が当該利益の賄賂性を認識していない場合には、賄賂供与罪およびその約束罪も成立しないとしている[27]。

　収賄側に「賄賂性」の認識がないときに賄賂供与罪も成立しないのは、重婚罪（184条）が相手方に（婚姻意思は必要だが）重婚の認識を要しないことから明らかなように、必要的共犯一般の属性ではない。「賄賂を供与した」とするためには、相手方が「賄賂を収受した」という行為が必要であり、かつ、そのためには「提供された利益を職務の対価と知って収受した」という事実が必要だからである。つまり、「賄賂」とは「職務の対価」という主観的な意味を付与された要素であり、その点で、賄賂の罪は**「傾向犯」**なのである。

　なお、事前収賄罪については、収受者が公務員になったという条件が充足されなければ、贈賄者も処罰されない。少なくとも、正犯が処罰条件を充たさないのに従属共犯が処罰されるということは考えられないからである。

　さらに、賄賂の供与およびその約束は、賄賂の収受およびその約束に対して共犯の関係にあるが、収賄罪の教唆または幇助として処罰されることはない。そうでないと、贈賄罪の軽い法定刑を無視することになるからである。それゆえ、贈収賄を仲介した者についても、贈賄罪の法定刑で処断されるべきであろう。そうでないと、贈賄者との間に刑のアンバランスを生じるからである。この場合には、収賄側の共犯であっても、65条2項を適用すべきであろう。つまり、収賄側は賄賂収受禁止の特別義務に違反することにより、一身的に重い罪責を負うのである（一身加重的違法身分による**「義務犯」**）。

[7]　没収すべき利益がない収賄？

　なお、**最決平成24・10・15刑集66巻10号990頁**は、被告人である県知事が役員をしていた会社の土地を県発注に係る公共工事を受注できたことの謝礼の趣旨で相手方が時価相当額で購入したという事実につき、本件土地の売買に

---

27)　さらに、大判昭和7・7・1は、贈賄側の意図に反して、賄賂でなく政治献金としてその利益が届けられた事案では「賄賂提供の意思を表示したるも其の表示が相手方に到達せざる」として、賄賂供与の申込罪も成立しないとしている。「申込み」は「意思表示の到達」を要するからである。

よる換金の利益は、被告人の職務についての対価性を有するとして、原審が没収すべき利益がないと認定している事案について、単純収賄罪の成立を認めた。

　そうなると、知事などの公務員が役員をしている会社の土地を時価相当額で売買する関係者は、たまたま公共工事に関わっていた場合、常に贈収賄の刑責を負わなければならないということになる。これは、考え直したほうがよいのではなかろうか。

◆事項索引

さ

し

高等裁判所

《著者紹介》

松宮 孝明（まつみや たかあき）　立命館大学大学院法務研究科教授（専攻：刑法学）

●──略歴

1958年　滋賀県生まれ
1980年　京都大学法学部卒業
1985年　京都大学大学院法学研究科博士後期課程学修退学
1985年　京都大学法学部助手、1987年南山大学法学部専任講師、1990年立命館大学法学部助教授、1995年同教授を経て、2004年より現職。博士（法学・立命館大学）。

●──主要業績

『先端刑法 総論──現代刑法の理論と実務』（日本評論社、2019年）、『刑事過失論の研究』（成文堂、1989年、補正版2004年）、『刑事立法と犯罪体系』（成文堂、2003年）、『過失犯論の現代的課題』（成文堂、2004年）、『刑法総論講義』（成文堂、1997年、第5版補訂版2018年）、『刑法各論講義』（成文堂、2006年、第5版2018年）、『プチゼミ⑧刑法総論』（法学書院、2006年）

先端刑法 各論──現代刑法の理論と実務
（せんたんけいほう かくろん──げんだいけいほう りろん じつむ）

2021年9月20日　第1版第1刷発行

著　者──松宮孝明
発行所──株式会社　日本評論社
　　　　　〒170-8474 東京都豊島区南大塚3-12-4
　　　　　電話03-3987-8621（販売：FAX－8590）
　　　　　　　03-3987-8592（編集）
　　　　　https://www.nippyo.co.jp/　振替　00100-3-16
印刷所──精文堂印刷株式会社
製本所──株式会社松岳社
装　丁──図工ファイブ

検印省略　©2021　Takaaki Matsumiya

ISBN978-4-535-52582-5　　　　　　　　　　　　　Printed in Japan